AF382720

ABCD'R
du sarkozysme

Nicolas Sarkozy en 26 discours

FSC
www.fsc.org
MIXTE
Papier issu
de sources
responsables
Paper from
responsible sources
FSC® C105338

Maxence Trinquet

ABCD'R
du sarkozysme

Nicolas Sarkozy en 26 discours

Books on demand

Éditeur : BoD-Books on Demand, 12/14 rond point des Champs Élysées, 75008 Paris, France
Impression : BoD-Books on Demand, Norderstedt, Allemagne
ISBN : 978-2-322-01929-8
Dépôt légal : juillet 2015

Sommaire

Avant-propos

Il ne se passe un jour sans que l'on parle de Nicolas Sarkozy. Chaque jour critiqué, chaque jour caricaturé, mais fort heureusement, chaque jour défendu.

Pendant dix années, il a mis toute son énergie au au service de l'Etat. D'abord comme ministre de l'Intérieur, puis comme Président de la République. Aujourd'hui, après avoir sollicité le suffrage des adhérents, Nicolas Sarkozy a transformé de fond en comble l'ancienne UMP qui ne méritait plus aucune de ses lettres, pour en faire un parti moderne et plus démocratique : *Les Républicains*.

Voilà donc que nous, militants, sommes de nouveau à ses côtés pour l'aider à proposer l'alternance aux Français. Cependant, qui serait capable de définir ce mouvement qu'est le sarkozysme ? C'est donc ce que j'ai tenté de faire. Le principe est simple, à chaque lettre correspond une valeur, un trait de caractère ou encore un moment qui a marqué son parcours, et à chaque mot correspond un discours.

Ce livre s'adresse bien sûr aux fidèles, désireux

de revivre les grands discours de Nicolas Sarkozy, mais aussi – et surtout – à ceux qui ont la volonté de prendre du recul sur l'agitation quotidienne des commentateurs et ainsi prendre le temps de constater que, contrairement à ce dont on l'accuse, s'il est une force de Nicolas Sarkozy, c'est bien la constance de ses convictions.

Bonne lecture !

Maxence Trinquet

A utorité

L'autorité est l'un des mots qui définit sans doute le mieux Nicolas Sarkozy.

L'autorité des forces de police qu'il coordonna lorsqu'il fut ministre de l'intérieur. L'autorité face à la délinquance. L'autorité du Président de la République avec son gouvernement et sa majorité ou encore l'autorité retrouvée à la tête des *Républicains*. L'autorité des parents, et enfin l'autorité du maître envers l'élève, car c'est avant-tout par l'éducation que l'on acquiert ces valeurs.

Nicolas Sarkozy a amorcé de nombreuses réformes en matière d'enseignement, comme par exemple, la réforme du primaire en 2008, la réforme des lycées qui a revu tous les programmes de la seconde à la terminale, ou encore l'autonomie des universités qui a permis aux facultés de se doter des meilleurs moyens pour atteindre l'excellence et rayonner dans le monde.

Dans un discours de vœux au monde de l'enseignement en date du 5 janvier 2012, Nicolas Sarkozy nous offre sa vision de ce que doit être l'école. Sa pensée s'articule en trois axes : *« Excellence, justice, unité »*. L'excellence du savoir transmis aux enfants *« il n'y a pas de place pour la médiocrité »*. L'idée de justice y est également redéfinie. Nicolas Sarkozy n'a jamais voulu prôner l'égalitarisme qui donne la même chose à tous, et finalement défavorisera toujours les plus modestes. Enfin, l'unité, car l'école doit inculquer, en plus des connaissances, des valeurs qui deviendront à terme *« le meilleur rempart contre la tentation du repli sur soi et contre le communautarisme »*.

« [...]
Mesdames et Messieurs,

Je suis très heureux d'être aujourd'hui parmi vous au Futuroscope qui, depuis plus de vingt ans, a su mêler de façon unique divertissement, recherche et éducation et que son fondateur, René MONORY, avait voulu tout entier dédié aux « idées nouvelles ». Je veux tout particulièrement saluer Jean-Pierre RAFFARIN, tellement attaché à ce lieu et à ce terroir.

Les idées nouvelles, c'est précisément ce dont la France a le plus besoin aujourd'hui.

Dans ce monde nouveau qui est en train d'émerger, nous devons, mes chers compatriotes, quitter les discours convenus et nous devons, dans ce monde nouveau, repenser radicalement notre façon d'appréhender les débats sur les grands enjeux publics.

Et s'il est un domaine où il faut porter un regard nouveau, c'est celui qui nous réunit aujourd'hui : l'éducation, l'enseignement supérieur et la recherche.

Mesdames et Messieurs, la crise qui secoue le monde ne correspond pas à un simple ralentissement, même brutal, même considérable, de notre économie. Cette crise qui secoue le monde est beaucoup plus profonde.

C'est une crise de civilisation. C'est une crise morale. C'est une crise qui interroge, profondément, tout à la fois nos façons d'être et nos façons de penser. *Cette crise impose bien sûr de parer au plus pressé et de répondre à l'urgence.*

Mais cette crise nous oblige surtout, oserai-je le dire, à un travail plus profond sur nous-mêmes. Un travail que nous ne pourrons mener à bien sans vous, hommes et femmes de science, de pensée, professeurs et chercheurs.

La crise, au fond, a dévoilé la réalité d'une société, la nôtre, régie par le court-terme, obsédée par la recherche d'avantages immédiats, terriblement accrochée au confort du présent -- et prête à sacrifier l'avenir.

Cette crise est à ce point profonde que parfois elle nous fait oublier d'où nous venons, et les valeurs qui sont les nôtres. Au point de ne plus savoir, de ne plus pouvoir, même, se projeter dans l'avenir. Au point de ne plus savoir regarder, autour de nous, un monde qui se transforme à toute vitesse.

*Mesdames et Messieurs, **nous ne pouvons pas ignorer le monde. Le monde ne nous attendra pas et n'attendra pas pour faire une place à vos enfants. En cette période lourde de tant d'incertitudes, l'éducation et la recherche constituent pour la France un formidable moyen de reprendre son destin en main.***

Cette conviction, elle est la mienne depuis le début.

*Et cette conviction, **les épreuves que le pays a traversées l'ont renforcée.** [...]*

Si la question, c'est uniquement d'augmenter les dépenses et les budgets, nous devrions avoir les enseignants les plus heureux du monde. Or, partout où je porte mon regard, on me parle, à juste titre, d'une crise d'identité pour le monde enseignant.

Nous avons fait trois choix.

Le premier, c'est celui de l'excellence.

L'excellence, parce que dans un monde soumis à une compétition de plus en plus intense, je voudrais vous dire une chose, il n'y a pas de place pour la médiocrité. Il faut que chacun se persuade de cette réalité.

*Et cette réalité prépare un deuxième choix que nous avons fait, celui de la justice, parce que dans la société de la connaissance, la plus grande des inégalités ne réside pas dans les écarts de richesses, comme je l'entends dire tous les jours, mais entre celui qui a pu faire de bonnes études et celui qui n'en a pas faites. **L'inégalité la plus choquante, elle n'est pas dans l'écart de richesses, elle est entre celui qui a fait de bonnes études, qui le préparent à un bon avenir professionnel et celui qui n'a pas eu ce patrimoine.***

La justice, parce qu'au nom d'une fausse conception de l'égalité, on avait fini par croire que le rôle de l'Education nationale était de donner la même chose à tout le monde. Je voudrais dire qu'avec cette idée de donner la même chose à tout le monde, ce sont les élèves les plus défavorisés qui sont lésés.

Enfin, le troisième choix, l'unité. L'unité, parce que l'école de la République est le meilleur rempart contre la tentation du repli sur soi et contre le communautarisme.

L'unité, parce que face à certaines doctrines faisant la part trop belle au seul « épanouissement de l'enfant », il fallait rappeler que la mission première de l'école est la transmission d'un socle de connaissances, d'une culture et des valeurs communes.

Excellence, justice, unité.

Excellence : dans un monde où les universités sont devenues un critère de hiérarchisation et de classement des différents pays, c'est en restant fidèle à son génie que la France continuera à peser.

[...] Désormais, les universités sont autonomes, elles peuvent créer des fondations, elles peuvent recruter selon leurs besoins, elles peuvent même devenir propriétaires et gestionnaires de leur patrimoine.

Nous avons fait des investissements considérables. Le secteur de l'enseignement supérieur a vu sa dotation augmenter de 9 milliards d'euros chaque année depuis 2007. Je donne des chiffres, non pas pour dire que tout va bien, je suis tellement conscient de tout ce qui ne va pas bien, mais les chiffres, je vous les dois et je les dois au pays. [...]

Je veux saluer l'extraordinaire dynamisme des présidents d'université et de leurs équipes. Tous se sont approprié ces nouveaux outils, avec un foisonnement jamais vu d'initiatives sur tout le territoire. Une immense réorganisation du paysage universitaire est à l'œuvre, Laurent WAUQUIEZ y veille. Nous renforçons les liens entre recherche et universités. Je veux dire que le lieu naturel pour la recherche, c'est l'université. [...]

D'ici à cinq ans, nous aurons en France un nombre significatif d'universités de dimension mondiale.

Ces changements étaient jugés impossibles. On nous disait la France en situation de déclin irrémédiable, confrontée au rouleau compresseur américain ou asiatique.

Les « déclinistes », comme l'on dit, ont eu tort. Je voudrais là encore rappeler les chiffres.

Le nombre de décisions d'implantation en France de sièges sociaux de groupes étrangers depuis 2007 a été multiplié par trois. *Le triplement du crédit impôt recherche a fait de la France le pays le plus attractif d'Europe en matière d'innovation. La France figure à la deuxième place des pays européens pour l'accueil des investissements étrangers créateurs d'emploi, et même à la première place en Europe pour le nombre d'investissements étrangers créateurs d'emploi dans l'industrie et les écotechnologies. La France attire.*

La justice : tout cet effort vers l'excellence n'aurait naturellement aucun sens s'il ne bénéficiait pas, au bout du compte, à tous nos enfants, et si on ne donnait pas une chance à chacun.

Si ce fut l'honneur de notre pays d'ouvrir en grand les portes de ces vieilles forteresses qu'étaient les lycées, puis les universités, ce fut son erreur de les accueillir sans s'y être préparé. On a eu raison d'ouvrir les portes, on a eu tort de ne pas préparer universités et lycées à cet afflux.

*D'autres pays organisaient méthodiquement l'augmentation du nombre d'étudiants. Nous, **nous avons confondu égalitarisme et égalité des chances. Nous avons imaginé, à tort, qu'il suffisait de donner aux jeunes gens un accès formel aux études et aux diplômes, pour que chacun se voie ouvrir les portes de la connaissance et de meilleurs emplois. Mais ce qui était présenté comme un système ouvert à chacun était en réalité un*** *entonnoir fermé à beaucoup. Et je veux le dire, ce fut le grand mensonge d'une partie de la société française à l'endroit de toute une génération. C'est ce qu'on appelle « les droits formels ». (Applaudissements) Je remercie l'enthousiaste...Il m'encourage, mais j'y crois profondément. Et je sais que chacun réfléchit à cela. Ce n'est pas possible de ne pas y penser.*

Il faut donc changer nos façons de voir.

Accepter au nom de l'égalité de traiter différemment celui qui est différent. Je répète, au nom de l'égalité, traiter différemment celui qui est différent. C'est cela l'égalité et c'est cela la justice. Accepter de diversifier les parcours. Accepter, dans le respect du cadre national des programmes, d'adapter la pédagogie à la personnalité de l'élève. Il est faux de penser que la même pédagogie peut être adaptée à tous les élèves, compte tenu de la différence des parcours de ces élèves. C'est un mensonge de penser cela. (Applaudissements) Je remercie les autres enthousiastes...

Alors peut-être encore une autre idée à laquelle je crois beaucoup : accepter, enfin, de dire que la première mission de l'école, c'est de préparer à la vie active ! Un diplôme qui ne débouche pas sur un emploi ne mérite pas son nom de diplôme.

Dans la société qui est la nôtre, c'est un mensonge de dire à des élèves, à des étudiants qu'on laisse aller dans une voie, qu'ils auront un diplôme. Si le diplôme ne débouche pas sur un emploi, réfléchissons, est-ce qu'il mérite le titre de diplôme ?

C'est sur ces principes que nous essayons de bâtir une nouvelle relation avec les élèves et les étudiants.

[...] Après la réforme capitale de l'école primaire de 2008, trois ans après sa mise en œuvre, nous avons vu les résultats : le nombre d'élèves de CE1 ayant des acquis « très solides » a progressé cette année de 16% en français et de 11% en mathématiques. **Il n'y a pas de déclin inéluctable. Ce que les autres ont réussi, on peut le réussir nous-mêmes,** *pour peu qu'on regarde ce qui marche et qu'on arrête de s'inspirer de ce qui ne marche pas.*

Le nombre d'élèves ayant des connaissances insuffisantes a fortement régressé en français : -13%, et s'est stabilisé en mathématiques. C'est-à-dire qu'entre la réforme de l'école primaire de 2008 et 2011, on a déjà enregistré des résultats spectaculaires. Insuffisants, mais spectaculaires.

C'est aussi au nom de la justice que nous avons lancé l'opération « les orphelins de 16h », *expression que j'avais utilisée dans ma campagne de 2007. Ecoutez, 850 000 collégiens et 200 000 écoliers de l'éducation prioritaire étaient inscrits aux études dirigées. Je m'étais engagé là-dessus, pourquoi ? Parce que les femmes travaillent ! Et c'est très bien qu'il en soit ainsi. 100% des femmes ont vocation à être autonomes et à travailler. Alors, comment ? Les enfants sortant à 16h, les jeunes sortant à 16h...850 000 collégiens plus 200 000 écoliers ont eu la possibilité, l'année dernière, de faire leurs devoirs à l'école avec des enseignants, en étant encadrés.*

Nous avons créé en 2009 les internats d'excellence. *26 internats aujourd'hui, cher Luc CHATEL, ont ouvert leurs portes. 10 000 élèves sont scolarisés en internats d'excellence cette année. 10 000 entre 2009 et 2011, c'est 10 000 jeunes qui réussissent leurs études et* *qui sont différents, qui viennent de milieux défavorisés, qui n'avaient pas de chambre, pas de table, parfois, qui n'étaient pas nourris, compte tenu de la situation sociale des familles, qui sont maintenant en internat, du lundi au vendredi. 10 000 !*

*J'aurais pu évoquer également les enfants handicapés. **J'attache beaucoup de prix à la présence des enfants handicapés en milieu scolaire ordinaire.** J'y attache un prix différent de ce que j'entends parfois. C'est important pour eux : il y a 215 000 élèves handicapés qui sont scolarisés en établissement ordinaire. Savez-vous que c'est 60% de plus qu'il y a 6 ans ? Mais je veux dire cette chose : c'est une chance pour ces enfants ayant un handicap, mais c'est aussi une chance pour les enfants qui n'ont pas de handicap. Je l'affirme, parce qu'un enfant différent, dans un établissement avec des enfants ordinaires, c'est l'apprentissage de la diversité et c'est le respect de l'autre. J'aurais pu également parler de l'augmentation du nombre de boursiers étudiants, cher Laurent WAUQUIEZ. 25% de boursiers en plus qu'il y a 4 ans. Quant au montant de ces bourses, il a augmenté de 16%.*

Il fallait aussi sortir d'une conception uniforme de l'excellence.

La réforme du lycée professionnel de 2009, qui généralise le « bac pro » en 3 ans, a permis d'attirer 100 000 élèves supplémentaires en un an. Je remercie les enseignants qui s'y sont impliqués, avec un enthousiasme extraordinaire. Nous nous sommes aussi attaqués au problème du décrochage, ce qui a déclenché une polémique, parce que notre pays adore les polémiques. Nous avons organisé, c'est vrai, le recensement de tous les jeunes qui sortaient de l'école à 16 ans et dont on ne savait pas où ils allaient.

*80 000 jeunes ont été pris en charge l'année dernière. La France se plaignait des décrocheurs, car vous savez que l'école est obligatoire jusqu'à 16 ans. Ces élèves disparaissaient des radars de la société jusqu'à 18 ans. Alors, cela fit tout un scandale quand nous avons décidé de les répertorier. Mais si nous ne savons pas où ils sont, comment pouvons-nous leur donner une chance ? Il faut réfléchir à cette réalité, qu'est-ce qui est important ? **L'avenir de ces jeunes. Il faut accélérer le rapprochement entre l'école et le monde du travail.** [...]*

Je pose la question : pourquoi ne pas rendre le système d'alternance obligatoire en dernière année de baccalauréat professionnel, ainsi qu'en CAP? J'ai conscience qu'il s'agirait d'un profond bouleversement, qui impliquerait d'augmenter de plus 200 000 par an le nombre de contrats d'alternance. Mais enfin, s'il y a plus de jeunes au chômage en France qu'en Allemagne, c'est parce qu'il y a moins d'alternance en France qu'en Allemagne. Cette réalité, il ne sert à rien de la décrire, il faut en tirer un certain nombre de conclusions.

*Après avoir réformé l'école primaire et le lycée, il faut maintenant s'occuper du collège. **Le collège unique n'arrive pas à prendre en compte la diversité des élèves.** Je me contenterai ici de vous livrer deux pistes de réflexion. D'abord, il faut certainement recentrer la 6e et la 5e sur les enseignements fondamentaux, en assurant une meilleure continuité avec le primaire. Elle est effrayante, pardon de le dire, la coupure entre le primaire et le secondaire. Entre un élève de CM2 avec un enseignant unique et l'élève de 6ème avec des enseignants multiples dans un établissement qu'il ne connaît pas, mélangés avec d'autres enfants plus âgés, la rupture est trop brutale. Il faut organiser un continuum entre ces deux niveaux. Il faut aussi certainement assumer la diversité des parcours en 4e-3e. **Il n'est pas normal que le collège actuel prépare exclusivement à l'enseignement général, et pas à la voie professionnelle : comment, dans ces conditions, cette dernière ne serait-elle pas*** *vécue comme une voie de relégation, puisqu'on n'y prépare pas ?*

Vous remarquerez, Mesdames et Messieurs, que dans tout ce que je viens d'évoquer, je n'ai pas parlé de la quantité des moyens qui est en jeu. *Je vais en parler, mais j'en parlerai d'une autre façon. Je veux parler de la bonne utilisation de ces moyens, et je veux parler de la bonne répartition de ces moyens. Vous savez, ma façon de vous respecter, c'est de vous dire ma part de vérité : vous êtes lucides, vous en avez beaucoup entendu et vous savez parfaitement faire la différence entre les discours convenus et les discours authentiques. Autant, en matière d'enseignement supérieur et de recherche, c'est vrai, la France souffrait d'un retard de moyens financiers, c'est exact, il ne faut pas mentir et nous sommes en train de le rattraper. Autant, en matière scolaire -- toutes les études le prouvent ! -- la question n'est pas celle des moyens, qui ont augmenté de 80% ces trente dernières années. La question, c'est d'oser le changement. On peut continuer à augmenter, mais si le seul critère d'efficacité, c'était l'augmentation des moyens, le bonheur des enseignants, l'épanouissement des enfants et les résultats de notre éducation devraient être les meilleurs au monde.*

Et je veux le réaffirmer aujourd'hui avec force et une certaine gravité : dans la situation financière qui est la nôtre, nous devons et nous pouvons, dans l'Éducation nationale comme dans les autres services, faire mieux avec les mêmes moyens. Et cela n'est pas impossible. Nous avons ainsi beaucoup diminué le nombre, objectivement trop élevé, de professeurs qui n'étaient pas devant les élèves, et hommage soit rendu à Luc CHATEL : 8000 postes d'enseignants qui avaient été recrutés en « surnombre » dans le premier degré ; nous avons mis fin à des milliers de mises à disposition d'enseignants auprès d'associations diverses. Nous avons amélioré l'efficacité de notre système de remplacement, réorganisé l'administration et regroupé l'offre de formation, parfois trop dispersée.

Alors, je veux le dire comme je le pense, imaginer la recréation de postes dans l'Éducation nationale c'est irresponsable compte tenu de la situation financière de notre pays. D'ailleurs, je dis aux enseignants une chose : la paupérisation est un problème immense pour la société française. Il faut continuer à réévaluer la condition enseignante. Mais réfléchissez en tant que citoyens, si nous augmentons le nombre d'enseignants, est-ce que vous croyez que la société française aura les moyens de faire l'augmentation du nombre d'enseignants et la revalorisation des enseignants ? Personne ne peut croire une minute que cela sera possible. Quant à moi, l'orientation est claire, ***c'est la revalorisation de la condition enseignante qui est la priorité.***

Alors dernier point, l'unité. Nous voulons que l'école soit le creuset de la Nation.

Or souvent de ce dernier point de vue, l'école apparaît en difficulté. Non seulement l'institution scolaire a de plus en plus de mal à faire partager un modèle commun, mais elle est elle-même la première victime de ce qu'il est convenu d'appeler la « perte des valeurs ». *Pas un mois ne passe sans qu'un livre, un témoignage, généralement écrit par un enseignant, vienne nous rappeler cette réalité -- et en tant que chef de l'État, je dois voir la situation telle qu'elle est, pas telle que j'aimerais qu'elle soit : dans certains établissements, il est même impossible pour un enseignant de « faire cours normalement ». Il faut dire les choses comme elles sont, ne pas masquer la réalité. Face à cette perte de repères généralisée, l'école ne peut pas tout. Et, j'ai bien conscience que l'on n'a que trop tendance à accuser l'école de tous les maux de la société, tout en lui demandant de les résoudre... L'école ne peut pas résoudre le problème du chômage, du divorce, de l'éclatement des familles, de la perte des repères d'enfants qui vous arrivent en n'ayant aucun repère.*

L'école ne peut pas tout. Mais elle peut beaucoup. Et elle le prouve tous les jours.

Alors, comment répondre à cette crise des valeurs que j'évoquais il y a un instant ? La meilleure éducation commence par l'instruction.

C'est d'abord par son savoir que le professeur inspire le respect aux élèves qui lui sont confiés. Le peu d'estime dans lequel la connaissance a été tenue au cours des dernières décennies, l'abaissement du niveau d'exigence à l'école, ont beaucoup fait pour saper l'autorité des enseignants.

C'est une des raisons pour lesquelles les programmes de l'école primaire ont été réécrits. Il faut donc réhabiliter le savoir, mais nous savons que cela ne suffira pas, les élèves ont changé radicalement, sous l'effet de causes complexes, la massification scolaire, le déclin des valeurs familiales traditionnelles, l'arrivée sur notre territoire de nouvelles populations venues d'horizons culturels totalement différents. Sans compter l'avènement de l'ère numérique, qui bouleverse le rapport des enfants au savoir.

Ce n'est donc pas en revenant purement et simplement aux pratiques du début du siècle dernier que l'on retrouvera un âge d'or perdu – et au demeurant souvent idéalisé – des premiers temps de la République. Les élèves ont changé, pas l'école, en tous cas pas suffisamment. Voilà, à mon sens, un problème dont nous devons nous saisir dans deux directions.

La priorité, j'ai conscience qu'en disant cela je vais ouvrir un grand débat, c'est de redéfinir le métier d'enseignant Je vous demande d'y réfléchir, tout le monde sait ce qu'est un enseignant, mais quelle est la mission des enseignants, voilà ce à quoi nous devons nous attacher, indépendamment de tout parti pris partisan. Qu'attendons-nous des enseignants ? Nous devons redéfinir le métier d'enseignant. Vos missions, Mesdames et Messieurs, sont régies par des textes datant de 1950, qui n'ont pas été modifiés depuis plus de 60 ans. La question que je pose est la suivante : est-ce que les enfants de 1950 sont les mêmes que les enfants de 2012 ?

Le point de départ de la démarche que je propose devra être sans ambiguïté : l'objectif, c'est bien de revaloriser le métier de professeur, dont la fonction doit être remise au centre de notre projet de société. Il n'est pas possible qu'un enseignant entre dans sa classe et que si peu d'enfants, d'élèves, se disent « j'ai envie un jour d'être comme lui ». Je vous assure, c'est un sujet absolument majeur. Sur le plan matériel, cette revalorisation a déjà commencé, il faut que nous la continuions. Dès le 1er février, tout jeune enseignant exerçant à temps plein percevra un salaire d'au moins 2 000 € bruts. Ce qui représente une augmentation de 18 %, 310 €, par rapport à 2007. Il faut que l'on continue dans ce sens-là. A l'avenir, il faudra aller plus loin. La fonction ne retrouvera sa dignité que si les missions sont redéfinies en fonction des exigences de notre temps.

Car ce dont souffrent en premier lieu les enseignants, c'est du décalage entre ce que l'institution leur demande officiellement -- à travers ces fameux textes statutaires de 1950 -- et la réalité de la société d'aujourd'hui, des élèves qui vous sont confiés. Il faut mettre fin à ce décalage. Cela va impliquer de la part des enseignants d'accepter de nouvelles manières de travailler. D'être davantage présents dans les établissements, en contrepartie de ce nouvel engagement ; d'avoir une rémunération augmentée et des conditions de travail différentes. Je voudrais dire combien pour moi il est insensé que dans nos établissements, les enseignants ne disposent pas de bureaux pour recevoir les élèves dont ils ont la responsabilité. Cela n'a pas de sens, car cela condamne l'enseignant au seul contact de la classe : **dans la classe, on fait de l'enseignement, mais dans la classe on ne peut pas remplir toute sa mission d'éducation.**

Mesdames et Messieurs, si je tiens au projet de réforme de l'appréciation des enseignants sur lequel Luc CHATEL travaille, c'est qu'il me semble faire un premier pas vers cette nouvelle conception du métier de professeur. Les critères nouveaux proposés pour l'appréciation de la qualité professionnelle des professeurs me semblent mieux prendre en compte l'ensemble des dimensions du métier d'aujourd'hui.

Je suis également sensible au caractère plus humain, moins bureaucratique, du dispositif envisagé : les enseignants ne seraient plus jugés par un inspecteur venant en moyenne tous les 6 ou 7 ans, on imagine le stress quand tout d'un coup l'inspecteur arrive. Mais ils seraient accompagnés dans une démarche visant à les aider à améliorer leurs pratiques professionnelles. J'ajoute, à titre personnel, que je ne vois rien de choquant à ce que l'on confie au chef d'établissement la responsabilité de cette évaluation, à condition que les compétences disciplinaires continuent à être évaluées par l'inspecteur. On peut discuter de toutes les modalités.

Enfin, et je terminerai par là, je crois à l'autonomie de vos établissements. Parce que, pour moi, il y a une contradiction à dire « on fait confiance aux enseignants, mais on ne leur donne pas d'autonomie ». Je pense que quelqu'un qui a 20 ans d'expérience professionnelle, a autre chose à faire qu'essayer de lire les circulaires qu'on lui envoie tous les deux ou trois ans, au rythme du changement des responsables. Cela compte, le vécu professionnel. Ce que nous voulons, c'est garantir à tous les parents que, sur tous les points du territoire, on « s'occupera bien » de leur enfant.

Alors dès l'école primaire, il faut que se constituent de véritables équipes de professeurs, motivés et soudés autour du chef d'établissement. Je crois à la remarquable expérimentation baptisée « ECLAIR » par laquelle, dans les établissements les plus difficiles, les enseignants peuvent recruter leurs équipes pédagogiques. Par ailleurs, il faut que l'on responsabilise les familles. **Vous vous souvenez de la polémique sur la suppression des allocations familiales. Aujourd'hui nous regardons les chiffres, nous avons décidé d'envoyer un premier avertissement aux familles qui n'envoyaient pas leurs enfants à l'école. Les chiffres sont là : 98 % des élèves dont les familles ont reçu un avertissement pour absentéisme ont retrouvé le chemin des cours. Dans 2 % des cas nous avons dû procéder à la suspension des allocations familiales, c'est 165 sur une année. Vous connaissez le système : un enfant est absent, première lettre d'avertissement, puis deuxième lettre d'avertissement. Si à la deuxième lettre d'avertissement, l'élève n'est pas revenu, on suspend.** *Et quand il revient après la suspension, on redonne à la famille la totalité des allocations. 98 % reviennent : est-ce que cela ne valait pas la peine de tenter cela, franchement ?* **Une fois que la polémique est retombée, une fois dépassés les arguments de posture et d'image, ces enfants qui reviennent à l'école, est-ce que ce n'est pas mieux ?**

Voilà, Mesdames et Messieurs, je ne veux pas lasser votre patience et je voudrais en terminer en vous disant une chose : **être enseignant aujourd'hui, c'est sans doute l'un des métiers les plus difficiles qui soient, les plus exigeants et en même temps les plus passionnants. J'ai clairement conscience que la société française a besoin de vous, de votre capacité de pédagogie pour former les générations futures.** *La société française a besoin des enseignants, mais nous devons répondre à ce besoin en vous disant que nous*

Boss

Parce que c'est le surnom de Nicolas Sarkozy. C'est le boss, tout simplement ! Seul Nicolas Sarkozy sait passionner les foules de militants, seul Nicolas Sarkozy sait faire régner l'ordre au sein de notre parti. Depuis son retour, les salles sont de nouveau combles lorsqu'il effectue une réunion publique et le siège du parti a enfin repris vie.

Pour illustrer ce charisme si rare dans l'actuelle classe politique, je vous propose de découvrir un discours prononcé par Nicolas Sarkozy le 28 février 2014 devant la Fondation Robert Schuman. Il y parle du leadership qu'il est nécessaire de restaurer entre les deux moteurs de l'Europe que sont l'Allemagne et la

France. L'ancien Président y dresse également un brillant constat de la situation géopolitique d'alors, loin de la pensée unique, notamment au sujet de l'affrontement inutile que nous subissons avec la Russie.

« Je suis très heureux d'être votre invité.
Je suis venu en ami, l'ami de l'Allemagne.

[...]

Je veux dire combien je me sentirai pour toujours un Européen, un Européen convaincu et un Européen militant. *Je dis devant Hans-Gert Pöttering qu'il peut être fier du parcours qui a été le sien au service de l'Europe !*

Car la vie d'Hans-Gert Pöttering, c'est celle d'un Européen engagé. Et l'Europe a besoin de cet engagement. A peine âgé de 33 ans, il est élu député au Parlement européen. Constamment réélu, Hans-Gert est l'un des seuls qui ait siégé sans interruption au Parlement européen depuis 1979, un Parlement européen qui n'a pas d'équivalent dans le monde. Tu en as été le président, comme tu y as été le président de notre famille politique. Pourtant, lorsque notre ami Hans-Gert Pöttering voit le jour, dans un village de Basse-Saxe, ce parcours européen est inimaginable.

Hans-Gert Pöttering voit le jour dans une famille meurtrie par la guerre : quelques mois plus tôt, ton père a trouvé la mort dans les derniers combats de la Seconde Guerre mondiale. Tu vois le jour dans une patrie vaincue, démembrée, déshonorée par la barbarie nazie ; dans un pays, le tien, qui n'a plus de gouvernement, qui n'a plus d'Etat et dont l'avenir semble sombre et, pour le moins, incertain. Tu vois le jour dans une Europe dévastée, ruinée, bientôt coupée en deux par un rideau de fer qui enfermera la moitié des Européens dans l'implacable prison communiste pendant des décennies. Tu vois le jour dans un monde qui semble désormais appartenir aux géants américain et soviétique, un monde dans lequel l'Europe semble être passée, par sa faute, par ses immenses fautes contre elle-même et contre l'Humanité, du statut de leader à celui de champ de bataille de la guerre froide qui s'annonce.

Voilà ce qu'était l'Europe au milieu du XXe siècle. Nous n'avons pas le droit de l'oublier.
*Les nations de notre continent, et d'abord la France et l'Allemagne, n'ont cessé tout au long de leurs histoires de se jalouser, de s'affronter, de se détruire et de se faire la guerre. Je ne parle pas du Moyen-Âge : je parle du XXe siècle En 1945, je le dis aux jeunes qui sont ici, c'était hier, la France et l'Allemagne se sont fait la guerre trois fois en 75 ans. **En l'espace d'à peine 3 générations, la France et l'Allemagne ont trouvé le moyen de se combattre à 3 reprises, dans une lutte à chaque fois plus terrible, plus dévastatrice, plus inhumaine. Et en agissant ainsi, nos deux pays ont entraîné à chaque fois leurs voisins, l'Europe et finalement le monde entier dans d'abominables catastrophes.***

Ce n'était pas le Moyen-Âge, c'était hier. *Alors pourquoi ? Et la question que chacun* *d'entre nous doit se poser : la faute en revient-elle à ces 3 générations d'Allemands et de Français ? Ces 3 générations étaient-elles habitées d'une sorte de folie destructrice ? Ces 3 générations étaient-elles foncièrement mauvaises ? Ces générations étaient également les générations de Thomas Mann, de Marcel Proust, de Marie Curie et de Robert Koch. Je ne crois pas que ces 3 générations étaient foncièrement mauvaises. Je crois que ces générations étaient d'abord et avant tout prisonnières de la force des choses, c'est-à-dire d'un système de pensée et d'action, dans lequel chaque nation s'imaginait au-dessus des autres. Un système de pensée et d'action dans lequel chaque nation se faisait une gloire d'être au-dessus des autres au nom du détestable et trop fameux « égoïsme sacré » ! Voilà où a conduit l'« égoïsme sacré », où il a conduit le monde du XXème siècle.*

La force des Pères fondateurs, de Jean Monnet, de Robert Schuman, de Konrad Adenauer, de Charles De Gaulle a d'abord été de comprendre qu'il fallait sortir de ce système mortifère. *Et pour cela, qu'il fallait avoir le courage de se réconcilier afin d'être enfin capables d'agir non plus l'un contre l'autre mais l'un avec l'autre, pour le bien commun. Et qu'en agissant ainsi, l'un avec l'autre, la France et l'Allemagne, on ne trahissait pas sa patrie à laquelle ces hommes, je veux dire les pères fondateurs, restaient passionnément attachés, mais, au contraire, on permettait à sa patrie de renouer avec la paix, puis avec le progrès, puis avec la prospérité. C'est ainsi, et seulement ainsi, que le continent européen a pu continuer à compter dans les affaires du monde durant la seconde moitié du XXème siècle.*

C'est pour cela que l'amitié franco-allemande est si fondamentale. Elle est fondamentale pour la France. Elle est fondamentale pour l'Allemagne. Elle est fondamentale pour l'Europe. Je veux dire quelque chose que je pense au fond de mon cœur : il n'y a pas d'alternative à la réconciliation et à l'amitié franco-allemande. *Je veux dire quelque chose que je pense profondément : l'amitié entre la France et l'Allemagne n'est pas un sujet d'actualité politique, ce n'est pas une question de gauche ou de droite. L'amitié entre la France et l'Allemagne n'est pas liée à l'alternance démocratique dans chacun de nos pays. L'amitié franco-Allemande c'est une question absolument stratégique.*
*Je veux même dire que c'est une question existentielle. **Nos peuples, le peuple français, le peuple allemand, doivent savoir, doivent comprendre qu'il s'agit de se rassembler ou de s'affronter. Qu'il s'agit de s'unir ou de se désintégrer. L'amitié franco-allemande c'est le socle, socle sur lequel s'est bâtie la construction européenne.***

*Sans cette réconciliation, il n'y aurait pas eu d'Europe, mais sans cette amitié entre nous, l'Europe ne peut pas avancer et s'il n'y a pas d'avancée européenne, **le risque certain, c'est celui de la division. Voilà l'enjeu.** Il ne faut pas jouer avec des choses aussi fondamentales.*

Nos peuples ont démontré leurs capacités à s'affronter durant des siècles. Nos peuples sont en paix depuis quelques décennies. Rien, absolument rien, jamais, ne doit pouvoir mettre en jeu cet acquis. L'amitié franco-allemande c'est notre trésor commun, un trésor sacré, inestimable !

Sans cette amitié, il y aurait eu d'autres guerres, il y aurait eu d'autres affrontements et il y aurait eu d'autres êtres humains sacrifiés. Qui serait assez fou, qui serait assez insensé, pour croire que ce trésor est acquis pour toujours ? Ce trésor est fragile, nous en sommes les gardiens ; pour le protéger, il n'y a qu'une seule façon d'agir, il faut le renforcer. Car, malgré ces décennies d'amitié, nos deux pays conservent leurs différences de traditions, de caractères et de structures. Cela démontre par ailleurs que notre réconciliation n'a pas dilué nos spécificités et c'est heureux ! Mais cela signifie que notre convergence n'est pas *automatique. Qu'elle dépend de nous, de nos efforts, de notre patience, de notre capacité à accepter des compromis. Depuis Adenauer et De Gaulle, il appartient à chaque responsable de nos pays respectifs d'y apporter sa contribution. **Pendant 5 ans, en étroite coordination avec la Chancelière Merkel, nous avons fait tout ce qui était en notre pouvoir pour que nos deux pays agissent ensemble, pour éviter que la crise bancaire n'emporte l'économie mondiale, pour sauver l'euro de la tourmente qui menaçait de tout emporter. Dans la crise, l'Europe avait un besoin vital de leadership. Le leadership n'est pas un gros mot ; le leadership c'est un devoir. Et quand on a peur du leadership, c'est qu'on a peur de ses responsabilités.***

*La France et l'Allemagne ont un devoir vis-à-vis de l'ensemble du continent européen. La France et l'Allemagne, en assumant leur leadership pendant la crise, n'ont fait que leur devoir. **Il faut dire la vérité : soit à l'avenir nous serons capables de travailler ensemble, d'unir nos forces, de faire des propositions communes et nos deux pays seront à la hauteur de leur histoire dans un monde qui ne nous attendra pas. Car le monde du XXIème siècle n'attend personne.** Soit nous laissons notre amitié se déliter et l'Europe se défera et avec elle tout ce que nous avons patiemment construit depuis plus de 60 ans et qui assure la paix et la stabilité. Il n'y a pas de troisième voie. L'union ou la division, l'entente ou l'affrontement. Il n'y a pas de demi-mesure, il n'y a pas de faux semblants.*

Je suis convaincu que plus que jamais nous devons faire le choix de l'Europe. Et c'est parce que nous ferons ce choix vital que nous pourrons obtenir, imposer, entrainer nos partenaires vers des décisions qui ne peuvent plus attendre. L'union de l'Europe fait notre force face à une Asie au dynamisme impressionnant mais où s'aiguisent dangereusement les rivalités. L'union de l'Europe fait notre force face à une Amérique latine qui veut s'affirmer mais qui n'a pas encore choisi entre intégration et repli sur soi. L'union fait notre force face à une Afrique qui a trop longtemps éparpillé son immense potentiel entre une cinquantaine d'Etats dont la stabilité et la force sont bien inégales, mais qui aujourd'hui s'éveille.

*Nous aussi nous avons nos faiblesses. **La première est sans doute notre difficulté, à nous Européens, de regarder les choses en face. Et la première de ces difficultés c'est comprendre qu'il n'existe pas une Europe mais au moins deux. Ce n'est faire injure à personne que de dire les choses ainsi. Qui peut dire que l'Europe de l'euro et l'Europe des 28 ont les mêmes besoins en termes de structures, de prises de décisions et d'objectifs ? Pour l'Europe de l'euro, à commencer par la France et l'Allemagne,** le défi c'est d'aller plus loin dans une intégration économique, afin de créer une zone de stabilité qui n'a que trop attendu 13 ans après la création de l'euro. Pour l'Europe des 28, le défi c'est d'être capable de se concentrer sur l'essentiel afin d'être prêt à accueillir, le moment venu, les Etats qui attendent à nos portes. La priorité pour les 28, c'est de se recentrer sur l'essentiel et d'abandonner, je dis d'abandonner, tant de compétences qui ne peuvent plus être assurées en commun maintenant que nous sommes 28. Plus d'intégration pour l'Europe de l'euro, moins d'intégration pour l'Europe des 28. Voilà bien le choix paradoxal qu'il nous faut faire.*

La vérité, c'est que les pays de l'euro forment beaucoup plus qu'une simple zone !

Nous avons fait le pari de mettre en commun notre monnaie. L'euro est devenu la pierre angulaire de la construction européenne. La fin de l'euro serait la fin de l'Europe. La fin de l'Europe serait la fin de la paix, la fin de la stabilité, la fin du modèle européen d'économie sociale de marché. Mesure-t-on le cataclysme d'un tel scénario ! Mesure-t-on les conséquences d'un tel cataclysme ! C'est pour cela qu'avec la Chancelière Angela Merkel nous avons mis tout en œuvre pour sauver l'euro lorsque la spéculation se déchaînait et menaçait de tout emporter. Dans ce moment de vérité, la France et l'Allemagne ont fait face ensemble et, dans ce moment de vérité, l'Allemagne et la France ont surmonté l'épreuve ensemble. Aucun pays européen n'a cédé. Au contraire, les plus menacés ont été capables de faire des efforts qui paraissaient inimaginables.

***Aujourd'hui nos politiques économiques doivent être coordonnées, complémentaires, cohérentes. Depuis le traité de mars 2012, le gouvernement économique de la zone euro existe ; il doit agir.** L'Europe des 28, de son côté, n'avancera pas au même rythme. Nous devons respecter cela, l'assumer, c'est-à- dire l'organiser. L'Union européenne compte déjà 28 Etats membres. Elle en comptera demain ou après-demain 32 voire 35. C'est sa mission historique. Il est notamment de l'intérêt de tous les Européens que les pays des Balkans nous rejoignent un jour et trouvent enfin, grâce à l'Union européenne, la réconciliation, la stabilité et la prospérité.*

***J'aime ce que disait Konrad Adenauer : « L'histoire est la somme de tout ce qui aurait pu être évité ».** A l'heure où nous commémorons le drame de la Première Guerre mondiale, je le dis avec gravité, l'Europe ne peut pas se permettre d'ignorer Sarajevo et Belgrade. Les grandes puissances d'alors ont négligé le drame qui couvait dans cette région. Le 28 juin 1914, quand la mèche s'est allumée à Sarajevo, il était trop tard et la déflagration n'a pas simplement ravagé les Balkans : la déflagration a englouti un monde, celui de l'Europe que l'on appelait l'Europe de la « Belle époque ». Après la déflagration qu'est-il resté de la « Belle époque » ? Nous ne pouvons pas commettre les mêmes erreurs ! Pour réussir cette mission historique, l'Union européenne doit se concentrer sur ce qui est sa mission : assurer un grand marché loyal et efficace prenant appui sur quelques grandes politiques. Elle doit renoncer à la prétention de tout réglementer et de tout régenter. Ce n'est pas cela que voulaient les Pères fondateurs. **Comme tu l'écris à juste titre, Hans-Gert : « l'Union européenne doit se concentrer sur l'essentiel pour que l'Europe soit forte là où elle est la seule à pouvoir agir ».** C'est aussi ce que je pense. L'Union européenne doit cesser de perdre du temps, de perdre de l'énergie, et par-dessus tout, de perdre de la crédibilité sur des sujets qui ne relèvent pas à l'évidence de sa compétence !*

***L'Union européenne doit cesser d'exaspérer les citoyens.** L'Union européenne doit cesser d'exaspérer les entrepreneurs par des réglementations toujours plus incompréhensibles sur des sujets sans cesse plus secondaires. Nous devons donc, et c'est un Européen convaincu qui vous parle, assumer l'abandon de pans entiers d'une activité communautaire d'aujourd'hui qui gagnerait grandement en lisibilité si elle se concentrait sur 7 ou 8 grandes politiques européennes, celle de l'industrie, celle de la recherche, celle de l'énergie, celle de l'agriculture ou encore celle de la concurrence. Quand on est fort, et l'Union européenne est forte, on n'a pas besoin de vouloir s'occuper de tout. Et à force de vouloir s'occuper de tout on finit par ne plus discerner aucune priorité.*

Soyons francs : cela demandera une grande vigilance, car il est toujours plus facile de multiplier les textes et il y a toujours de bonnes raisons pour y pousser ; il est beaucoup plus difficile de mettre en place les politiques fortes et ambitieuses dont nous avons besoin, il y a toujours de mauvaises raisons pour ne pas agir, pour reporter à plus tard, pour attendre tel ou tel...

Mais c'est ainsi que l'Europe pourra remplir sa vocation, qui est d'assurer aux nations du vieux Continent la paix, la démocratie, l'Etat de droit. Et parce que nous avons la paix, la démocratie et l'Etat de droit nous pourrons espérer la prospérité. Il en va de l'avenir de nos

Confiance

Depuis l'arrivée de François Hollande au pouvoir, la parole publique n'a jamais été autant dévoyée. Tant d'effets d'annonces pour si peu de promesses tenues ! Il est donc urgent de rétablir le lien qui n'aurait normalement jamais dû se détisser entre les Français et la classe politique.

Nicolas Sarkozy est conscient de cet état de fait, et depuis son retour dans la vie politique active, il s'est efforcé de peser chaque mot, chaque parole et chaque promesse qu'il avait formulé pour notre parti et bientôt pour la France. Aujourd'hui, nous aurons des élections locales internes comme ce fut promis, nous avons une application « Direct citoyen » digne du XXIe siècle qui permet enfin aux militants d'être consultés sur la ligne du parti, toutes les « chapelles » ont été réunifiées par Nicolas Sarkozy – parfois même à son propre détriment – tout le monde est représenté dans notre mouvement, et forts de cette unité, nous avons remporté les élections départementales, ce qui a permis de faire émerger une nouvelle génération d'élus. Oui, l'alternance est plus que jamais en marche !

Je vous propose de lire la lettre que Nicolas Sarkozy a envoyé aux adhérents en mai 2015, elle illustre parfaitement la volonté de Nicolas Sarkozy de recréer les conditions d'une relation de confiance entre les responsables politiques et le peuple de France, comme en témoigne son titre *« Il est temps de passer de la promesse aux actes »* :

« *Mes chers amis,*

*Notre pays est confronté à une succession de graves crises économiques, sociales, politiques auxquelles vient s'ajouter l'interrogation sur l'identité de la France. **Jamais les Français n'avaient manifesté une telle inquiétude pour l'avenir, une telle colère contre la politique de ce gouvernement, un tel scepticisme à l'endroit de la parole publique.***

***Conscient de la gravité de tous ces défis et de notre responsabilité pour les années qui viennent, j'ai, tout au long de la campagne pour la présidence de notre famille politique, plaidé pour sa transformation en profondeur.** Un nouvel élan est plus que jamais nécessaire. Notre victoire aux élections départementales ne doit pas nous conduire à croire que tout est acquis. Elle nous incite, au contraire, à être encore plus déterminés à avancer. Une nouvelle force politique doit voir le jour capable de rassembler toutes les femmes et tous les hommes désireux de préparer l'alternance, le redressement de la France et le retour aux valeurs fondamentales de la République.*

Le moment est aujourd'hui venu de passer de la promesse aux actes, conformément au mandat que vous m'avez donné. Ainsi, nous pourrons tourner la page des divisions qui ont abimé l'image de notre mouvement. Nous sommes les représentants d'un courant

politique majeur, les héritiers d'une pensée qui a profondément influencé la conduite de notre pays. Nous ne devons laisser aucune prise à la caricature, aucun espace à tous ceux qui voudraient nous résumer à cet épisode de division, ou nous assimiler à un parti socialiste avec lequel tant de choses essentielles nous oppose.

Nos victoires électorales futures dépendront de notre capacité à réunir autour de nos idées le plus grand nombre de Français, y compris ceux, chaque jour plus nombreux, qui ne se reconnaissent qu'imparfaitement dans les clivages politiques traditionnels.

Au fond, nous devons rassembler tous ceux qui refusent de voir leur choix se réduire à un socialisme d'un autre âge, incapable d'imaginer le futur dans le monde d'aujourd'hui, et à l'impasse extrémiste qui a tous les défauts des partis traditionnels, sans avoir la capacité de soulever la moindre espérance.

Même si beaucoup de Français se sont souvent détournés des partis, même s'ils doutent de la politique, une majorité d'entre eux partage notre ambition d'une alternance digne de ce nom, qui rompra définitivement avec le socialisme, la faiblesse, le renoncement. *Nous devons incarner les valeurs fondamentales qui constituent notre socle commun, redonner du sens à l'action publique, affirmer notre volontarisme, refuser la fatalité de l'échec et de la médiocrité.*

Ces valeurs, ce sont celles de la République. Avant d'être gaullistes, libéraux, chrétiens-démocrates, centristes, radicaux, nous sommes attachés à l'idéal républicain. *Nous sommes nombreux à penser que la République a trop reculé face aux entorses multiples qui sont faites à ses principes. Qui pourrait contester que le rétablissement d'une République forte est plus que jamais nécessaire ?*

En proposant de nous appeler « Les Républicains », nous voulons montrer la volonté de ne céder en rien face à ce qui au quotidien affaiblit la République. *L'application sans faiblesse des principes Républicains n'est plus un choix, c'est une nécessité qui doit devenir notre priorité. Plus qu'un nom, les Républicains, c'est d'abord un combat, un projet, et une vision de l'avenir de la France.*

La République, c'est la liberté, ce n'est pas la contrainte. La République, c'est l'autorité, ce n'est pas le laxisme. La République, c'est le mérite, ce n'est pas le nivellement. La République, c'est l'effort, ce n'est pas l'assistanat. La République, c'est la laïcité, ce n'est pas le prosélytisme et l'intégrisme. La République, c'est l'unité, ce n'est pas l'addition de communautarismes. La République, c'est un combat permanent, ce n'est pas un recul de tous les jours. La République c'est la France, la République c'est la Nation.

Notre famille politique a longtemps fait sienne le mot République, de l'Union pour la Défense de la République (UDR) au Rassemblement Pour la République (RPR). Ceux d'entre vous de sensibilité démocrate chrétienne se souviennent sans doute du MRP (le Mouvement Républicain Populaire) et les plus libéraux d'entre nous ont en mémoire les Républicains Indépendants ou plus récemment le Parti Républicain. Choisir de s'appeler « Les Républicains », c'est ainsi à la fois respecter notre héritage et montrer notre volonté de défendre sans relâche cet idéal républicain, qui fait partie de l'identité de la France.

En vous proposant de refonder notre formation politique, j'ai souhaité adapter notre fonctionnement à la réalité du XXIème siècle. *Je veux que vous soyez des adhérents participants que l'on sollicite, des militants qui peuvent donner leur avis, qui votent sur tous les grands choix de personnes ou de projets. Cette exemplarité démocratique est déterminante pour recréer un lien de confiance solide avec les Français. Lorsque l'alternance viendra, nous parlerons le même langage à tous les Français : ils devront être* *consultés par référendum lorsque des questions essentielles concernant l'avenir de la France seront posées, parce que c'est aux Français d'avoir toujours le dernier mot.*

*La réforme des statuts que nous vous proposons repose sur un principe simple : **le mouvement « Les Républicains » fera de la démocratie interne sa règle de fonctionnement. C'est pourquoi je vous demanderai de voter sur les nouveaux statuts et le nom de notre formation. Ainsi je respecte ma parole et je m'engage comme doit le faire le Président de sa famille politique.***

*Vous élirez directement les Présidents des fédérations départementales, en lieu et place de leur désignation par des grands électeurs. **L'élection deviendra la règle de composition des instances de direction de notre mouvement, y compris le bureau politique.** Les jeunes de notre mouvement éliront également leur président au suffrage universel direct.*

***Vous serez consultés régulièrement sur toutes les questions politiques majeures.** Ce sera un changement profond, qui correspond à ma conception de la vie d'un parti politique : adhérer n'a de sens que si l'on sait que l'on sera respecté et donc écouté.*

Enfin, la parité sera respectée dans toutes les instances de décision de notre mouvement. [...]

Mes chers amis,
Les Républicains, c'est vous.
Vous qui ne vous résignez pas.
Vous qui croyez dans l'autorité, le progrès, le travail, la responsabilité, le mérite, la liberté.
C'est à vous qu'il revient de construire l'avenir.
***L'alternance est en marche. Rien ne l'arrêtera.** »*

Nicolas Sarkozy, lettre aux adhérents, mai 2015

Devoir

« *Mon moteur, c'est le devoir* » confiait Nicolas Sarkozy à l'hebdomadaire Valeurs actuelles en août 2014.

Tout au long de sa carrière politique, Nicolas Sarkozy a rempli ses devoirs. D'abord en plaçant des mots sur les maux lorsqu'il était ministre de l'Intérieur afin de dire tout haut ce que beaucoup pensaient tout bas. Son devoir en faisant baisser la délinquance. Son devoir en

qualité de Président de la République lorsqu'il affronta la crise et réforma la France malgré les tensions, comme l'illustre la courageuse réforme des retraites où Eric Woerth dut subir les incessantes calomnies relayées par la presse en même temps que les attaques des syndicats animés par leur conservatisme qu'ils prétendent pourtant combattre !

De même, Nicolas Sarkozy a fait son devoir lorsqu'il est revenu sur la scène publique. Il aurait pu lâcher l'ingrate tâche d'unir des personnes qui ne s'adressaient plus la parole, de rassembler des clans, des « chapelles » autour d'une nouvelle formation pour construire un projet commun. Il dut affronter un flot de critiques – des sarkozystes compris – sur cette décision. Pourtant, aujourd'hui, après que notre parti ait gagné toutes les élections locales depuis son retour, après avoir réussi le pari de construire un nouveau parti moderne, qui oserait dire qu'à la rue de Vaugirard, Nicolas Sarkozy n'est pas à sa place ?

Son « moteur, c'est [donc] le devoir ». Je vous laisse sur ces mots issus de son interview à l'hebdomadaire Valeurs actuelles du 7 août 2014 : *« La première présidentielle, on la fait par envie et par désir. Pour un retour, le moteur c'est le devoir, c'est la capacité à redonner de la confiance à un pays qui n'a plus de réponse pour aucun des grands défis du moment ».*

Europe

Nicolas Sarkozy a toujours eu l'Europe chevillée au corps ! En témoigne la tribune qu'il publia en mai 2014, quelques jours avant les élections européennes. Nicolas Sarkozy a d'ailleurs présidé l'Union européenne de juillet à décembre 2008 dans le cadre de la présidence tournante.

Nicolas Sarkozy est profondément européen. C'est parce qu'il est européen qu'il ose pointer du doigt ce qui ne fonctionne pas dans l'Union européenne. C'est parce qu'il est européen qu'il propose de renégocier les accords de Schengen et de poser les bases d'un « Schengen II » pour permettre aux Etats membres de mieux se protéger face à l'immigration massive illégale à travers une politique européenne migratoire. Enfin, c'est parce qu'il aime l'Union européenne, ses fondements qui prennent source dans la recherche de paix et l'aspiration à la liberté que

Nicolas Sarkozy ne veut pas la voir sombrer à cause du populisme. C'est pourquoi il propose que le Parlement européen, seule instance élue directement par les citoyens, soit « la seule à légiférer ».

Je vous propose de lire la déclaration de Nicolas Sarkozy à la fin de sa présidence de l'Union européenne. Elle fut marquée économiquement par la crise des subprimes, diplomatiquement par la deuxième guerre d'Ossétie du Sud, et institutionnellement par l'application du Traité de Lisbonne. La Présidence Française fut saluée à l'unanimité ! De ce grand et beau discours, il est une phrase à retenir : *« J'ai essayé de bouger l'Europe mais l'Europe m'a changé. »*

« Monsieur le Président,
Mesdames et Messieurs les Parlementaires européens,

Lorsque la France a commencé à exercer sa Présidence, la situation en Europe était marquée par l'interruption du processus de ratification du Traité de Lisbonne à la suite du vote de nos amis irlandais rejetant ledit traité. On n'imaginait pas à l'époque qu'une guerre éclaterait entre la Géorgie et la Russie et on n'imaginait pas non plus la violence de la crise financière, d'abord, de la crise économique ensuite, que l'Europe aurait à affronter.

La Présidence française, Monsieur le Président, a essayé d'organiser toute son action autour de deux convictions : le monde a besoin d'une Europe forte, première conviction, deuxième conviction : il ne peut pas y avoir d'Europe forte si l'Europe est désunie.

*Naturellement, j'imagine que ces idées ne sont pas originales, elles n'en sont pas moins nécessaires. Nous avons essayé de faire en sorte tout au long de ces six mois que l'Europe soit unie et que l'Europe soit forte, qu'elle pense par elle-même. **Qu'est-ce qu'une Europe forte ? C'est une Europe qui pense, qui a des convictions, qui a ses réponses, qui imagine. C'est une Europe qui ne se contente pas de suivre.** C'est une Europe qui refuse un consensus fondé uniquement sur le non-dit, sur l'évacuation des problèmes, sur le temps* censé tout arranger alors que ma conviction, c'est que plus on attend, plus on complique. Et, finalement, cette Présidence s'est déroulée au rythme d'événements internationaux qui ont bouleversé l'organisation de nos travaux. Ce n'est certainement pas à moi de faire un bilan. Je voudrais simplement vous dire comment nous avons affronté ces différentes épreuves.

Quand, au mois d'août, s'est présenté, le 8 août, la crise géorgienne, nous avons eu à l'esprit une obsession : arrêter la guerre et ne pas tomber dans ce qui s'était passé au moment de la Bosnie. Franchement, sans porter de jugement cruel, quand le conflit s'est déroulé en Bosnie, nous sommes en Europe, et l'Europe a été absente et ce sont les Etats-Unis d'Amérique, nos alliés, nos amis qui ont pris leurs responsabilités et l'Europe qui a dû suivre. **L'obsession qui a été celle de la Présidence, c'est que l'Europe prenne ses responsabilités.** Et, en ce mois d'août, nous avons d'abord négocié le cessez le-feu, le 12 août, puis un accord de retrait le 12 septembre. Finalement, la guerre fut évitée. Le retrait fut engagé et par-dessus tout, et hommage en soit rendu à tous les pays membres de l'Union, l'Europe est restée unie. Ce n'était pas si évident car compte-tenu de l'histoire de nos différents pays, une histoire douloureuse pour ceux des Européens qui ont vécu tant de décennies derrière le rideau de fer. Dans une Europe humiliée, dans une Europe divisée, dans une Europe martyrisée, il est normal que certains pays aient une sensibilité à l'endroit de nos voisins russes différente de ceux qui n'ont connu que la liberté.

Malgré cela, l'Europe est restée unie.

La Présidence, avec le Président de la Commission européenne, a tout fait pour éviter l'engrenage de la guerre. Le 8 août, les forces russes étaient à 40 kms de Tbilissi. Aujourd'hui, la quasi-totalité des forces russes ont évacué le territoire de la Géorgie hors Ossétie et Abkhazie.

L'Europe a répondu présente sans pour autant s'engager dans une politique agressive à l'endroit de nos voisins russes. Ma conviction, c'est que nous n'avons pas d'avenir autre que de trouver avec nos voisins les conditions du développement économique, de la sécurité et de la paix en leur expliquant que s'ils veulent compter dans le monde et la Russie est un grand pays, ils doivent respecter des valeurs, des pratiques et des comportements qui ne doivent plus être ceux qui étaient les leurs à une autre époque en Europe. Mais l'Europe a existé.

Puis est arrivée la crise financière. La crise financière n'est pas née au mois d'août 2007, comme je l'entends dire parfois. Au mois d'août 2007, c'était le début des ennuis. Mais la crise financière systémique que nous avons connue dans le monde a commencé lorsque les Américains ont pris la décision, qui s'est avérée gravissime d'accepter la faillite de Lehman Brothers, le 18 septembre 2008. C'est à partir de ce moment-là, et de ce moment-là seulement, que nous sommes rentrés dans une crise financière d'une ampleur inédite dans le monde. Nous avons essayé avec le Président BARROSO d'obtenir deux choses. **La première, l'unité de l'Europe, que nous avons construite progressivement, d'abord en réunissant les quatre plus grands pays d'Europe avec la Commission, avec la Banque Centrale, avec le président de l'Eurogroupe.**

Ensuite, en réunissant, pour la première fois depuis 2000, les pays de l'Eurogroupe au niveau des Chefs d'Etat et de gouvernement.

Enfin, en réunissant, au mois de septembre, l'ensemble des chefs d'Etat et de gouvernement, *nous avons obtenu un plan de redressement des banques européennes porté par tous les Etats d'Europe avec les difficultés que l'on connaît, puisque la violence de la crise avait conduit certains pays à prendre des décisions anticipées. Sans doute, d'ailleurs, ne pouvaient-ils faire autrement. Je pense à nos amis irlandais submergés par des attaques contre l'ensemble de leur système bancaire.*

A l'arrivée, un mois après, toute l'Europe était réunie autour du même plan de soutien aux banques. Nous avons essayé avec le Président BARROSO de faire en sorte que ce plan européen de soutien pour éviter l'explosion de notre système bancaire devienne le plan mondial. Alors que les Américains passaient du plan Paulson 1, au plan Paulson 2 pour arriver au plan Paulson 3, qui n'est rien d'autre que l'inspiration du plan européen 1. Je ne dis pas que les choses sont arrangées.

Je dis simplement que si les Etats d'Europe, la Commission, les institutions européennes n'avaient pas pris à l'époque leurs responsabilités, Mesdames et Messieurs, nous nous serions trouvés face à un fait sans précédent, le collapse ou la faillite d'un certain nombre d'Etats membres, la destruction du système bancaire européen. L'Europe a manifesté son unité et sa solidarité. Je pense notamment à ce fameux week-end où il a fallu mobiliser 22 milliards d'euros de crédit pour la Hongrie attaquée elle-même à son tour, après qu'il ait fallu en mobiliser 1,7 milliards d'euros pour l'Ukraine et qu'aujourd'hui, encore, nous devons nous occuper d'un certain nombre de pays baltes, sans compter les autres problèmes que nous avons à gérer dans le monde.

Dans la crise financière, l'Europe a été unie.

[...]. L'Europe a dit d'une seule voix qu'elle voulait d'un capitalisme d'entrepreneur et non pas d'un capitalisme de spéculateur, qu'elle voulait la réforme du système financier, qu'elle voulait une autre place pour les pays émergents, qu'elle voulait la moralisation du capitalisme. L'Europe a essayé de défendre d'une seule voix ses convictions.

S'agissant de la crise économique, le débat n'a pas été simple, Mesdames et Messieurs les parlementaires. Il n'a pas été simple pour deux raisons. La première, c'est la situation financière de nos pays qui n'est pas la même. La seconde c'est que notre culture économique, notre identité politique ne sont pas les mêmes.

Pourtant, à l'arrivée, tout le monde s'est retrouvé sur la nécessité d'une relance concertée aux environs d'un point et demi de PIB comme l'a recommandé la Commission. [...] ***Je voudrais rappeler à ceux qui regardent l'Europe que nous sommes 27 pays et que ce n'est pas facile de donner à ces 27 pays la même politique au même moment alors que chacun est pressé par des contraintes électorales, parce que nos élections n'ont pas lieu le même jour et devant cette assemblée, temple de la démocratie européenne, chacun peut comprendre que la proximité d'une campagne électorale n'est pas un facteur déterminant pour obtenir le consensus.*** *L'Europe, malgré tout, après avoir défini une politique commune dans la crise financière réussit à définir tant bien que mal une politique commune face à la crise économique.*

Il y a également eu le temps de l'Union pour la Méditerranée. J'assume bien volontiers qu'il a fallu se concerter, qu'il a fallu faire des compromis pour faire comprendre deux choses, que si l'Europe ne prend pas sa part de la paix au Moyen-Orient, personne ne le fera à notre place.

Il n'y a pas un seul pays au monde qui est capable de favoriser la paix entre les Israéliens et le monde arabe. L'Europe doit jouer sa partition. L'Europe doit être présente pour éviter un tête-à-tête frontal entre le monde arabe d'un côté et la première puissance du monde, les Etats-Unis.

L'Union pour la Méditerranée, c'est l'organisation d'un dialogue constant entre l'Europe et la Méditerranée, donc les pays arabes. *Dialogue dont nous avons besoin, dont les Arabes ont besoin, dont l'Europe a besoin pour que l'Europe cesse d'être uniquement un bailleur de fonds et que l'Europe ait des convictions politiques au service de la paix et que l'Europe ne se contente pas de payer, qu'elle demande également, que la paix ait lieu. Une paix équilibrée notamment entre les Palestiniens qui ont le droit à un Etat moderne, un Etat démocratique, un Etat sûr et Israël qui a le droit à la sécurité pour ce pays qui est un miracle de démocratie. L'Union pour la Méditerranée, il a fallu convaincre, convaincre de quoi ? Que l'Union pour la Méditerranée ne mettait pas en cause l'unité de l'Europe. Au contraire, qu'elle la renforçait. Et, finalement, Mesdames et Messieurs, soyons fiers, nous les Européens : l'Union pour la Méditerranée est co-présidée par la Présidence européenne, par l'Egypte, compte 5 Secrétaires Généraux adjoints dont un Israélien et un Palestinien.* ***C'est la première fois que les pays arabes acceptent qu'un Israélien soit membre de l'exécutif d'une organisation régionale comme l'Union pour la Méditerranée. C'est un succès historique et je voudrais rendre hommage à Bernard KOUCHNER qui, au Sommet de Marseille, a négocié brillamment pour obtenir ce résultat absolument inespéré.*** *En échange, les Israéliens ont accepté la participation de la Ligue arabe aux travaux de l'Union pour la Méditerranée, laquelle Union ne fait nullement obstacle à ce que la Présidence tchèque puis la Présidence suédoise développent demain les partenariats orientaux dont l'Europe a besoin. Et puis, il y a l'énergie-climat. Sur l'énergie-climat, que les choses soient claires. La bataille fût fameuse. Je suis bien persuadé que chacun a des motifs d'insatisfaction. Pour les uns, on demande trop à l'industrie. Pour les autres, on ne demande pas assez. Pour les troisièmes, il fallait passer par ceci, pour les autres par là-bas.*

A l'arrivée, la Présidence allemande avait fixé un calendrier avant la fin 2008. La Présidence allemande avait fixé trois objectifs : le triple vingt et, au fond, l'accord que nous avons scellé au Conseil européen qui, je l'espère, sera décidé par le Parlement européen demain, respecte les objectifs que vous vous étiez donné.

Je dois à la vérité de dire que chacun a dû être mis devant ses responsabilités. Il eût été insensé qu'au moment où un nouveau Président des Etats-Unis d'Amérique fixe pour la première puissance du monde des objectifs ambitieux en matière de défense de l'environnement, il eût été insensé que l'Europe renonce aux siens. Irresponsable. Car si l'Europe ne faisait pas son unité sur le paquet énergie-climat de la Commission, comment imaginer que l'Europe soit entendue des Indiens, des Chinois, des Brésiliens, de tous les pays du monde qui maintenant doivent prendre en charge les équilibres environnementaux de la planète ? Pour y arriver, il a fallu convaincre et il a fallu trouver des voies de compromis. Quelles voies de compromis ? J'avais indiqué que jamais nous ne renoncerions au calendrier et à l'objectif des trois vingt.

Mais chacun doit le comprendre ici. Des pays comme les nouveaux pays de l'Est rentrés dans l'Union, dont l'industrie lourde a été sacrifiée par le passage du système communiste au système de l'économie de marché, ces pays-là ont accepté que nous gardions la référence à l'année 2005. Alors qu'il y avait des raisons, pour eux, de demander que soit retenue une autre référence, par exemple l'année 1990. Ce qui n'eût pas été choquant compte tenu de ce qu'il s'est passé dans ces pays-là et de ce qu'ils ont subi.

Je parle sous le contrôle du Ministre Jean-Louis BORLOO qui a été un soutien total, constant et efficace dans cette négociation. J'ai voulu que le volontarisme en matière environnemental ne se fasse pas au détriment d'une politique sociale qui fasse exploser ses nouveaux adhérents de l'Union. Aux intégristes, je peux dire que la question, pour moi, n'a jamais été de ne pas imposer à la Pologne, à la Hongrie et aux autres des obligations environnementales mais de ne pas mettre ces pays en situation d'explosion sociale et de ne jamais les mettre en situation de choisir entre la protection de l'environnement et la croissance. C'est une nouvelle croissance. Une croissance durable, une croissance verte que nous leur avons proposée. Mais qui évite une explosion des prix ou des conséquences sur les ouvriers polonais, les ouvriers hongrois, les ouvriers de l'Est, qu'aucun pays démocratique au monde ne pourrait supporter.

J'ajoute, enfin, que j'ai bien entendu vos inquiétudes, lors de ma dernière venue au Parlement. Certains d'entre vous, je les comprends, m'ont dit : vous avez renoncé, M. le Président, à vos objectifs puisque vous avez accepté l'unanimité pour la décision au Conseil. **J'ai accepté l'unanimité pour une raison simple, c'est que le choix environnemental que fait l'Europe ne doit pas être un choix subi, il doit être un choix revendiqué.** *Imaginez la faiblesse d'un accord obtenu à la majorité avec une partie des pays qui n'aurait pas adhéré au Pacte.*

Quelle aurait été la crédibilité du paquet énergie climat, ratifié à la majorité alors que chacun voit bien que c'était l'unanimité qui était la garantie du respect de nos engagements politiques ? J'ajoute qu'un certain nombre d'entre vous m'ont rappelé qu'il s'agissait de la codécision. Je veux dire que je m'en suis servi, dans les discussions avec mes collègues chefs d'Etat et de Gouvernement. Je dois à la vérité de dire M. le Président, que la présence vigilante d'un Parlement déterminé à obtenir un accord sur le paquet énergie-climat a été un puissant facteur de mobilisation pour les chefs de gouvernement ou les chefs d'Etat qui avaient moins envie d'aboutir que d'autres. En tout cas, aujourd'hui, je vous apporte – vous en ferez ce que vous voulez – l'accord unanime des 27 chefs d'Etat sur le paquet énergie-climat.

Je terminerai par deux points que j'évoquerai rapidement. La politique migratoire.

Comment imaginer qu'une Europe, dont la plupart des pays sont dans l'espace Schengen, qui pose comme postulat la libre-circulation des personnes et des biens, puisse continuer sans se doter de principes communs pour élaborer une politique d'immigration commune ? *Ce travail a été fait et je dois le dire, il a été fait sans outrance et vous, le Parlement européen, vous avez beaucoup contribué à apaiser un débat sur les politiques d'immigration qui, au plan national, ne donnent pas toujours l'exemple du respect des personnes, du calme, de la pondération et de l'esprit de responsabilité. Nous avons maintenant les bases d'une politique d'immigration commune à l'unanimité. Juste un mot sur la défense.* **J'aurai l'occasion, l'année prochaine, avec la Chancelière MERKEL d'organiser le Sommet de l'Otan et je crois que ce qui est important dans ce que nous avons décidé, c'est que désormais les 27 comprennent que c'est la politique de sécurité et de défense de l'Europe et l'Otan.** *Que la politique de défense et de sécurité de l'Europe est complémentaire de l'Otan et qu'il n'y a pas lieu d'opposer l'une à l'autre.*

Enfin, le problème institutionnel. Lorsque le vote non est intervenu en Irlande, je me suis rendu avec Bernard Kouchner à l'invitation de Brian COWEN, le Premier ministre irlandais, à Dublin et j'ai indiqué, même si cela a choqué à l'époque, que la seule façon de sortir du problème c'était que nos amis irlandais soient à nouveau consultés. Cette déclaration a provoqué débat, comme si il n'était pas respectueux d'un peuple que de demander que ce peuple puisse à nouveau se prononcer.

Quelle est la situation aujourd'hui ? Aujourd'hui, 25 pays ont quasiment terminé le processus de ratification de Lisbonne, 25. Le 26ème, a République tchèque vient de prendre une décision importante puisque la Cour Constitutionnelle a indiqué que le processus de ratification de Lisbonne pouvait avoir lieu. Et le Premier ministre polonais, dans une déclaration courageuse et responsable, a indiqué que son ambition était de proposer la ratification du Traité de Lisbonne.
Reste donc le cas irlandais. Voilà l'accord que nous avons trouvé à l'unanimité. Cet accord est très simple. Il consiste premièrement à garantir à chaque état membre, si le Traité de Lisbonne rentre dans les faits, un commissaire par état membre. Je sais que c'est un effort pour un certain nombre d'entre vous, comme c'est un effort pour un certain nombre de gouvernements qui croyaient à la nécessité d'une commission plus restreinte pour être plus efficace. ***J'en appelle cependant à la réflexion de chacun d'entre vous. Si l'on veut Lisbonne, et l'Europe a besoin d'institutions fortes et durables, on ne peut l'avoir que si nos amis irlandais votent et disent oui. Pour qu'ils disent oui, il faut un fait nouveau. Ce fait nouveau, le Conseil européen propose qu'il s'agisse d'un commissaire par état membre.***

Deuxième élément, nous avons pris un certain nombre d'engagements politiques tenant à la spécificité du débat irlandais : la neutralité, la fiscalité, la famille. Ces engagements politiques n'ont pas posé de problèmes à prendre. Quel est le problème ? Il faut mieux que tout soit mis sur la table. Le problème, c'est la force juridique de ces engagements politiques car, en Irlande, il existe une Cour constitutionnelle et personne ne doute que les partisans du non, et c'est leur droit, saisiront la Cour constitutionnelle irlandaise pour demander la force des engagements politiques qui ont été pris. Voilà le compromis que la Présidence a proposé. Pas de reratification du Traité de Lisbonne par tous ceux qui l'ont fait. Pas de modification du Traité de Lisbonne. Nous n'avons pas intérêt, me semble-t-il, à résoudre un problème pour en créer 26 autres. La chose est claire.

En revanche, au moment du prochain élargissement de l'Europe, vraisemblablement la Croatie, vraisemblablement en 2010 ou en 2011, si les choses vont comme elles doivent aller, à ce moment-là, Monsieur le Président, il faudra un nouveau traité pour élargir l'Europe aux nouveaux entrants.

Nous avons donc proposé qu'au moment de l'élargissement de l'Europe, et à ce moment seulement, nous rajoutions au traité d'adhésion de la Croatie, deux éléments. Premier élément, le protocole, entre guillemets, dit irlandais et deuxième élément, la question du nombre de parlementaires puisque les élections européennes ayant lieu sur la base du Traité de Nice, je ne vois pas comment on pourrait faire autrement. Un certain nombre d'états qui se sont vus octroyer dans le cadre de Lisbonne plus de parlementaires, on réglerait également à l'occasion du premier élargissement ce problème. Sur cette base, le gouvernement irlandais, courageusement, s'est engagé à consulter à nouveau les Irlandais sur le Traité de Lisbonne avant la fin de l'année 2009. Ce qui veut donc dire que si les choses se passaient comme je souhaite qu'elles se passent mais c'est aux Irlandais d'en décider, le Traité de Lisbonne rentrerait dans les faits avec une année de retard seulement.

Mesdames et Messieurs, là aussi ce ne fût pas simple à discuter, ce ne fût pas aisé à organiser, ce ne fût pas non plus ni pour les Irlandais, ni pour les autres quelque chose de facile mais l'esprit européen, c'est d'abord un esprit de compromis. Si, à 27, on n'est pas capable de faire de compromis, ce n'est pas la peine d'avoir un idéal européen. L'idéal européen, c'est d'écouter l'autre et d'essayer ensemble de trouver les voix communes pour surmonter les problèmes.

Enfin, je voudrais terminer en adressant mes remerciements d'abord au Parlement européen. Je voudrais d'ailleurs vous dire que ce fût, pour la Présidence très facile, très agréable et très utile d'entretenir des contacts nombreux avec la totalité des groupes de votre assemblée. **Quel que soit l'engagement politique, droite ou gauche, libéraux ou verts, souverainistes ou fédéralistes, tous, vous avez montré une volonté de faire progresser, à votre manière l'Europe et je dois à la vérité de dire que, pour la Présidence, le Parlement a été un élément décisif pour obtenir, Monsieur le Président, des résultats.** *[...]*

A la fin d'une Présidence, on précise ses compliments, on n'adresse pas ses regrets. Je voudrais également dire qu'avec le Président de la Commission et que justice lui soit rendue, nous avons essayé de faire un tandem, *chacun conscient de nos responsabilités et jamais nous n'aurions pu obtenir les résultats que la Présidence a obtenu sans le travail main dans la main avec le Président BARROSO. Je tiens à le dire parce que c'est la vérité. En tout cas, tel que je l'ai vécue. Enfin, je voudrais remercier les chefs d'Etat et de gouvernement et, Mesdames et Messieurs, on ne construira pas l'Europe contre les états.* **C'est une évidence, aussi européens que vous le soyez, l'Europe n'est pas l'ennemie des nations et les nations ne sont pas les ennemies de l'Europe. Je vais vous dire une chose, c'est que si nous n'avions pas cherché à comprendre les problèmes de chaque gouvernement démocratique, on n'y serait pas arrivé. Vouloir passer par-dessus la tête de ceux qui sont élus dans leur pays c'est une erreur. Cela ne s'appelle pas un idéal européen, cela s'appelle un intégrisme et les intégrismes, je les ai toujours combattus dans ma vie. Même l'intégrisme européen, parce que dans l'intégrisme européen, j'oublie le mot Europe et j'entends le mot intégrisme** *et jamais l'intégrisme n'est de bon conseil. Vouloir construire l'Europe contre les nations serait une erreur historique. Chaque chef de gouvernement a pris ses responsabilités, chaque nation les a assumées.*

Et enfin, je voudrais vous dire, à titre personnel, que moi, **cette Présidence de six mois m'a beaucoup appris** *et que j'ai beaucoup aimé ce travail. Et pour dire les choses, je comprends que les parlementaires européens soient passionnés par ce qu'ils font, parce que lorsque que l'on a la chance, pendant six mois, de connaître et d'avoir à trancher des problèmes de 27 pays, on gagne en tolérance, on gagne en ouverture d'esprit et on comprend que l'Europe est sans doute la plus belle idée qui ait été inventée au XXème siècle et que cette Europe, on en a plus que jamais besoin.* **J'ai essayé de bouger l'Europe mais l'Europe m'a changé.** *Et je veux dire une chose parce que je le pense profondément : je crois vraiment que chaque chef d'Etat et de gouvernement gagnerait à exercer de temps à autre cette responsabilité. D'abord, parce qu'il comprendrait que les problèmes qu'il connaît dans son pays ne peuvent bien souvent trouver de solution qu'en accord avec nos voisins. Il comprendrait qu'au-delà de ce qui nous différencie, il y a tellement de choses qui nous rapprochent et il comprendrait que, surtout quelque chose de plus important, c'est que c'est plus facile pour l'Europe d'avoir des grandes ambitions que de toutes petites ambitions. Et la dernière chose que je crois au plus profond de moi-même, c'est qu'au Conseil européen, au Parlement européen, à la Commission européenne, c'est plus facile de faire aboutir des grands projets que des petits projets. Parce que les petits projets n'ont pas le souffle et la force nécessaire pour faire reculer les égoïsmes nationaux. Les grands projets, les grandes ambitions, les grandes idées, au nom de ces grandes idées et de ces grandes ambitions, on*

Alors, que l'Europe reste ambitieuse et que l'Europe comprenne que le monde a besoin qu'elle prenne des décisions. Quand on met la poussière sous le tapis, on se prépare des lendemains difficiles. Les problèmes, il faut les régler tout de suite et maintenant et ce n'est pas vrai que les institutions européennes empêchent la prise de décision. Ce qui empêche la prise de décision, c'est le manque de courage, le manque de volontarisme, c'est l'affadissement d'un idéal. Les décisions, on ne doit pas attendre Lisbonne, on ne doit pas attendre demain, on doit les prendre maintenant et je fais toute confiance à la Présidence tchèque pour assumer le continuum de la présidence. »

Nicolas Sarkozy devant le Parlement européen, le 16 décembre 2008

France

C'était le 11 mars 2012. C'était encore les débuts d'une campagne intense et passionnante. Nous étions plus de 60 000 militants plus que jamais déterminées à nous battre pour faire triompher notre idéal sur la fatalité socialiste qui l'emporta malheureusement deux mois plus tard.

Des dizaines de personnalités avaient fait le déplacement. Nicolas Sarkozy arriva après une remontée spectaculaire de cinq minutes, due à la ferveur des militants présents qui n'avaient qu'une seule envie ; le saluer, le remercier, l'encourager ou tout simplement le toucher.

Animé par ces milliers de drapeaux tricolores agités avec enthousiasme, ou par les tonnerres d'applaudissements que le moindre mot qu'il prononçait suscitait, notre Président allait se

livrer à discours d'une grande sincérité sur ce que fut sa charge de Chef de l'Etat. Ce jour là, Nicolas Sarkozy allait nous parler de la France. C'était le discours de Villepinte...

« Mes Chers Amis,

Je me souviens de ce mois de mai où les Français m'ont choisi comme président de la République. C'était il y a 5 ans. C'était hier. C'était il y a 5 minutes...
A l'instant même, j'ai senti sur mes épaules le poids de la charge, de la fonction, des responsabilités.
Je n'avais pas peur. Je m'étais préparé. Je savais qu'il y aurait des tempêtes, des épreuves, des montagnes à gravir. Je n'imaginais pas ce soir là combien la réalité allait dépasser ce pressentiment.
Jamais le monde n'allait connaître une telle succession de crises, si violentes, si universelles, si longues.

De cette succession ininterrompue de tornades, j'ai appris que le président de la République était comptable des joies et des peines des Français, qu'il devait les prendre en compte, s'en imprégner et s'extraire de tout le reste.

*J'ai appris que le président de la République est plus critiqué, plus attaqué, plus caricaturé que n'importe qui d'autre, qu'il fallait l'accepter et surtout qu'il fallait tenir. **Tenir encore. Tenir toujours. Tenir envers et contre tout car si le président de la République ne tient pas, c'est tout l'édifice qui peut se fissurer.** J'ai appris que le président de la République est pour beaucoup de Français l'ultime recours vers lequel ils se tournent lorsqu'ils ont épuisé tous les autres. Qu'il doit être disponible à tout moment. **J'ai compris que la volonté ne pouvait pas tout qu'il y avait des souffrances que l'on ne pouvait pas apaiser, qu'il y avait des colères que l'on ne pouvait pas calmer, qu'il y avait des injustices que l'on ne pouvait pas réparer.** Je pense à l'ouvrier dont l'usine ferme et dont on n'a pas réussi à sauver l'emploi. Je pense à la victime à laquelle on ne peut pas rendre justice. Je pense aux familles d'otages assassinés par des terroristes barbares et lâches. **Je pense à nos jeunes soldats morts pour la France, je pense aux enfants de policiers tués en faisant leur devoir. J'ai compris, devant les cercueils couverts du drapeau tricolore, alignés dans la Cour des Invalides, que la responsabilité du président de la République ne ressemble à aucune autre. Il m'est même arrivé ce jour là de penser qu'elle était inhumaine.***

***J'ai compris que le président de la République devait assumer la dimension tragique de l'Histoire et qu'au fond, rien ne pouvait y préparer avant de l'avoir vécu.** J'ai appris l'humilité devant ce que la vie avait pris et que je ne pouvais pas rendre. **Cela ne m'a pas découragé.** Car j'ai compris que les Français attendaient de moi autant une obligation d'engagements que de résultats. Qu'ils seraient scandalisés de me voir renoncer. Qu'ils voulaient que nous tentions l'impossible. Qu'ils n'accepteraient de ma part, aucun calcul, aucune hypocrisie, aucune lâcheté.*

***J'ai compris l'importance symbolique de la parole présidentielle, son poids, la nécessité qu'elle rassemble parce que le président de la République est celui qui incarne l'unité de la Nation, sa continuité, sa présence sur la scène du monde.** Élu de toute la nation, placé* *par le suffrage universel au dessus des partis, il doit s'interdire tout esprit partisan, tout esprit de clan, tout sectarisme. Il doit être libre de toutes appartenances, de toutes idéologies, de tout systématisme. Il ne doit incarner que l'intérêt général. C'est son ascèse, sa référence ultime, sa singularité.* **Dans notre pays où les clivages sont si marqués, les passions si vives, il est essentiel que le président de la République ait la sagesse de ne pas s'entourer que de ses seuls partisans, de ne pas récompenser que ses seuls amis ou de ne pas chercher à nommer que ceux qui ont toujours été en accord avec lui.** *La France pour être forte, a besoin de tous ses talents et tant mieux s'ils viennent d'horizons multiples. Il ne faut pas craindre cette richesse. Elle est créative. Elle est nécessaire. Je sais que j'ai pu décevoir les ambitions légitimes de certains de mes amis, mais s'ils m'en veulent, c'est qu'ils n'ont pas compris que le président de la République n'a de compte à rendre qu'aux Français, qu'il n'est prisonnier de personne même pas de ses amis. On ne gouverne pas avec sagesse un pays de 65 millions d'habitants, si on ne cherche pas à élargir la majorité qui vous a fait confiance.* **Vouloir exclure des postes de responsabilité de la Fonction publique ceux que l'on désigne à l'avance comme ses adversaires pour n'y nommer que les membres de son clan, s'accaparer l'État, c'est l'exact contraire de ce qu'a voulu le Général de Gaulle avec l'élection du Président au suffrage universel**

J'ai appris des blocages auxquels j'ai été confronté. Avec François Fillon, nous les avons surmontés. Ce ne fut pas toujours facile. Il y eut des tensions, mais nous n'avons jamais reculé, chaque fois que nous estimions que l'intérêt supérieur de la nation était en cause. J'ai compris que les vrais blocages ne viennent pas du peuple Français, mais de certains syndicats, de certaines organisations, de certains corps intermédiaires qui ont intérêt à l'immobilisme, au conservatisme par crainte d'un monde nouveau qui verrait diminuer leur influence. **J'ai acquis la conviction que pour les 5 années qui viennent le président de la République devrait rendre la parole au peuple quand celle-ci serait confisquée.** *Parce que la France ne peut se permettre de différer les grandes décisions,* **je solliciterai l'avis des Français par référendum chaque fois que quiconque essaiera de parler en leur nom, au service d'intérêts qui ne seraient pas ceux de la nation tout entière.**

J'ai compris dans la crise la force de notre modèle social qui a permis à la France de résister mieux que les autres aux chocs terribles qui ont ébranlé le monde. *Notre modèle social fait partie de notre identité, il nous protège parce qu'il nous unit. L'affaiblir, c'est affaiblir la France. Mais l'affaiblir c'est, par lâcheté, renoncer aux réformes qui seules aujourd'hui lui ont évité la faillite. J'ai compris l'attachement des Français au modèle républicain, à l'égalité des droits et des devoirs, à la possibilité donnée à celui qui n'a rien de devenir quelqu'un par son seul mérite. C'est dans cet attachement à la République que s'enracine le refus du communautarisme qui est si étranger à notre histoire, à nos traditions, à nos valeurs, à notre identité.*

Je veux être celui qui refusera en France toute dérive communautariste. *Je veux être le Président qui dira aux Français que la République n'appartient pas au passé, qu'elle est notre avenir parce qu'elle est le nom que nous donnons à notre volonté de vivre ensemble. J'ai appris à quel point les Français sont généreux, sont accueillants, prêts à partager, à être solidaires. En allant à votre rencontre depuis 5 ans, au milieu des pires épreuves, jamais je ne vous ai vus tentés par l'égoïsme, par le repliement sur soi, par le rejet de l'autre. Je n'ai pas vu une France de Droite, une France de Gauche, une France du Centre, j'ai entendu le peuple de France uni, unanime, rassemblé autour de la même exigence : que pour les 5 années qui viennent, la responsabilité soit au rendez-vous de la solidarité, que les devoirs accompagnent les droits, que celui qui n'a jamais travaillé et jamais cotisé ne gagne pas davantage que celui qui a travaillé et cotisé toute sa vie, que le profiteur, le* *tricheur, le fraudeur soit puni parce qu'il vole l'argent des Français, parce qu'il prend à ceux qui ont vraiment besoin de la solidarité nationale. Ce n'est pas un camp qui voudrait opposer sa volonté à un autre. C'est le peuple de France qui veut être entendu !* **En tant que président de la République vers lequel tous se tournent quand il faut réparer une injustice, j'ai compris combien était fort dans notre pays le rejet de ce qui n'est pas juste. Les Français n'acceptent pas l'injustice. Mais ils ne veulent pas davantage de l'égalitarisme et du nivellement.** *La justice c'est l'égalité des chances. Les Français ne veulent pas des revenus exorbitants du spéculateur mais ils veulent la récompense du mérite et la récompense de l'effort. Ils ne veulent pas que l'argent domine tout, parce que ce ne serait pas juste, mais ils respectent la réussite, quand elle est la reconnaissance d'un talent exceptionnel et qu'elle s'accorde avec l'utilité sociale. Parce que c'est juste. Les parachutes dorés pour les chefs d'entreprise qui ont échoué, les bonus invraisemblables de la finance, les rémunérations qui augmentent démesurément en haut de l'échelle alors que la crise impose des sacrifices au plus grand nombre. Les Français considèrent que c'est injuste et ils ont raison. Mais l'assistanat qui rapporte davantage que le travail, le bénéficiaire d'une allocation qui ne cherche, ni travail, ni formation. L'étranger qui vient en France pour le seul attrait de nos prestations sociales et qui ne respecte pas la France, cela aussi les Français le considèrent comme une injustice. Ces sentiments d'injustice, le président de la République doit les prendre en compte. Ces dérives, il ne peut pas les accepter.*

J'ai appris que lorsque l'on est président de la République française, on n'est pas seulement en charge des intérêts nationaux. On a une responsabilité plus grande. Au milieu de toutes les crises qui, depuis 5 ans, se sont abattues sur le monde et sur l'Europe, j'ai vu tant de peuples attendre que la France prenne l'initiative et montre le chemin. *Dans la crise financière, dans la crise économique, dans la crise de l'Euro, en Géorgie, en Côte d'Ivoire, en Libye, innombrables étaient ceux qui dans le monde ont placé leurs espoirs dans la France. Que va dire la France ? Que va faire la France ? J'ai compris à quel point notre place est singulière. Et lorsque la France ne dit rien, lorsqu'elle ne fait rien, elle déçoit tous ceux qui l'aiment et qui savent que, si elle ne parle pas, si elle n'agit pas, personne ne parlera ni n'agira à sa place. Souvent, depuis 5 ans, j'ai pensé à la phrase de Malraux :* **« Il y a des pays comme la France qui sont grands lorsqu'ils le sont pour les autres ».** *La France est la France quand elle se bat pour ses valeurs. Elle doit être du côté des peuples. Elle doit être du côté de la liberté et de la justice. Elle s'est battue pour la liberté du peuple libyen.* **Quand les avions français ont survolé la ville martyre de Benghazi, j'étais sûr que la France était alors à la hauteur de son histoire.** *Aujourd'hui, elle doit être aux côtés du peuple syrien, c'est sa place, son devoir, sa responsabilité. Oserais-je dire son rôle ? Nous voulons que les massacres cessent et nous réclamons la création de couloirs humanitaires. Trop d'innocents sont morts. Les assassins devront rendre des comptes. La France sera intransigeante pour défendre la sécurité d'Israël. Israël, ce miracle de la volonté et de la démocratie. La France exigera avec la même force un État pour le peuple palestinien, parce que partout où la paix est en jeu la France a un rôle à jouer. La France défendra partout le droit des femmes, car l'égalité entre les sexes est un principe universel sur lequel nul dans le monde n'a le droit de transiger.* **La France défendra partout la liberté religieuse et notamment le droit des chrétiens d'Orient à vivre en paix.** *Ce sont les mêmes principes, les mêmes valeurs qui m'ont conduit à prononcer les mots que j'ai prononcés pour apaiser les mémoires blessées des rapatriés qui ont tant souffert, des Harkis qui ont été abandonnés, des Arméniens qui se sont sentis bafoués, des Français d'outre Mer si douloureusement marqués par le souvenir atroce de l'esclavage et auxquels j'ai voulu rendre justice en faisant entrer au Pantheon, Aimé Césaire, le poète qui avait le mieux défendu leur dignité. En tant que président de la République, j'ai appris que le destin de la France se jouait en même temps à l'intérieur et à l'extérieur, qu'entre la* *scène mondiale, la scène européenne, la scène nationale, il n'y avait plus aucune cloison, aucune séparation. J'ai touché du doigt cette réalité : c'est une seule et même politique qui doit être conduite au-dedans et au-dehors, avec des moyens différents mais avec les mêmes objectifs, avec la même détermination. C'est la même crise qui nous frappe et qui frappe l'Europe et le monde.*

Dans le monde tel qu'il est, décider pour nous-mêmes et décider avec les autres ne peuvent être que les deux faces d'une seule et même politique. *S'isoler du monde, se barricader derrière ses frontières serait une folie. Que dirions-nous aux 7 millions de Français qui travaillent pour l'exportation et qui perdraient leur emploi ? A quel déclin serions-nous condamnés si les hommes, les idées, les produits, cessaient de circuler ? Mais tout ouvrir comme si la compétition était loyale, comme si la réciprocité était la règle, en renonçant à défendre ses intérêts, ses emplois, son mode de vie, son identité, sa cohésion sociale serait une autre folie. J'ai acquis une certitude que je veux vous faire partager avec gravité : si rien ne change, les peuples d'Europe ne supporteront pas longtemps les conséquences d'un laissez-faire dévastateur. Si rien ne change, les mêmes causes reproduiront les mêmes effets et nous aurons d'autres crises que les États, cette fois, n'auront pas les moyens de maîtriser, et dont les conséquences sociales, humaines et politiques risqueront de nous conduire pas à pas sur le chemin tragique que le monde emprunta lors de la Grande Dépression des années 30.* ***Si la France était restée en retrait, si elle ne s'était pas engagée, si elle ne s'était pas battue pour que les idées changent, pour que les comportements changent, si elle n'avait pas cherché à convaincre, à entraîner, il n'y aurait pas eu le G20.*** *L'Europe aurait répondu à la crise financière en ordre dispersé et elle se serait disloquée. Il n'y aurait pas eu d'accord pour sauver la Grèce. L'euro aurait disparu. Les Français auraient perdu leur épargne. Leur pouvoir d'achat se serait effondré. En se battant pour les autres, la France s'est battue pour elle-même. Elle s'est protégée. Elle a résisté. Elle n'a pas été emportée comme tant d'autres l'ont été. Elle a tenu.*

Quand on veut être président de la République, on a le devoir de dire la vérité aux Français, parce qu'il faut que les Français comprennent que la volonté politique doit rester intacte mais qu'elle s'exerce dans des formes différentes de celles d'hier. ***Pendant cinq ans, j'ai fait de mon mieux pour protéger les Français de toutes ces crises, pour que la France en sorte plus forte, j'y ai mis toutes mes forces. Je me suis engagé comme jamais je ne l'avais fait avant dans ma vie. Je vous demande de me croire : j'ai tout donné.*** *J'ai tiré les leçons des réussites et des échecs. Mais je n'ai rien perdu de ma foi dans l'avenir. Je n'ai rien perdu de mon envie d'agir, de mon envie de faire bouger les choses, de ma confiance dans le génie de la France. La principale leçon que je tire de ces cinq années de crise c'est que l'immobilisme nous est absolument interdit. Il est interdit pour la France, mais il l'est tout autant pour l'Europe, parce que* ***nous avons rendez-vous avec un nouveau monde qui est en train de naître alors que l'ancien n'en finit pas de mourir sous nos yeux.***

Je veux être le Président du peuple de France parce que c'est l'avenir du peuple français qui est en jeu, parce que c'est des profondeurs du pays que viendront le courage, l'intelligence, l'énergie dont la France a besoin. C'est des profondeurs du peuple que viendra le sursaut qui permettra à la France d'être au rendez-vous de l'Histoire et d'étonner le monde. ***Je veux parler directement au peuple français. Je sais qu'il ne veut laisser à personne le soin d'écrire l'histoire à sa place.*** *Je veux parler à tous les Français qui ont souffert des crises et qui ont le sentiment qu'ils ne maîtrisent plus leur vie, qu'ils sont dépossédés de leur droit de choisir leur existence. Je veux parler à l'agriculteur qui se sent à la merci du spéculateur qui, à l'autre bout du monde, joue avec le prix de sa récolte. Je veux parler à l'ouvrier qui ne ménage pas sa peine, et qui vit dans la hantise que son* *usine soit délocalisée. Je veux parler à l'employé et au cadre qui subissent depuis des années des réorganisations incessantes et qui savent que leur sort est suspendu à une spéculation boursière. Je veux parler au patron de PME dont la vie est à la merci des dumpings et de ses banquiers et à l'industriel dont les ventes à l'exportation sont suspendues à l'aléa des monnaies. Je veux parler à l'artisan qui aime son métier, qui le fait avec passion et qui ne supporte plus les contraintes. Je veux parler à l'habitant du village dont le médecin ne trouve aucun successeur au moment de partir à la retraite. Je veux parler à celui que est le plus vulnérable, qui est le premier licencié quand ça va mal et le dernier repris quand ça va mieux, à celui auquel on a dit longtemps qu'il était trop jeune et auquel on dit aujourd'hui qu'il est trop vieux. Je veux parler au Français qui a le sentiment qu'il n'a pas le droit de garder son identité, que l'on veut lui imposer un mode de vie qui n'est pas le sien sans lui demander son avis. **Je veux parler à tous les Français qui finissent par avoir envie de répondre « non » à tout parce qu'ils ont le sentiment que c'est la seule liberté qu'il leur reste. Je veux donner au peuple de France les moyens de réaliser ses ambitions. Je veux leur rendre la maîtrise de leur destin. Après quatre années d'épreuves, le moment est venu de tirer les leçons de toutes ces crises. Je veux le dire à tous les Français.***

Mais je veux le dire aussi à tous les Européens. Si nous voulons préserver notre mode de vie. Si nous voulons préserver, notre modèle de civilisation. Si nous voulons une société où chacun trouve sa place, où chacun a la possibilité de choisir sa vie. Si nous voulons la liberté, l'égalité et la fraternité. Si nous voulons la croissance. Si nous pensons que « le bonheur est encore une idée neuve en Europe ». Alors l'Europe ne doit pas être une menace, mais une protection. *Toute ma vie j'ai cru en l'Europe. J'ai voté pour l'Europe. J'ai défendu l'Europe. Rien ni personne ne me fera être parjure à mon idéal européen. Ce que les hommes ont construit avec l'Europe est sans doute ce qu'il y a de plus beau, de plus noble, de plus juste au service de la paix et de la réconciliation qui ait jamais été inventé. Mais je veux le dire avec solennité et gravité. Dans le monde tel qu'il est, une Europe qui ne tirerait pas les leçons de la crise, une Europe qui, au lieu de protéger, rendrait impossible toute protection, une Europe qui, au lieu d'être un moyen d'agir, deviendrait un facteur d'impuissance serait une Europe qui non seulement ne résisterait pas aux crises futures mais qui trahirait son ambition initiale et le rêve de ses pères fondateurs.*

D'abord il fallait sauver l'Euro et sauver l'Europe. Nous l'avons fait. *C'est un immense soulagement et une grande victoire. Honte à ceux qui au nom d'intérêts partisans n'ont pas eu le courage de voter en faveur du nouveau Traité Européen. Que disent-ils aujourd'hui aux Français, alors que la crise grecque est derrière nous ? Refusent-ils toujours les choix de la France au seul motif qu'il leur faudrait être contre le président de la République. ? Renier à ce point son idéal Européen, c'est juste indigne ! Maintenant pour les Européens que nous sommes, nous attend une tâche immense : changer l'Europe.* **L'Europe ne peut pas être la seule région du monde à si mal faire respecter ses frontières, à si peu défendre ses intérêts, à tant ignorer les angoisses de ses citoyens. Une Europe qui ne défendrait pas ses frontières, ses intérêts, ses citoyens, qui ne penserait qu'au consommateur, jamais au producteur, qui oublierait que derrière le consommateur il y a le travailleur, cette Europe serait condamnée parce qu'elle serait la cause de trop de tensions, de trop de souffrances, parce qu'au bout du compte en faisant souffrir les gens, elle trahirait son idéal humaniste.**

Si la France a choisi d'exercer sa souveraineté avec ses partenaires européens, c'est au nom d'un idéal humaniste farouchement opposé à la sauvagerie, à la barbarie dans lesquelles deux guerres mondiales et le crime inouï de la Shoah avaient failli anéantir

*pour toujours la civilisation européenne. Si la France a choisi de partager sa souveraineté, c'est pour être plus forte, non pour être plus faible. Pour promouvoir une civilisation et des valeurs européennes pas pour les laisser détruire. C'est pour être mieux protégé, non pour être plus vulnérable. Si la France a accepté la libre circulation à l'intérieur de l'Europe, c'est pour que les frontières de l'Europe soient mieux défendues et non pas moins. **Au point où nous en sommes arrivés l'Europe doit reprendre son destin en main, sinon elle risque la dislocation. Elle doit affirmer sa volonté politique. Elle ne peut être le jouet des seules forces de la concurrence, du marché, et de la loi des pays les plus forts dans le monde.***

Durant les crises qui, depuis 2008, ont ébranlé l'Europe, j'ai pris mes responsabilités politiques. La France s'est engagée. Elle a pris, avec l'Allemagne, des décisions fortes pour que l'acquis de 60 ans de construction européenne ne soit pas emportée. Aujourd'hui il faut à nouveau affirmer des choix politiques structurels à la hauteur de la situation.

***Rappeler nos principes c'est affirmer que rien ne serait plus contraire à l'idéal européen que la peur de l'étranger, la haine de l'autre, le repliement frileux sur soi. Mais dans la situation économique et sociale qui est la nôtre, si l'Europe ne maîtrise pas les entrées sur son territoire elle ne pourra plus accueillir dignement ceux qui arrivent, elle ne pourra plus répondre à la demande d'intégration de ceux qui ont tant de mal à trouver leur place dans la société, elle ne pourra plus financer sa protection sociale.** Cette vérité, il faut l'entendre car elle est l'exacte description de la réalité. Les accords de Schengen ne permettent plus de répondre à la gravité de la situation. Ils doivent être révisés. Il faut mettre en oeuvre pour Schengen une réforme aussi structurelle que celle que nous venons de mettre en oeuvre pour l'Euro. On ne peut pas laisser la gestion des flux migratoires entre les seules mains des technocrates et des tribunaux. Les décisions d'entrée sur notre territoire doivent être l'expression d'une volonté politique décidée par la souveraineté nationale. **Il faut un gouvernement politique de Schengen comme il y a désormais un gouvernement de la zone Euro. Il faut une discipline commune dans les contrôles aux frontières comme il y a une discipline commune en matière de finances publiques dans la zone Euro.** Il faut pouvoir sanctionner, suspendre ou exclure de Schengen un État défaillant comme on peut sanctionner un État de la zone Euro qui ne remplirait pas ses obligations. Il faut des instruments de gestion des crises qui permettent d'assister les pays confrontés à des circonstances exceptionnelles et un front commun dans la lutte contre l'immigration clandestine. Comme pour l'économie, il faut une convergence renforcée en matière de droit des étrangers et de droit d'asile. Il y a urgence car il n'est pas question que nous acceptions de subir les insuffisances de contrôle aux frontières extérieures de l'Europe.*

*Je suis décidé à m'engager totalement pour que ces principes soient mis en oeuvre parce que c'est la seule façon d'éviter l'implosion de l'Europe. **Mais si je devais constater que dans les douze mois qui viennent, il n'y avait aucun progrès sérieux dans cette direction, alors la France suspendrait sa participation aux accords de Schengen jusqu'à ce que les négociations aient abouti. Je crois à la logique des droits et des devoirs. Je crois aux valeurs de la solidarité mais en complément de celles de la responsabilité. L'Europe ne peut être un ventre mou, un espace ouvert à tous les vents.** L'Europe doit redevenir un idéal, une volonté, une protection. La libre circulation, oui. Les flux migratoires incontrôlés, non.*

Je veux prendre un engagement de la même portée s'agissant du libre- échange. L'Europe est ouverte. Elle commerce avec le monde entier. Elle récuse le protectionnisme. Elle croit à la concurrence loyale. Elle rejette la guerre commerciale. Mais il faut que le droit du travail, le droit de l'environnement, l'équité entre les monnaies ne soit pas systématiquement bafoué, soient mis à égalité avec le droit du commerce. Une nouvelle fois, il s'agit d'un choix politique majeur. La technocratie ne peut plus être seule à décider. Les objectifs des négociations commerciales de l'Europe doivent être définis par les chefs d'Etat et de gouvernement. Et la Commission doit les appliquer et en rendre compte. Le libre-échange, oui. La concurrence déloyale non. L'Europe qui ouvre tous ses marchés publics quand d'autres n'en ouvrent aucun, c'est non. **Agir ainsi, ce n'est pas accepter le libre-échange, c'est accepter d'être une Europe passoire. La réciprocité exigée ce n'est pas le protectionnisme, c'est la volonté d'une concurrence loyale entre les grands marchés du monde. Depuis 1933, l'État américain est contraint par la loi à n'utiliser que des produits fabriqués en Amérique dans les marchés publics.**

Depuis 30 ans, les Américains ont étendu cette obligation à tous les marchés d'infrastructures autoroutières et de transports en commun qui bénéficient de subventions gouvernementales. Aux Etats-Unis, tous les plans de relance financés avec de l'argent public sont soumis à cette règle. Alors, je pose solennellement la question, pourquoi ce que les États-Unis, pays le plus libéral du monde, s'autorisent, l'Europe se l'interdirait. La France demandera que l'Europe se dote d'un « Buy European Act » sur le modèle du « Buy American Act ». *Ainsi bénéficieront de l'argent public européen, les entreprises qui produiront en Europe. Je veux m'engager totalement dans ce combat. Si dans les douze mois qui viennent aucun progrès sérieux sur l'exigence de la réciprocité avec nos principaux partenaires n'était enregistré, alors la France appliquera unilatéralement cette règle jusqu'à ce que les négociations aboutissent.* **Les Etats-Unis, qui sont nos amis, nos alliés, nos partenaires, ont une législation qui oblige à réserver une partie des commandes publiques à leurs PME. Je ne vois pas pourquoi ce que font les États-Unis, pays le plus libéral du monde, l'Europe s'interdirait de le faire.**

La France exigera que désormais les PME européennes aient une part des marchés publics qui leur soit réservée. Si au bout d'un an nous n'avons pas progressé, la France appliquera unilatéralement sa propre charte des PME jusqu'à ce que les négociations aboutissent. Les États-Unis veulent taxer les bénéfices réalisés à l'étranger par les entreprises américaines. Ils ont raison. Je souhaite que ce principe devienne un principe européen et qu'il soit transposé dans le droit fiscal de chacun des pays de l'Union européenne ou au minimum de la zone Euro de façon à lutter contre l'évasion fiscale et les délocalisations.

En attendant, la France soumettra ses grandes entreprises à un impôt minimum qui sera assis sur le chiffre d'affaires mondial. Que l'on me comprenne bien, c'est parce que je suis un européen convaincu, que je veux faire changer l'Europe. C'est parce que je crois au libre-échange que je ne veux plus de cette concurrence sauvage, sans règle, sans limite, sans équité, qui tire tout le monde vers le bas. *C'est parce que je crois à la liberté de circulation que je tire le signal d'alarme, sur les conséquences d'une immigration incontrôlée. Si la France ne prend pas ces décisions, il ne se passera rien. Et s'il ne se passe rien, l'Europe perdra sa place dans le monde. Rendre à l'Europe la maîtrise de son avenir. Rendre à la France la maîtrise de son destin. Rendre à tous les Français qui ont le sentiment de l'avoir perdu, le contrôle de leur vie, le droit de choisir leur vie, de la construire sur leur travail, sur leur mérite, sur leur talent. Voilà mon projet pour la France.*

Voilà comment je veux réconcilier l'Europe du « non » et l'Europe du « oui », la France du « non » et la France du « oui ». Voilà comment je veux réconcilier la France qui se sent fragilisée, qui se sent menacée d'être dépossédée de tout ce à quoi elle tient et la France qui veut répondre à l'appel du grand large, qui veut conquérir le monde. Ces deux France ne sont pas antinomiques. Elles sont les deux moitiés d'une même nation.

L'une ne peut pas vivre sans l'autre. La France a besoin de tous ses enfants, de tous ses talents.

C'est la première tâche du président de la République que de savoir organiser la synthèse et la cohérence de ces deux France. La clé c'est la valeur du travail ! C'est le travail de tous qui fait la force d'un pays. **C'est par le travail que je veux réconcilier les Français et leur rendre la maîtrise de leur destin individuel et collectif. Le travail, c'est le socle. Le travail, ce n'est pas une fin en soi. Le travail, c'est un moyen. C'est le moyen de l'émancipation. L'égalité devant le travail, devant l'emploi, c'est le fondement de l'égalité réelle.** *C'est le travail qui crée le travail. En le partageant, on le détruit. Les 35 heures n'ont pas créé des emplois, elles ont sapé la valeur du travail dans le coeur et l'esprit des Français. Il ne faut pas laisser partir les emplois industriels.*

Quand l'industrie s'en va, tout le reste risque de partir. **Je n'accepterai pas qu'au nom d'une vision dogmatique du libre-échange notre industrie soit dévastée.** *Nous avons déjà beaucoup fait avec les investissements d'avenir, avec le crédit impôt recherche, avec la suppression de la taxe professionnelle. Il n'y a pas d'économies puissantes dans le monde sans industrie forte. Si pour sauver notre industrie, l'État doit investir comme je l'ai fait avec Alstom, alors l'État investira. Et si un secteur comme la sidérurgie devait être menacé de disparaître, pour des raisons conjoncturelles, alors je n'hésiterais pas à investir des moyens publics. Parce que la sidérurgie n'est pas un secteur du passé mais un secteur de l'avenir. Je ne laisserai pas détruire la sidérurgie comme on a laissé disparaître Pechiney. Je défendrai avec la même force notre industrie nucléaire absolument capitale pour notre indépendance, pour notre compétitivité, pour notre bien être. Honte à ceux qui ont vendu l'emploi de dizaines de milliers d'ouvriers contre un accord électoral misérable. Pour combattre les délocalisations qui brisent le destin de tant d'ouvriers je veux transférer les charges sociales sur la TVA et faire contribuer les importations au financement de la protection sociale. Je veux faire de la France d'ici cinq ans le pays le plus avancé dans la révolution écologique et la révolution numérique. L'enjeu est le même aujourd'hui qu'au moment de la révolution industrielle, qu'à l'orée des Trente Glorieuses.* **Un nouveau modèle de croissance émerge : la France ne doit pas être en retard. Elle ne doit pas suivre le mouvement, elle doit le précéder !**

C'est pour rendre à la France et aux Français la maîtrise de leur destin, pour nous libérer des marchés financiers, que je veux réduire les déficits et l'endettement. En 2016, grâce aux efforts des Français, le budget de la France sera à l'équilibre. Que proposent ceux qui s'y opposent ? Rien. Comme si, dans cette campagne, la bonne stratégie serait : je ne vois rien, je ne pense rien, je ne dis rien, car au final je ne crois en rien.

C'est pour rendre à la France et aux Français la maîtrise de leur destin que j'ai réformé les retraites et que je veux continuer à réduire le nombre de fonctionnaires. *Regarder ce qui se passe partout ailleurs dans le monde où des gouvernements n'ont pas eu le courage de prendre les décisions justes au bon moment. La sanction a été immédiate : les salaires ont été diminués, les retraites ont baissé, les allocations ont été supprimées. En France, nous ne l'avons pas fait, parce que nous avons réformé les retraites, diminué le nombre de fonctionnaires, réduit nos dépenses. Je l'affirme, ces décisions étaient sociales. Elles étaient justes. C'est pour que cette communauté humaine que l'on appelle l'entreprise puisse prendre son destin en main que je veux rendre possible les accords de compétitivité-emploi. Il faut mesurer le caractère révolutionnaire d'une réforme qui permettra à l'accord collectif dans l'entreprise de prévaloir sur la loi pour préserver l'emploi. La loi ne peut plus tout prévoir, tout organiser, tout régler ou surtout tout empêcher dans l'entreprise.*

Dans notre nouveau monde, c'est l'intérêt de tous, de retrouver du pragmatisme, de la souplesse, de la responsabilité. C'est pour que le chômeur reprenne le contrôle de sa vie que je veux qu'on lui donne un droit à la formation, quelque soit son âge, ou son statut, mais avec ce nouveau droit, on ne pourra plus refuser une offre d'emploi lorsque l'on sera au chômage. *C'est pour que le titulaire du RSA ne perde pas tout espoir de retrouver une vie normale, que je veux qu'il accomplisse sept heures de travail d'intérêt général par semaine et que tous les 18 mois on évalue ses efforts d'insertion.* Dans l'assistanat, on perd de plus en plus la maîtrise de sa vie. On a le droit d'être soutenu par la société, mais on a le devoir de s'investir en retour. C'est pour que l'immigré puisse trouver sa place dans la société, pour que la mère puisse être libre, élever ses enfants, parler à l'instituteur, que je veux mettre au regroupement familial des conditions de revenu, de logement et un examen préalable prouvant un minimum de maîtrise du français et de connaissance des valeurs de la République. *Je veux développer les internats d'excellence pour donner à tous les enfants qui veulent étudier la possibilité de reprendre en main leur destin.*

J'annoncerai dans les toutes prochaines semaines la deuxième étape de la rénovation de nos quartiers. *C'est la gauche qui a abandonné les banlieues. Souvenons-nous de l'état de nos quartiers à la fin des années 90. C'est notre honneur que d'avoir engagé 45 MdE, au service de la rénovation urbaine.*

Je veux qu'aucune femme ne soit asservie à des pratiques, à des traditions qui les empêcheraient d'être libres, qui seraient contraires aux valeurs de la République. *Nous avons interdit la burqa. Sur le territoire de la République Française les femmes et les hommes ont les mêmes horaires à la piscine, les mêmes médecins à l'hôpital, les enfants les mêmes menus à la cantine.* Si je veux que l'élève qui ne suit pas le rythme de la classe, qui décroche, qui se noie soit soutenu, soit aidé par l'enseignant qui reste dans l'école après la fin de la classe, c'est pour rendre à l'élève la confiance en lui qu'il a perdue. Si je veux maintenir l'indexation des retraites malgré la situation de nos finances publiques, c'est parce que je veux que les retraités restent maîtres de leur existence, qu'ils ne soient pas obligés de se mettre à la charge de leurs enfants.

Si je veux plus de places pour les enfants handicapés à l'école, c'est parce que je veux qu'ils partagent la vie, les jeux, les passions des autres enfants, parce que je veux qu'ils puissent construire leur vie et parce que c'est un enrichissement pour tous, un apprentissage de la différence. Si je veux donner à la victime le droit de faire appel dans les procès d'assises ou dans la remise en liberté conditionnelle de son agresseur, c'est parce que le sort de l'agresseur pèse sur la vie de la victime. Je ne propose pas une justice de la vengeance : ce n'est pas la victime qui doit décider de la sanction. Mais je veux que sa parole soit entendue parce que depuis des décennies on cherche à comprendre les raisons du coupable. Il est temps de se préoccuper des sentiments, et de la personne de la victime.

Je me souviens de ce jour de Printemps, il y a cinq ans, où les Français m'ont accordé leur confiance. Je me souviens des tempêtes et des épreuves traversées depuis cinq ans et je mesure ce qu'il reste à accomplir. Je mesure ce qu'il reste à accomplir pour construire une Europe forte et une France forte qui permettront à chaque Français de se sentir maître de sa propre vie.

Aidez-moi à construire la France forte, qui regarde avec confiance vers le futur, qui offre un avenir à chacun de ses enfants, qui investit, qui invente, qui crée, qui n'a pas peur, qui a de l'audace.

Aidez-moi à construire la France forte, qui se bat pour changer le monde, pour changer l'Europe, qui se bat pour ses valeurs, qui se bat pour ses idéaux.
Aidez-moi à construire la France forte, dans laquelle des centaines de millions d'hommes et de femmes de par le monde placent leur espoir d'un avenir meilleur.

*C'est **la France de Jeanne d'Arc, de Victor Hugo, du Général De Gaulle, C'est la France qui a foi dans l'humanité et dans le progrès, la France qui est grande lorsqu'elle l'est pour les autres** ! C'est la France que je veux construire avec vous !*

Françaises, Français, j'ai besoin de vous.
Vive la République !
Vive la France ! »

Nicolas Sarkozy, discours de Villepinte, le 11 mars 2012.

G20

Parce que Nicolas Sarkozy a présidé cette institution...

Alors que tant de géopoliticiens prônaient un monde bipolaire exclusivement réparti entre les Etats-Unis et la Chine, Nicolas Sarkozy s'est battu corps et âme pour faire triompher la démocratie dans le monde, en faisant en sorte que les 19 plus grandes puissances mondiales soient représentées. Seul le G8 aurait pu exister, car après tout, la France y aurait eu largement sa place – Elle était cinquième puissance mondiale sous son quinquennat, elle est d'ailleurs devenue la sixième, dépassée par le Royaume-Uni, sous celui de François Hollande – pourtant Nicolas Sarkozy a souhaité que les puissances émergentes telles que le Brésil, l'Afrique du Sud ou encore le Mexique y soient

représentées.

Certes, déjà dans les années 1990, les grandes puissances mondiales se réunissaient pour des sommets où l'on parlait grandement mais où l'on décidait peu. Ils étaient informels et furent oubliés quelques années plus tard. La crise des subprimes qui a frappé le monde en 2008 exigeait comme réponse, de la réactivité et par-dessus tout, de la cohésion. Nicolas Sarkozy, fort de son aura internationale, a impulsé une véritable dynamique, notamment par la formalisation de ces sommets qui devinrent des lieux de débats, de discussions et de décisions. Pour la première fois, tous les chefs d'Etat et de gouvernement se sont réunis autour de Nicolas Sarkozy en novembre 2008. C'est ainsi que des régulations monétaires ont pu être opérées, que le FMI a pu venir en aide aux économies les plus fragiles ; c'est ainsi qu'une liste noire des paradis fiscaux a été établie en 2009 ou encore que les marchés financiers furent soumis à de nouvelles règles plus strictes, ainsi que la stabilisation de la dette publique des Etats. (Une stabilisation dont François Hollande veut se targuer aujourd'hui, mais qui était en réalité déjà prévue depuis le sommet de Toronto en 2010 !). Nous devons donc à Nicolas Sarkozy l'existence du G20 et comme le dira par la suite l'excellent Henri Guaino, nous devons à Nicolas Sarkozy *« le retour de la démocratie dans le monde »*.

Je vous propose de relire le discours de voeux au corps diplomatique, en présentation de la Présidence française du G20 et du G8, à Paris le 25 janvier 2011. C'était un discours à la fois ambitieux et réaliste. Lorsque l'on compare les objectifs aux résultats, l'on s'aperçoit que les Chefs d'Etat ne perdirent pas leur temps. La Présidence Française fut, en effet marquée par l'atténuation de la crise grecque ; la re-capitalisation des « banques systémiques » ; et surtout par le sauvetage de l'Euro. On ne le rappellera jamais assez, mais en 2011 la zone euro a failli sombrer !

« Monsieur le Premier ministre, cher François,

Mesdames et Messieurs les Ministres,

Pour la première fois, le corps diplomatique est convié à une conférence de presse, et comme cette rencontre coïncide avec la période des voeux, je voudrais d'emblée, Monsieur le Nonce, Mesdames et Messieurs les Ambassadeurs, vous demander de transmettre à vos chefs d'État les voeux chaleureux que la France forme à leur intention et, bien sûr, à travers eux, aux peuples qu'ils représentent. [...]

Au cours des deux derniers mois, j'ai consacré beaucoup de mon temps à consulter. Consulter des chefs d'État et de Gouvernement, bien sûr, mais également des organisations internationales, des syndicats internationaux, des représentants des entreprises, des économistes, des chercheurs, d'anciens chefs d'État et de Gouvernement étrangers.

Je tire de ces consultations le message suivant : si le G20 veut rester légitime, il doit demeurer efficace. Notre objectif est d'ouvrir les chantiers de fond qui ne peuvent plus attendre, de façon à être en mesure de présenter des résultats concrets à une opinion publique de plus en plus impatiente. [...]

L'ambition de notre présidence est simple : nous vivons dans un nouveau monde, nous avons donc besoin de nouvelles idées.

Ce nouveau monde est d'abord marqué par un extraordinaire changement dans l'équilibre des puissances économiques mondiales.

Au sortir de la deuxième guerre mondiale, c'est-à-dire quand le monde a créé l'ONU, le FMI, la Banque mondiale, le GATT, les États-Unis représentaient 45% du PIB mondial. En 1975, lorsque le G7 a été créé, les États-Unis et l'Europe de l'Ouest représentaient à eux seuls les deux tiers du PIB mondial. Depuis la fin des années 90, nous assistons à un bouleversement extraordinaire de cet équilibre. [...]

En 2050, la Chine pourrait devenir la première économie devant les États-Unis, l'Inde la troisième et le Brésil la quatrième. On voit bien que tout ce qui a été créé en 1945 reposait sur des équilibres qui, aujourd'hui, ne sont plus les mêmes.

*Ces transformations, nous les avons prises en compte partiellement et **c'est notamment ce qui explique la création du G20, qui représente 85% du PIB mondial.***

Le deuxième constat que l'on peut faire après ce changement d'équilibre, c'est que nous vivons dans un monde totalement interdépendant, de plus en plus volatil, où des déséquilibres non seulement ont augmenté en rapidité, ils se succèdent, mais ont augmenté en dimension.

Cette volatilité nous la retrouvons partout. [...] C'est assez extraordinaire, depuis 40 ans, on a recensé 125 crises bancaires et si on prend les 40 dernières années, on s'aperçoit que ces 125 crises bancaires ont eu le temps de s'accélérer extraordinairement sur les 20 dernières années. C'est-à-dire, non seulement, les déséquilibres ne ralentissent pas, mais deviennent de plus en plus importants et se succèdent de plus en plus rapidement.

Si nous regardons les mouvements de capitaux internationaux : depuis 1990, le monde a connu 42 crises d'arrêt brutal des flux de capitaux. [...] Comment les pays peuvent-ils résister et gérer une telle instabilité ? C'est absolument impossible.
Sur les marchés des changes, là aussi les chiffres donnent le tournis, ils sont extraordinaires. Le volume quotidien de transactions a dépassé 4.000 milliards de dollars par jour. Je sais bien que ces chiffres n'ont aucune signification pour nos concitoyens, mais ce sont des réalités, il faut les affronter. 4 000 milliards de dollars par jour, volume quotidien de transactions, sur le seul marché des changes, en augmentation de 20% depuis 2007, après une augmentation de 72% entre 2004 et 2007.

Là aussi ce qui me préoccupe bien sûr, c'est une idée très banale que de dire qu'il y a de l'instabilité dans le monde, mais ce qui l'est moins, c'est de montrer par des chiffres que cela s'accélère à une rapidité stupéfiante. Donc, les conséquences seront de plus en plus graves.
[...]

*Si vous regardez les matières premières agricoles, la volatilité des prix des matières premières agricoles, sur les 20 dernières années, a été multipliée par trois, et cela est parallèle à la financiarisation croissante de ces marchés. **C'est d'autant plus extraordinaire qu'il faudra une hausse de 70% de la production agricole d'ici 2050 pour nourrir les 9 milliards d'hommes et de femmes que comptera notre planète.** C'est là où vous voyez combien la France sera forte en défendant la politique agricole commune,* *deuxième agriculture du monde, l'agriculture européenne, alors que les besoins de production agricole devront augmenter de 70% d'ici à 2050. Ce n'est vraiment pas le moment de démonter la politique agricole commune. Ces chiffres parlent eux-mêmes. [...]*

*Troisième caractéristique - je viendrai aux solutions, mais je pense qu'il est impossible d'essayer d'amorcer des perspectives de solutions si on n'essaye pas de nourrir un diagnostic partagé avec nos partenaires : naturellement, si le diagnostic n'est pas partagé, il est inutile d'espérer trouver des solutions communes. La troisième caractéristique, ce sont les défis globaux : changement climatique, défis du développement, qui demandent des réponses globales. Je rappelle et je rappellerai d'une manière inlassable que **nous avons prévu et promis 100 milliards de dollars par an aux pays en développement à partir de 2020. C'est une promesse. C'est Copenhague.** Comment tenir cette promesse, alors que nos pays connaissent des déficits budgétaires sans précédent, sans poser la question des financements innovants ? Elle est, cette question des financements innovants, pour la France, une question cruciale.*

__Le G8 "nouveau" devra ouvrir le débat public au niveau politique.__ J'ai été très heureux notamment, dans ma rencontre avec le Président Obama, de l'accord qui était le sien pour que nous parlions en G8 de façon très informelle d'Internet. Je précise qu'il ne s'agit nullement de vouloir brider le développement de l'Internet et de ses contenus. Internet est un progrès, c'est incontestable. Internet est une possibilité pour chacun d'avoir accès à une connaissance universelle et il ne viendrait à l'idée de personne de brimer ce développement positif. Mais Internet ouvre, pour les responsables que nous sommes, de grands sujets de réflexion. Et le G8, c'est huit économies extrêmement modernes où Internet se trouve extrêmement développé. C'est le lieu pour en parler.

La France organisera à la veille du Sommet de Deauville un Forum avec les principaux opérateurs de l'économie numérique des pays du G8. Je crois qu'il est venu le temps, maintenant, de se faire confiance les uns les autres et de construire un modèle en additionnant nos compétences, en écoutant ce qu'ont à dire les grands opérateurs d'Internet, dont je suis certain qu'ils sont profondément responsables et qu'eux écoutent ce que nous avons à leur dire pour trouver un chemin pour un Internet civilisé. [...]

Bien sûr, nous ne partons pas de rien et notre première priorité en tant que présidence c'est de nous assurer que les décisions que nous avons prises au cours des 5 précédents sommets du G20 sont bien mises en oeuvre.

C'est le cas en particulier de la régulation financière.

__En moins de deux ans, il y a eu des progrès considérables qui ont été accomplis même si cette idée a du mal à passer dans l'opinion publique, ce que je sais bien. Il n'en reste pas moins qu'elle est juste. De nouvelles règles sur le capital des banques, des hedge funds qui sont aujourd'hui régulés et qui ne dépendaient d'aucune autorité auparavant,__ des taxes bancaires instaurées pour limiter le risque systémique, l'encadrement des bonus, qui aujourd'hui fait consensus. Je vois que Morgan Stanley a annoncé que dorénavant 60% des bonus versés seront versés avec un décalage. C'est un peu plus de ce que nous avions demandé.

Sur les paradis fiscaux, longtemps intouchables, il y a eu, depuis avril 2009, 600 conventions de transparence fiscale et d'échanges d'informations signées. Treize pays ont renoncé au secret bancaire à des fins fiscales. [...]

Le développement sera un deuxième enjeu majeur pour le G20.

Je souhaite que notre double présidence fasse de l'Afrique sa priorité.

Nous ferons porter nos efforts sur les infrastructures. Au Sommet de Cannes, nous adopterons une liste de projets concrets, avec leur financement, qui seront mis en chantier immédiatement. Le panel de haut niveau chargé de les identifier sera présidé par M. Tidiane Thiam, Président du groupe mondial d'assurances Prudential, ancien ministre ivoirien du plan et du développement. Je le remercie d'avoir accepté cette mission.

Troisième élément, les financements innovants. J'en disais un mot à l'instant, la France est favorable à une taxe sur les transactions financières. La France considère que cette taxe est morale compte tenu de la crise financière que nous venons de traverser, que cette taxe est utile pour dissuader la spéculation, je pourrais m'en expliquer si vous aviez des questions, et que cette taxe est efficace pour trouver de nouvelles ressources pour le développement. Je sais bien que cette taxe a de grands ennemis ou de grands adversaires sur son chemin. Nous essayerons de les convaincre. Nous travaillerons avec M. Melès, Premier ministre d'Éthiopie, qui a fait un excellent rapport et la France confiera une mission à une personnalité de la société civile pour trouver des solutions innovantes à la lisière entre le secteur privé et le secteur public. La France considère que la taxe sur les transactions financières est la meilleure, mais qu'elle ne peut pas épuiser à elle seule toute la question des financements innovants. Donc, nous sommes prêts à discuter d'autres solutions même si cette taxe - sur les transactions financières - et répondant à vos questions je pourrai m'expliquer dessus, nous semble être la meilleure des formules.

Dans le domaine de l'emploi et des questions sociales, les partenaires sociaux seront totalement associés aux travaux du G20. Nous organiserons pour la première fois, un Sommet social à la veille du Sommet du G20, parallèlement à un Sommet des chefs d'entreprise. Il n'y a pas de raison qu'il y ait un Sommet des chefs d'entreprise et pas un Sommet social. Et la question pour la France, c'est comment donner davantage de poids à l'Organisation Internationale du Travail dans la gouvernance mondiale. La France souhaite que nous réfléchissions à la mise en place d'un socle de protection sociale universelle. Ce n'est pas un modèle social unique, qui n'a pas de sens, mais un socle et la France ne se résigne pas à ce que les 8 conventions de l'OIT sur les droits fondamentaux du travail ne soient pas ratifiées par tous les membres du G20 , qui sont, par ailleurs, pour la plupart, membres de l'OIT. Si l'on est membre d'une organisation, on ratifie les normes produites et adoptées par cette organisation.

Instabilité de l'ordre monétaire international, volatilité des prix des matières premières. Toute l'année 2010 a été marquée par le débat sur les monnaies. Certains ont même parlé de guerre des monnaies. La vérité, c'est que l'instabilité du non-système international monétaire, nous vivons dedans depuis 1971. *Dire qu'il y a un système monétaire, c'est déjà une grave erreur, il n'y en a pas depuis 1971. [...]*

Il ne s'agit pas d'aborder ces questions sous un angle idéologique mais sous un angle pragmatique. Notre ambition, c'est de converger avec nos partenaires sur des propositions concrètes. ***Notre position est simple, elle se résume d'une phrase : l'émergence de nouvelles puissances économiques conduira inéluctablement à l'émergence de nouvelles monnaies internationales.*** *C'est incontournable. La transition en cours peut être un facteur d'instabilité.*

Nous avons donc un premier objectif : améliorer notre coopération au service de la croissance. Et pour cela nous allons essayer de mettre d'accord tout le monde sur les indicateurs qui permettront d'analyser les déséquilibres persistants. Avant de s'affronter sur les déséquilibres, le France va essayer de faire converger tout le monde sur la définition des indicateurs qui vont permettre de mesurer lesdits déséquilibres. C'est fascinant ! Chacun se reproche ses déséquilibres mais il n'y a aucune règle, aucun critère pour définir ce qu'est un déséquilibre ou ce qu'est un excédent. Donc cela c'est notre premier travail, extrêmement important. J'espère que nous aurons, avec les ministres et les gouverneurs, des résultats dès le mois de février prochain. Il s'agira ensuite que chaque État présente les actions de politiques économiques et les réformes structurelles pour réduire ces déséquilibres.*

Par ailleurs, nous devons répondre à un certain nombre de questions très difficiles.

Comment réduire le besoin d'accumulation de réserves ? Évidemment, quand les pays se sont vus vidés des capitaux en quelques jours, ils essayent de s'assurer contre ce risque en augmentant considérablement leurs réserves, en se disant : " s'il arrive un pépin, j'aurai des réserves ". Mais cette accumulation de réserves improductives pèse très lourd. C'est une stratégie coûteuse. Il nous faut encore progresser pour créer de nouvelles facilités du FMI, comme le FMI a d'ailleurs essayé de le faire. Mais comment prendre mieux en compte le caractère systémique de certaines crises qui touchent toute une région et nécessiteraient non pas une réponse nationale mais une réponse globale et multilatérale ?

Comment mieux réguler les flux de capitaux internationaux ? Le cadre dans lequel nous vivons est aujourd'hui dépassé. La multiplication des mesures unilatérales récentes pose la question de l'établissement de règles multilatérales Nous proposerons au G20 d'élaborer un code de conduite en matière de gestion des flux de capitaux. A terme, la conviction de la France, c'est qu'une réforme des statuts du FMI est souhaitable pour que prévalent des règles communes et que le FMI exerce sa surveillance dans ce domaine. Vous voyez, on fixe des critères qui définissent les déséquilibres, on demande au FMI d'analyser ces critères, de mettre sous surveillance l'application de ces critères et on essaye de faire converger tout le monde dans le respect de ces critères.

Enfin, comment assurer la transition vers l'internationalisation des nouvelles monnaies ? Le DTS, si mon souvenir est exact, a été créé il y a 42 ans. 42 ans après la création du DTS, peut-on s'accorder sur le calendrier et les modalités de l'élargissement du DTS à de nouvelles monnaies, comme le Yuan ? J'ai été très heureux de voir que dans le communiqué de discussions entre le président Obama et le président Hu Jintao, la question de l'intégration du Yuan dans le DTS a été posée. Mais c'est déjà immense de poser cette question ! Quand la France en avait parlé il y a quelques mois, la première, cela avait suscité nombre de polémiques. Ces questions sont des questions complexes. Je suis certain que nous ne réglerons pas tous les problèmes en une présidence. Mais la France souhaite un débat, car le débat ne peut plus attendre. [...]

Deuxième question urgente, la volatilité des prix des matières premières. Si nous ne faisons rien, nous risquons des émeutes de la faim dans les pays plus pauvres et, par ailleurs, un impact très défavorable sur la croissance mondiale.

Quatre domaines d'action :
- Nous voulons la régulation des marchés financiers sur les matières premières : sur certains d'entre eux, il n'existe pas de règles de base contre les abus de marchés ou les manipulations de cours. Des travaux sont en cours aux États-Unis et en Europe. Il nous faut

des règles communes. Comment expliquer qu'il est normal de réguler les marchés financiers, mais qu'en revanche, on doit s'abstenir de toute règle sur les produits dérivés financiers en matière agricole ? Aucun sens.

- Nous devons améliorer la transparence sur les marchés physiques : pour donner de la prévisibilité, il faut connaître les perspectives de production, de consommation et les stocks. Nous allons proposer de créer une base de données commune, comme celle dont nous disposons sur le pétrole, afin de prévenir les crises alimentaires.

- Il faut renforcer notre dispositif de sécurité alimentaire. Je pense à un code de bonne conduite pour exempter l'aide alimentaire des restrictions à l'exportation, à la mise en place des stocks d'urgence. C'est quand même extraordinaire que les fonds d'aide alimentaire soient obligés d'acheter les stocks de matières premières au prix le plus fort ! C'est-à-dire, non seulement la spéculation crée les émeutes de la faim, mais les organisations d'aide alimentaire, pour éviter que les gens ne meurent, sont obligées d'acheter au prix le plus fort ! Cela n'a aucun sens et c'est porteur d'une explosion fantastique, dans des pays et dans des continents où l'on n'a pas de quoi se nourrir. Et c'est inacceptable. Nous devons développer l'offre agricole, que tous mes amis européens entendent cela, développer l'offre agricole si nous voulons être en mesure de nourrir l'ensemble de la population mondiale. Les ministres de l'Agriculture ont une responsabilité immense dans le cadre du G20.

Enfin je souhaite que nous regardions comment mettre au service des pays les plus pauvres les nouveaux instruments financiers d'assurance pour se protéger des hausses de prix ou des événements affectant les récoltes. [...]

*Je vous annonce par ailleurs que M. Medvedev, Président de la Fédération de Russie, a accepté de s'investir plus particulièrement, dans le cadre de la présidence française, sur ces sujets. Un mot pour terminer en m'excusant d'avoir été sans doute beaucoup trop long : la gouvernance mondiale, sujet extrêmement vaste. **Nous avons réformé le FMI, la Banque mondiale, nous avons créé le Conseil de Stabilité Financière. J'ai dit notre volonté que le FMI prenne toute sa place dans la surveillance des déséquilibres mondiaux, mais il reste énormément à faire. La création d'une organisation mondiale de l'environnement, la cohérence de toutes les organisations agricoles, l'action des instituions financières par rapport aux normes fondamentales de l'OIT, la création d'un secrétariat permanent du G20 pour suivre la mise en oeuvre de nos décisions entre deux présidences.***

J'ai demandé au Premier ministre britannique David Cameron, qui l'a accepté, de travailler plus spécifiquement sur ces sujets.

Vous voyez, cela vous décrit une présidence française collective. L'ordre du jour et l'agenda maintenant font consensus. Les solutions ne font pas consensus, ça c'est certain, mais on a donc beaucoup progressé sur la méthode de travail et sur l'agenda. Il nous reste maintenant à progresser sur les solutions. [...] »

Nicolas Sarkozy, Discours de lancement G8-G20, le 24 janvier 2011

Héritiers

La France vient de loin ! Nous sommes les

héritiers de la Gaule ; des premiers rois Mérovingiens puis Carolingiens ; de ces rois qui firent de leur vie un combat pour l'unité de la France, à l'image de Saint-Louis ; de ces rois proches de leur peuple, tel qu'Henri IV ; de ceux dont la raison de vivre était la grandeur de la France, comme François Ier ou Louis XIV ; ou de ceux qui furent les malheureux comptables des maux de certains Français, tel que le roi Louis XVI. A travers nos rois, nous honorons un siècle, des grands esprits ou même de grandes batailles qui ont peut-être scellées le sort de notre pays. Mais, le paradoxe Français veut que nous soyons aussi les héritiers de la Révolution et des cent ans de désordre qui suivirent, ainsi que de la -ou des- République. Alors, qui de mieux pour illustrer la République, que le Général de Gaulle ? Le général de Gaulle, incarnation de la Résistance Française. Charles de Gaulle, père de la Ve République. Charles de Gaulle, Président de la République. Charles de Gaulle, personnage entré dans l'Histoire du « roman national ».

En 2010, Nicolas Sarkozy prononçait un discours d'hommage à l'occasion du 40ème anniversaire de la disparition du général de Gaulle. Ce vibrant hommage ne peut être commenté tant il nous faudrait nous arrêter à

chacune des phrases, il est néanmoins une phrase à méditer qui subsiste. *« nul ne peut faire parler le général de Gaulle ni prétendre savoir ce qu'il ferait aujourd'hui, chacun doit méditer sur ce qu'il a fait. Lui qui dans son dernier exil n'a pas voulu écrire des mémoires de regrets, mais, comme un pied de nez à la mort qu'il sentait proche, des mémoires d'espoir pour servir d'inspiration aux générations futures ».*

C'est de ces espoirs dont nous sommes aujourd'hui les héritiers.

*« [...] **Qui ne se souvient de ces mots qui nous parlent d'une France éternelle**, de « villages tranquilles et peu fortunés, dont rien, depuis des millénaires, n'a changé l'âme, ni la place ? Ainsi, du mien. Situé haut sur le plateau, marqué d'une colline boisée, il passe les siècles au centre des terres que cultivent ses habitants. Ceux-ci, bien que je me garde de m'imposer au milieu d'eux, m'entourent d'une amitié discrète. Leur famille, je les connais, je les estime et je les aime. Le silence emplit ma maison. De la pièce d'angle où je passe la plupart des heures du jour, je découvre les lointains dans la direction du couchant.... »*

Qui ne se souvient, parmi les gens de ma génération, de cette soirée du 9 novembre 1970 où la France apprit que le général de Gaulle venait de mourir ? *Il y eut comme une grande stupeur qui saisit le pays tout entier. Que l'on fût gaulliste ou anti-gaulliste, que l'on se soit battu au côté du général de Gaulle ou qu'on l'ait combattu, chacun d'un coup se sentit orphelin de celui qui, trente années durant, avait partagé leur vie dans le temps de la plus grande prospérité comme au milieu des pires épreuves que la France ait jamais traversées dans son histoire.* ***Depuis le 18 juin 1940, il s'était peu à peu installé comme une figure familière dans l'univers quotidien des Français. Il s'y était mêlé à leurs passions, à leurs joies et à leurs peines. Les Français s'y étaient tellement habitués qu'ils avaient un peu de mal à croire qu'il les avait abandonnés à tout jamais.***

Un an et demi auparavant, ils l'avaient congédié, fatigués sans doute de le voir encore et toujours brasser de grands rêves et leur proposer une conception toujours plus élevée, toujours plus exigeante de la France. Maintenant ils se sentaient un peu coupables.

Tant de fois dans les circonstances les plus tragiques, les Français avaient vu en lui un sauveur.
Cela avait été le cas en 1940 quand il avait fallu sauver l'honneur.
Cela avait été le cas à la Libération quand il avait fallu rétablir une souveraineté française

qui n'allait pas de soi pour tous les alliés et restaurer l'État menacé par l'anarchie.
Cela avait été le cas en janvier 1945 quand il avait fallu s'opposer à l'évacuation de
Strasbourg à peine libérée et qui aurait mis la ville à la merci de la terrible vengeance de
l'ennemi.
Cela avait été le cas en mai 1958 et en avril 1961 quand la France, à deux reprises, s'était
trouvée menacée par la guerre civile.
Cela avait été le cas en mai 1968 quand il avait fallu mettre fin au désordre et à la violence.

Depuis trente ans, même quand il n'était pas au pouvoir, les Français s'étaient habitués à ce que le général de Gaulle veillât sur eux. *Pour beaucoup de Français il était un recours rassurant. Sa disparition laissait un grand vide. C'est à ce sentiment de vide que la France alors mesura le mieux peut-être l'importance qu'il avait eu pour elle.*

Il avait voulu des obsèques d'une extrême simplicité. Ni décoration, ni honneurs, ni dignité, ni éloge funèbre.

Il avait souhaité être enterré ici, dans son village, entouré de sa famille, des habitants de Colombey et des Compagnons de la Libération.

Il avait voulu tous les honneurs pour l'État. Il n'en avait jamais voulu pour lui-même.

Mais la France entière prit le deuil, et dans l'émouvante simplicité de cet hommage silencieux qui venait du coeur, chacun comprit qu'une page d'Histoire venait de se tourner mais que la leçon qu'elle contenait resterait vivante pour les générations futures.

La voix qui s'était tue avait été pendant trente ans celle de la France. Elle l'avait souvent été pour les Français et plus souvent encore pour le reste du monde qui y avait reconnu l'éternelle vocation de notre pays à défendre la liberté des hommes et le droit des peuples contre toutes les forces idéologiques ou matérielles qui prétendaient les asservir.

Il avait pu parfois se tromper. Mais dans tout ce qu'il avait dit et dans tout ce qu'il avait fait, il avait cherché à ce que la France restât toujours fidèle à elle-même, à ses valeurs, à son histoire, à son génie. Il ne s'était pas contenté de se faire une certaine idée de la France, il s'était constamment battu pour elle dans la guerre comme dans la paix. *Il avait montré que l'on pouvait aimer son pays sans détester les autres. Il avait toujours agi en partageant avec tous ceux qui l'avaient accompagné cette conviction profonde que si certains pays ne sont jamais plus grands que lorsqu'ils le sont pour eux-mêmes, la France, elle, n'est jamais plus grande que lorsqu'elle l'est pour les autres.*

Il avait montré que l'on pouvait aspirer à la grandeur de son pays sans jamais vouloir asservir les autres.

D'autant plus sourcilleux sur la souveraineté française qu'était grande la faiblesse de ses moyens, d'autant plus intransigeant sur son indépendance qu'il était d'une fidélité sans faille à l'alliance des démocraties contre la menace totalitaire.

Mais il avait voulu que la France toujours fidèle à elle-même parlât à tous les hommes et tendît la main à tous les peuples.

Jamais l'amour de la patrie, jamais le sentiment national ne s'était confondu chez lui

avec la tentation du repliement. Il avait ouvert les frontières, fait le choix de l'Europe et du monde où il avait voulu que la France se donnât toujours les moyens de jouer le rôle de premier plan qui, à ses yeux, devait être le sien.

Nulle arrogance dans cette revendication. Il avait assumé simplement cet universalisme qui a toujours été au coeur de la pensée et de la politique de la France.

Il avait cru au plus profond de lui-même que la France était une force d'émancipation, de paix, et de progrès et qu'elle le devait au génie de son peuple, à son histoire, à sa culture, à sa civilisation, à l'équilibre qu'elle avait su trouver entre le sentiment et la raison.

Mais à aucun moment il n'était resté prisonnier du passé. Cet homme qui avait incarné les grandes permanences de notre histoire avait été constamment tourné vers l'avenir.

S'efforçant sans cesse de distinguer ce qui change de ce qui ne change pas, il avait toujours su qu'il y avait des héritages intellectuels et spirituels qui nous venaient du fond des âges et que nous ne pouvions pas renier sans nous renier nous-mêmes, mais il avait toujours su aussi que lorsque rien ne change il n'y a pas d'autre issue que le déclin. Depuis le programme du Conseil National de la Résistance jusqu'au referendum de 1969 il n'avait cessé de vouloir moderniser la France.

Jamais un homme d'État n'avait compris aussi bien que l'on ne construit rien sur le reniement de soi et que pour s'ouvrir aux autres il faut d'abord être assuré de ses propres valeurs, de son identité. *Jamais un homme d'État ne comprit aussi bien que la haine de soi finit toujours par déboucher sur la haine de l'autre. Mais jamais non plus homme d'État n'avait été plus soucieux de précéder les événements pour ne pas avoir à les suivre.*

Il avait toujours su qu'à craindre de se projeter en avant pour choisir son destin on finit toujours par se le faire imposer par d'autres. ***Et quand il avait dit que la politique de la France ne se faisait pas à la corbeille de la Bourse c'est parce qu'il n'avait jamais attendu que la Bourse décide à sa place des mesures nécessaires à la bonne gestion de l'économie.***

Il n'avait pas porté sur l'histoire un regard nostalgique. ***Il avait voulu voir l'héritage des siècles comme une réalité à partir de laquelle il fallait construire l'avenir.***

La sécurité sociale, la planification à la française, la décolonisation, la force de frappe, le nucléaire, le TGV, l'aéronautique, l'espace, l'assurance chômage, l'aménagement du territoire, le plan Rueff, le nouveau Franc, le marché commun, la participation, la régionalisation, c'était regarder loin devant, pour que dans l'avenir, la France ait les moyens de rester la France. La réconciliation entre la France et l'Allemagne pour que « sans rien oublier du passé, nous regardions ensemble vers l'avenir », c'était regarder loin en faisant passer la raison avant la douleur encore si vive.

La Ve République ; la restauration, en 1958, de l'autorité de l'État ; l'élection, en 1962, du Président de la République au suffrage universel ; c'était aller chercher au plus profond de notre histoire, les principes par lesquels la France allait pouvoir être gouvernée au XXe siècle et au-delà, elle qui avait tant souffert de ne plus l'être depuis si longtemps.

De l'histoire, le général de Gaulle avait tiré la certitude que la condition de la grandeur de

__la France était son unité.__ Ce souci de l'unité française était l'héritage de dix siècles de royauté, d'empire et de République. Il s'était souvenu que l'État avait toujours été l'instrument et le garant de cette unité. Il avait reconnu les forces qui s'y étaient toujours opposé et qu'il lui fallait combattre : Les forces du conservatisme et les féodalités qui, disait-il, « n'aiment rien moins qu'un État qui fasse réellement son métier et qui par conséquent les domine ». Il avait compris que les féodalités n'étaient plus dans les donjons mais qu'elles renaissaient sans cesse sous d'autres formes et que ce combat n'était jamais terminé.

Si la Ve République a permis que la France, si prompte à la division, soit de nouveau gouvernable, c'est au général de Gaulle que nous le devons et à son exceptionnelle capacité à relier les fils du passé à ceux de l'avenir.

Cela n'avait pas été sans mal. Le régime des partis avait résisté autant qu'il avait pu. On avait accusé le Général de forfaiture, de coup d'État permanent. __Lui qui avait sauvé deux fois la République avait été soupçonné de vouloir instaurer une dictature.__ Il avait tenu bon. Heureusement pour la France.

Nos institutions sont désormais solidement ancrées dans notre démocratie.

Ces institutions qui, au-delà des changements qui ont permis de les adapter à l'évolution de la société et aux nécessités de la construction européenne, restent fondées sur les mêmes principes, le général de Gaulle les avait d'abord taillées pour lui.

Elles étaient l'expression de sa conception élevée de l'État, de la Nation et de la République.

C'est dire que si elles donnent au gouvernement les moyens de gouverner, elles imposent aussi à ceux qui en ont la charge un degré d'exigence inégalé depuis les débuts de la IIIe République. Quand l'exécutif était faible et que les majorités se faisaient et se défaisaient au gré des manoeuvres d'appareil, quand les gouvernements ne duraient guère davantage que quelques mois, l'exigence était moindre et se dissolvait dans l'irresponsabilité collective.

Le Président de la Ve République, élu directement par le peuple, a vis-à-vis des Français une responsabilité d'une toute autre nature.

__Le général de Gaulle avait voulu et fait en sorte qu'il soit en charge de l'essentiel, c'est-à-dire de l'autorité et de la continuité de l'État.__

__Il avait voulu que le chef de l'État soit l'Homme de la Nation et non d'un parti.__ Il avait voulu que ce chef assumât le destin du pays et que par conséquent il fut celui qui fixât les grandes priorités et qui prit les grandes décisions qui préparaient l'avenir.

Le général de Gaulle avait défini lui-même l'étendue de cette responsabilité : « Que, désormais, le Chef de l'État soit réellement la tête du pouvoir, qu'il réponde réellement de la France et de la République, qu'il désigne réellement le gouvernement et en préside les réunions, qu'il nomme réellement aux emplois civils, militaires et judiciaires, qu'il soit réellement le chef de l'armée, bref qu'émanent réellement de lui toute décision importante aussi bien que toute autorité... ».

__En plaçant le Président de la République au sommet des institutions le général de Gaulle__ *n'avait pas voulu en faire seulement le gardien de ces institutions. Il avait voulu en faire le garant de l'intérêt général.*

Le devoir du Président de la République est de mettre l'intérêt général au-dessus de tous les intérêts particuliers.

Il est parfaitement légitime que dans une démocratie chacun défende ses propres intérêts. Il est légitime que chacun fasse valoir son point de vue, que chacun exprime son opinion. Il est légitime que ceux qui veulent manifester, que ceux qui veulent protester puissent le faire dans le respect des lois de la République. C'est leur droit.

Mais le devoir du Président de la République, responsable devant la Nation, c'est de décider sur le seul critère de l'intérêt général.

Le Président de la Ve République n'est pas celui de la IIIe ni de la IVe, ce n'est pas seulement un arbitre qui se contente de faire respecter la règle. Il a le devoir d'agir.

Je voudrais citer une fois encore le général de Gaulle : « Si la France m'a appelé à lui servir de guide, ce n'est certes pas pour présider à son sommeil ».

Faire ce qu'il y a à faire. Accomplir ce qu'exige l'intérêt national et pour cela chercher inlassablement au milieu des intérêts contradictoires la voie de l'efficacité et de la justice.

Chercher entre le capitalisme sans règle et le socialisme la voie de la participation et de la régulation ;
Chercher entre le laissez-faire et l'étatisme la voie de l'autorité de l'État ;
Chercher entre l'injustice et l'égalitarisme la voie de l'égalité des chances ;
Chercher entre les intérêts de chacun, la voie de l'intérêt de tous ;
Chercher entre l'immobilisme et la table rase, la voie du progrès dans la fidélité à ce que nous sommes.

Chercher sous la diversité française l'unité profonde de la Nation.
Rassembler les Français par-delà tout ce qui les divise.

Voilà la leçon politique du gaullisme. Car si nul ne peut faire parler le général de Gaulle ni prétendre savoir ce qu'il ferait aujourd'hui, chacun doit méditer sur ce qu'il a fait. Lui qui dans son dernier exil n'a pas voulu écrire des mémoires de regrets, mais, comme un pied de nez à la mort qu'il sentait proche, des mémoires d'espoir pour servir d'inspiration aux générations futures.

Le général de Gaulle n'a jamais reculé devant la nécessité de décider, *quelles qu'aient pu en être les conséquences parfois douloureuses, parce qu'il savait qu'en repoussant trop longtemps la décision, les souffrances seraient plus grandes encore.*

Il avait conscience que lorsque l'État ne décide pas, ce sont d'autres forces qui décident à sa place et que ce sont alors toujours les plus faibles et les plus vulnérables qui en sont les victimes.

Il avait au plus haut point le sens de l'État et la plus haute idée que l'on puisse se faire de la responsabilité politique.

Identité

« Si on n'a pas d'identité, on n'a rien à partager ! » Voilà ce qu'affirmait Nicolas Sarkozy en Israel, en juin 2015.

L' « intégration à la Française » est un échec. La France n'a pu faire naître chez tous ses nouveaux venus un sentiment d'appartenance. Elle n'a pu le faire, car la société Française elle-même ne sait plus qui elle est.

En vous proposant de relire le suivant discours, je souhaite partager avec vous l'idée que Nicolas Sarkozy se faisait de l'identité nationale. Aujourd'hui, ce débat est toujours nécessaire pour la société française. Peut-être que les bons mots n'ont pas été utilisés, que ce débat a été caricaturé, mais il est urgent de le rouvrir, non pas pour attiser les tensions, mais pour redéfinir – ou se rappeler – ce qu'est notre « roman national ».

Au fond, à la suite du général de Gaulle, il nous appartient, avant même de réformer ou de proposer des idées nouvelles, de nous faire « une certaine idée de la France ».

« Mers chers compatriotes,

Il y a quelques instants, en me recueillant devant le Mur des fusillés de la Chapelle en Vercors, j'ai pensé aux 16 otages exécutés par l'occupant.

J'ai pensé à la population du plateau du Vercors prenant fait et cause pour les maquis et s'exposant aux plus terribles représailles.

J'ai pensé aux villages bombardés, aux maisons brûlées au lance-flammes, aux maquisards massacrés, aux civils assassinés...

Le Vercors a payé cher son engagement dans la Résistance. En soutenant les maquis, ses habitants savaient qu'ils risquaient le pire. Mais pas un de ces hommes, pas une de ces femmes, durs à la peine, dont une nature rude avait trempé le caractère, n'hésita.
Pas un, pas une ne recula.

Retranchés dans leur montagne, ils défièrent pendant des mois la plus puissante armée du monde. Le Vercors devint le point de ralliement de ceux qui ne voulaient pas subir. Un instant le coeur de la France se mit à battre ici. Et dans ce paysage magnifique et austère se mit à renaître une fierté française.

Alors, pourquoi tant d'hommes et de femmes se sont-ils engagés dans ce combat inégal dont l'issue tragique ne faisait à leurs yeux aucun doute ? La force étrange qui les poussait à risquer leur vie, s'imposait à eux comme une évidence. Ils se battaient pour une cause dont ils savaient seulement qu'elle était plus grande qu'eux et qu'elle les rattachait à une multitude d'autres hommes et d'autres femmes poussés par la même force et dévoués à la même cause. « Ils se battaient, disait Malraux à propos des Résistants, pour cette fierté mystérieuse dont ils ne savaient au fond qu'une chose c'est qu'à leurs yeux la France l'avait perdue ».
Ils la lui rendirent.

Ils avaient tellement envie d'être fiers de leur pays. La France ? Elle était en eux. Chacun à sa façon, exprimait par ses actes ce sentiment profond que la France était leur bien commun, ce qu'ils avaient de plus précieux, ce qu'ils avaient de plus beau à transmettre à leurs enfants. Ils se sentaient comme les maillons d'une longue chaîne qui avait commencé bien avant eux et qui continuerait bien après eux, s'ils ne la laissaient pas mourir, non pas matériellement mais spirituellement.

Des chefs du maquis jusqu'au plus humble des maquisards qui mourut en chantant la Marseillaise, des infirmières déportées à Ravensbrück jusqu'aux blessés regardant le visage du bourreau qui allait les achever, tous avaient au fond d'eux-mêmes cette certitude qu'une nation est un principe spirituel qui se nourrit de la noblesse des cœurs, de la beauté des âmes, de la fermeté des caractères.

Ils aimaient leur patrie parce qu'ils aimaient ce qu'elle avait fait d'eux. Ils aimaient les hommes et les femmes qu'ils étaient devenus grâce à la France, grâce à leur patrie. Ce qu'ils appelaient la France c'était ces valeurs qui les unissaient, au fond, cette conception de l'honneur et de la dignité qui les portaient tous.

Ici, au moment où leur destin rejoignait celui des soldats de l'An II et de Bir Hakeim, les valeurs de liberté, d'égalité et de fraternité avaient cessé pour eux d'exprimer une devise abstraite pour devenir la plus authentique et la plus profonde des expériences humaines.

Comme elle l'était pour tous les résistants, pour tous les Français libres, pour tous ceux qui avaient protégé des proscrits, pour toutes les mères qui avaient caché des enfants juifs parmi leurs propres enfants, pour tous ceux, qui face à la barbarie, avaient compris tout à coup ce que pouvait bien signifier le mot civilisation, pour tous ceux qui avaient découvert que la France avait une âme au moment même où elle allait la perdre.

C'est toujours au moment où l'on va les perdre que l'on mesure la signification et l'importance de ces choses indéfinissables avec lesquelles on a tellement l'habitude de vivre que l'on a l'impression qu'elles sont aussi naturelles que l'air que l'on respire.

Nous vivons peut-être l'un de ces moments où les repères s'effacent, où l'identité devient incertaine, où nait le sentiment que quelque chose qui nous est essentiel pour vivre est en train de se perdre. Tout semble concourir à l'aplatissement du monde.

Je veux le dire parce que je le pense, à force de vouloir effacer les Nations par peur du nationalisme on a ressuscité les crispations identitaires. C'est dans la crise de l'identité nationale que renaît le nationalisme qui remplace l'amour de la patrie par la haine des autres.

A force d'abandon nous avons fini par ne plus savoir très bien qui nous étions.

A force de cultiver la haine de soi nous avons fermé les portes de l'avenir. On ne bâtit rien sur la haine de soi, sur la haine des siens et sur la détestation de son propre pays.

Voilà pourquoi, mes chers compatriotes, nous devons parler de notre identité nationale. Ce n'est pas dangereux, c'est nécessaire. *Ce qui serait dangereux ce serait de ne pas en parler, de faire comme si tout allait bien en se disant « A quoi bon ? ». C'est avec cette politique de l'autruche qu'on laisse le champ libre à tous les extrémismes. C'est pourquoi j'ai voulu ce débat. C'est pourquoi j'ai voulu que nous discutions ensemble, que nous réfléchissions ensemble. L'identité nationale ça nous concerne tous, ça concerne tous les Français.*

Notre conscience nationale, elle s'est forgée dans l'épreuve. Depuis la Guerre de Cent ans

jusqu'aux maquis du Vercors, de Corrèze, ou des Glières, depuis Valmy jusqu'au Chemin des Dames, depuis Lazare Ponticelli le dernier poilu engagé à 16 ans en trichant sur son âge parce qu'il voulait dire merci à la France qui l'avait accueilli jusqu'à ceux que Malraux, encore lui, appelait « les clochards épiques de Leclerc », depuis les pêcheurs de l'Isle de Sein jusqu'aux Cadets de Saumur, la France a vécu d'abord dans l'esprit et dans le coeur de ceux qui avaient le sentiment de lui devoir tant qu'ils étaient prêts à se battre pour elle et peut-être à mourir.

Alors, qu'avaient-ils donc le sentiment de lui devoir ? Si on le leur avait demandé chacun aurait sans doute donné sa réponse qui eût été bien différente de celle des autres. Le pêcheur de l'Isle de Sein ou le paysan du Vercors n'aurait pas répondu la même chose que Jean Moulin ou d'Estienne D'orves.

Tous pour tout avaient le sentiment de se battre pour la même chose. Cela, c'est l'identité nationale.

Marc Bloch, le plus grand historien peut-être – en tout cas à mes yeux - du XXe siècle, assassiné par la Gestapo n'avait pas la même connaissance de l'histoire de France que le cheminot qui risque sa vie en se livrant au sabotage. Mais ils avaient conscience, Marc Bloch et le cheminot, d'appartenir à la même histoire, comme l'immigré italien, espagnol ou polonais qui entra en résistance et qui se sentait tellement Français qu'il interdisait à ses enfants de parler à la maison une autre langue que le Français.

Pour nous Français, l'identité nationale ne saurait être une chape de plomb intellectuelle et morale pesant sur les consciences. La France est diverse. Elle l'a toujours été. La France c'est une multitude de petites patries, de terroirs. C'est une multitude de coutumes, de traditions, de croyances. La France ce sont d'innombrables histoires, d'innombrables généalogies qui s'entremêlent. La France, c'est l'un des pays les plus divers au monde. *Cette diversité est inscrite dans les cœurs et dans les esprits, un pays où aucun village ne ressemble à un autre et où chacun s'efforce d'être différent de son voisin.*

Cette diversité française est une richesse. Chaque culture, chaque tradition, chaque langue a une valeur infinie. Les laisser disparaître serait une faute. Nous nous appauvririons.

Nous ne serions pas ce que nous sommes sans que nous ont donné et continuent à nous donner les cultures provençale, bretonne ou alsacienne, sans l'Outre-mer, sans ce que nous ont apporté les Antilles, la Réunion ou Tahiti, l'ouverture qu'elles nous ont donné sur le monde, sans ce que nous ont apporté l'Afrique ou le Maghreb. Regardez ce que la langue française doit à Aimé Césaire ou à Léopold Sedar Senghor.
Songez aux trésors que la langue d'Oc a déposé dans notre culture nationale.

Notre identité, et c'est le miracle français, est à la fois singulière et plurielle.

Rien n'est plus étranger au génie de notre peuple que l'uniformité, que l'embrigadement. L'identité nationale française, c'est une culture millénaire, par des voies mystérieuses, imprègne tout. Elle est dans la pensée, dans la langue, dans l'architecture, dans l'art de vivre, dans le paysage...

Si en France chacun a sa théorie, chacun a sa doctrine, si chaque ville a sa personnalité, si chaque commune est un monde en soi, si chaque région a son climat, son ambiance, ses traditions, un Français reconnaît d'instinct une pensée française, une région

française et il s'y sent chez lui.

Dans ce vieux pays où depuis si longtemps « ceux qui croient au ciel » se disputent avec « ceux qui n'y croient pas », il n'y a pas un seul homme, pas une seule femme qui ne reconnaisse dans les Cathédrales une expression de ce génie français auquel il a le sentiment de participer. *Le Français qui ne croit pas en Dieu n'imagine pas la France sans le Mont Saint Michel, sans Notre Dame de Paris ou sans la Cathédrale de Reims, ni son village sans le clocher de son église qui le surplombe depuis dix siècles. C'est la France. Pas un libre-penseur, pas un Franc-maçon, pas un athée qui ne se sente au fond de lui l'héritier de la Chrétienté qui a laissé tant de traces profondes dans la sensibilité française et dans la pensée.*

Regardons ce que la morale laïque des instituteurs de jadis doit à la morale chrétienne qu'on enseignait au Catéchisme. **Regardons ce que la République doit à l'Ancien Régime. Regardons comment la République a accompli le vieux rêve Capétien d'une France une et indivisible dans un État dominant les féodalités. Les rois l'ont rêvé, la République l'a réalisé.** *Discernons dans le débat sans cesse recommencé entre Jacobins et Girondins, entre les centralisateurs et les décentralisateurs, la tension multiséculaire qui depuis Hugues Capet oppose les Provinces au pouvoir central et autour de laquelle s'est construite pas à pas l'unité française.*

Derrière la diversité, derrière les oppositions, les contradictions, les conflits dans lesquels notre peuple a trop souvent épuisé ses forces, il y a l'unité profonde de notre culture, et, j'ose le dire, de notre civilisation.

Passant sans cesse de la désunion à l'union le peuple français sait au fond de lui-même que ce qui le rassemble est plus fort que ce qui le divise.

Et on comprend l'Histoire de France quand on accepte de vibrer avec le souvenir du Sacre de Reims et d'être ému par le récit de la fête de la Fédération.

On est pleinement Français quand on prend conscience que la France Girondine et la France Jacobine sont les deux visages d'une même réalité nationale.

On est Français parce que l'on regarde la Chrétienté et les Lumières comme deux versants d'une même civilisation dont on se sent l'héritier.

Mais on est Français aussi parce que l'on ne se reconnaît pas dans une race, on est Français parce que l'on ne se laisse pas enfermer dans une origine, on est Français parce que l'on ne se laisse pas enfermer dans une religion.

Si l'on cherchait quelles sont les principales institutions, les principaux lieux où se fabrique depuis des siècles l'identité française, on verrait d'abord sans doute tous les lieux de la vie et du travail quotidiens où artisans, ouvriers, agriculteurs, ingénieurs, se transmettent de générations en générations des cultures et des savoir-faire que la science et la technique modernes enrichissent chaque jour. *Ce qui se joue dans l'industrie, dans l'agriculture, dans la ruralité, dans l'artisanat, ce n'est pas qu'économique, c'est aussi la disparition d'une forme de civilisation, d'un héritage de valeurs, d'une culture du travail.*

Mais on trouverait aussi l'École, le Louvre, l'Académie française, le Collège de France, la Comédie française... *parce qu'être Français c'est croire que la raison, la science, l'art,* *la culture peuvent transcender les différences et, oserai-je le dire, parce que l'on croit plus ou moins consciemment à la toute puissance de la littérature. La littérature est un élément de l'identité nationale française. En ce sens, le prix unique du livre, pour sauver le livre et les libraires, exprime une part profonde de notre identité nationale au même titre que notre système si particulier d'aide à la création cinématographique ou l'aide qui est apportée à la chanson française ou à la création audiovisuelle. C'est de l'identité nationale française.*

La France est une nation littéraire. Elle se parle à elle-même à travers la littérature. *N'est-ce pas au fond en entendant un vers de Racine ou de Baudelaire ou en lisant une page des Misérablesque nous nous sentons le plus Français ? Dans quel autre pays au monde un tel miracle serait-il possible ?*

Nous conforterons l'identité française en apprenant à nos enfants à aimer la littérature, à aimer la poésie, à aimer et à respecter la langue française, en ce qu'elle est capable d'exprimer de beauté, d'intelligence, de profondeur de sentiment. Si nous voulons que demain la France continue de signifier quelque chose pour nos enfants, nous devons être fiers de notre histoire et faire de l'apprentissage de l'Histoire de France une priorité pour les enfants de nos écoles. C'est la raison pour laquelle, j'ai retenu l'idée de créer un Musée de l'Histoire de France que tous les enfants des écoles iront visiter, qui sera le Musée le plus moderne qui soit, qui ne sera pas figé dans le passé, qui sera vivant, qui apprendra l'Histoire au nom de l'avenir.

Si demain nous voulons que la France continue de signifier quelque chose pour nos enfants, il nous faut permettre à chacun d'accéder à la culture. Il nous faut réinventer, en les adaptant à notre époque, les Maisons de la culture, le concept ne doit pas être figé, le TNP de Jean Vilar qui voulait que le théâtre soit accessible à un public populaire, aux ouvriers des usines.

Nous avons besoin d'une politique culturelle qui soit à la hauteur de la place qu'occupe la culture française dans la culture universelle, de ce que dans son histoire la France a été capable d'accomplir dans le domaine des œuvres de l'esprit. Nous avons besoin d'une politique culturelle à la hauteur des défis de l'ère de la globalisation. ***La culture aujourd'hui a deux ennemis redoutables : l'utilitarisme et la transformation en marchandises de tous les produits de l'intelligence et du travail humains. Une politique du patrimoine s'impose. Quand on a un patrimoine comme celui de la France, on n'a pas le droit de le laisser s'abîmer et on aide ceux qui en possèdent une parcelle à l'entretenir parce que c'est l'intérêt de tous, parce que c'est un investissement collectif.*** *Avec Malraux nous avons été capables jadis d'inventer une politique du patrimoine. Il s'agit maintenant de la faire vivre. Notre culture ne vivra que si elle est encore capable d'étonner le monde.*
Notre langue et la vision du monde qu'elle porte ne restera vivante que si elle est utilisée par des artistes, des savants, des ingénieurs, des entrepreneurs, que si nos lycées à l'étranger, nos universités, nos écoles attirent les meilleurs élèves du monde entier, si nos laboratoires attirent les meilleurs chercheurs. *Si le meilleur de notre jeunesse part à l'étranger pour conquérir le monde, c'est très bien mais c'est très mal, si le meilleur de notre jeunesse part à l'étranger pour fuir un pays sclérosé qui ne leur laisse plus aucune chance de réaliser leurs rêves.*

Si nous voulons que la France continue de signifier quelque chose pour nos enfants, nous devons travailler à ce qu'il y ait encore demain une pensée, une science, une création artistique, une littérature françaises.

En plaçant l'éducation et la culture au cœur de son identité, la France s'est forgée une prédisposition à l'universalisme et à l'ouverture. **De siècles en siècles, la France n'a cessé de se mélanger, de se métisser, le mot ne me fait pas peur, d'assimiler et dans ce mélange, dans ce métissage, dans cette assimilation de se transformer elle-même et de s'enrichir.**

La France ne demande à personne d'oublier son histoire ou sa culture. Mais la France demande à ceux qui veulent lier leur sort au sien de prendre aussi son histoire et sa culture en partage. La France ne se pense pas comme une juxtaposition de communautés ou d'individus. La France n'est pas seulement une communauté d'intérêts. Devenir Français, c'est adhérer à une forme de civilisation, à des valeurs et à des mœurs.
La France est une terre de liberté et d'égalité.
La France est un pays d'émancipation où chacun aspire à s'élever selon ses talents, ses mérites, son travail.
La France est un pays où la femme est libre.
La France est un pays où l'Église est séparée de l'État, où les croyances de chacun sont respectées.

Mais la France est un pays où il n'y a pas de place pour la burka, où il n'y a pas de place pour l'asservissement de la femme, sous aucun prétexte, dans aucune condition et dans aucune circonstance.
La France est un pays où il n'y a pas de place pour la confusion du spirituel et du temporel.
La France est un pays de tolérance et de respect. Mais la France demande aussi qu'on la respecte.

On ne peut pas vouloir bénéficier des droits sans se sentir obligé par les devoirs.
On ne peut pas vouloir bénéficier de la sécurité sociale sans jamais se demander ce que l'on peut faire pour son pays.
On ne peut pas vouloir bénéficier des allocations chômage sans se sentir moralement obligé de tout faire pour retrouver du travail parce que les allocations sont payées par le travail des autres.
On ne peut pas vouloir profiter de la gratuité des études qui est l'une des plus belles conquêtes de la République et ne pas être assidu aux cours, ne pas témoigner de la considération pour ses professeurs et ne pas respecter les bâtiments qui vous accueillent.
On ne peut pas vouloir tous les avantages de la République si l'on ne respecte aucune de ses lois, aucune de ses valeurs, aucun de ses principes.

Mais pour faire partager un idéal, mes chers compatriotes, encore faut-il y croire soi-même.
Pour s'ouvrir aux autres, il faut avoir suffisamment confiance en soi, être sûr de ses valeurs et de son modèle.

La France n'a jamais été plus ouverte que lorsqu'elle croyait en elle, en son universalité, en ce qu'elle avait à dire et à donner au monde. Jamais la France ne fut plus fraternelle que lorsqu'elle a cru à la force de ses principes, de sa pensée, de sa langue.

Le creuset français prenait ensemble des fils de paysans, d'ouvriers, d'immigrés et il en faisait un peuple libre de citoyens. **Dès lors que la République donnait à chacun le sentiment qu'il avait sa chance, que la promotion sociale dépendait du mérite et du talent, la confiance nourrissait la confiance et la France pouvait s'ouvrir sans se dissoudre, conjuguer sans problème son universalisme et sa singularité.**

C'était le temps d'une exception française évidente, assumée, qui ne procédait pas d'un sentiment de supériorité mais de la conscience d'avoir un message particulier à délivrer, un exemple à donner.

D'où vient donc, mes chers compatriotes, que la France qui avait triomphé de tant de difficultés au cours de son histoire se soit mise à douter à ce point d'elle-même qu'elle se mette à vivre l'ouverture non plus comme une chance mais comme une menace ?
D'où vient donc, mes chers compatriotes, que la République qui avait surmonté tant d'épreuves dont elle était sortie toujours plus forte se soit mise à ce point à ne plus tenir ses promesses ?
D'où vient donc que le sentiment d'injustice au lieu de se réduire n'ait cessé à ce point de croître ?
D'où vient ce sentiment de partager de moins en moins de culture commune, d'imaginaire commun, de morale commune ?
D'où vient ce sentiment au fond de désintégration civique et sociale ?

Il vient d'une forme de renoncement. J'ose le mot.

En renonçant à la valeur du travail, nous avons renoncé au mérite républicain. C'est une erreur tragique.
En renonçant à demander à l'élève de travailler pour apprendre, en renonçant à lui faire découvrir la joie de la connaissance en récompense du long travail de la pensée.
En renonçant à exiger de l'assisté qu'il fasse tous les efforts qu'il peut pour trouver un emploi. En choisissant la voie des 35 heures, nous avons ouvert dans la méritocratie républicaine des brèches morales qui n'ont cessé de s'élargir. Ce fut une erreur totale. Que les choses soient claires, j'ai voulu un débat, je ne veux pas imposer les conclusions avant qu'il y ait lieu, mais ces renoncements là, je ne les accepterai jamais. Et c'est parce que je ne les accepte pas, que j'ai voulu qu'à l'école primaire on revienne au savoir, que j'ai voulu instaurer le RSA plutôt que le RMI ou mettre fin aux effets délétères des 35 heures.
En renonçant à l'autorité, en renonçant même à employer le mot, nous avons pris un risque immense.
En sapant l'autorité du maître sur l'élève, nous n'avons pas rendu service à l'élève qui en se prenant pour l'égal du maître n'est même plus conscient de la nécessité absolue d'apprendre. On ne peut pas prétendre forger des âmes de citoyens avec de tels principes.
En sapant l'autorité de la Police républicaine, on n'a fait qu'encourager les voyous.
En sapant l'autorité de l'État, on n'a fait qu'ouvrir le champ libre à de nouvelles féodalités et donc à de nouvelles injustices.
En laissant croire que tout se vaut, que toutes les valeurs, que tous les comportements, que toutes les œuvres se valent, on a porté un coup très rude à l'idée de civilisation et même à celle de société. Car dans une société civilisée, tous les comportements et tous les actes ne se valent pas.

Que reste-t-il de la République si l'on se met à considérer de la même manière le délinquant et la victime, celui qui fait son devoir et celui que ne le fait pas, celui qui fait son travail et celui qui ne fait rien ? *Que reste-t-il de la République quand on place sur le même plan l'intérêt particulier et l'intérêt général, le principe d'égalité et le droit à la différence ?*

En confondant l'égalité avec l'égalitarisme, nous avons sapé l'égalité des chances*, parce qu'en donnant la même chose à tout le monde, on a renoncé à corriger les inégalités les* *plus criantes liées à la naissance, à l'origine, au milieu social dans lequel on est né, au territoire ou au quartier dans lequel on habite. Au bout du compte, l'égalitarisme a renforcé l'injustice au lieu de la réduire.*

Ces renoncements là, je ne les accepterai jamais !

Pour lutter contre l'injustice, il faut donner plus à ceux qui ont moins pour compenser les handicaps du départ. **On ne répare pas l'injustice par le nivellement.**

C'est pour cela que j'ai souhaité que 95 % des Français puissent transmettre désormais à leurs enfants le fruit de leur travail sans droit de succession. J'ai supprimé les droits de succession parce que je crois au travail et parce que je crois à la famille. Ce sont les mêmes valeurs qui me font dire que nul ne doit pouvoir, sur le territoire de la République française, se voir prélever plus de la moitié de son revenu en impôts.
C'est pour cela aussi que j'ai voulu que les droits soient les mêmes que l'on ait plus ou moins 25 ans. [...]

En confondant trop souvent la laïcité avec le refus de toutes les religions on n'a pas non plus rendu service à la République. *Car la laïcité, et je veux le dire pour être bien compris, ce n'est pas le refus de toutes les religions. C'est le respect de toutes les croyances et la neutralité de l'État. Il y a dans le sentiment religieux qui vient du fond des âges quelque chose de profondément respectable. Et ce que nous avons aujourd'hui à construire c'est bien une société où chacun s'efforce de comprendre et de respecter l'autre.*
C'est pour cette raison, mes chers compatriotes, que seront expulsés tous ceux qui viendront en France pour appeler à la violence et à la haine de l'autre. Ils n'ont rien à faire sur le territoire de la République française.

La République est au coeur de notre identité nationale. Elle est forcément un rêve inaccompli, un idéal inachevé.

La République, c'est la souveraineté de la Nation, c'est l'autorité, l'autorité de l'État, c'est l'égalité des chances, c'est le mérite, c'est le travail la République, c'est la laïcité, c'est la compréhension, le respect, la solidarité. C'est la primauté de l'intérêt général sur l'intérêt particulier.

Si l'on ne veut pas de la Nation, de l'autorité, de l'égalité des chances, du mérite, de la laïcité du travail, alors on ne veut pas non plus de la République.

La vérité c'est que depuis quelques décennies nous n'aimons plus assez la République et que nous en avons fait le bouc émissaire de tous nos échecs.

Si notre modèle d'intégration ne semblait plus fonctionner ce n'était pas parce qu'il y avait trop de République mais parce qu'il n'y en avait pas assez. Ce ne sont pas nos valeurs qui sont en cause, c'est leur oubli et, parfois même leur reniement.

On avait fini par nous faire croire que la République menaçait la démocratie. Mais quelle démocratie serions-nous si nous devenions une société où chacun serait enfermé dans sa communauté, dans sa bande ou dans sa tribu ?

Rien n'est moins dangereux pour la démocratie et pour la liberté que la République fut-elle une et indivisible. Depuis deux siècles à part l'expérience sanglante de la Terreur nul

totalitarisme n'a menacé nos libertés. C'est que la culture française est irréductible au totalitarisme.
Il y a 20 ans tombait le Mur de la honte.

Les valeurs de la démocratie et de la République triomphaient.
Je vois bien depuis à quels excès peut conduire une démocratie d'opinion débridée je le vis tous les jours - où les nouveaux moyens de communication s'affichent comme des zones de non-droit. C'est vrai que c'est un problème que nous n'avons pas encore résolu et qui prend une ampleur croissante.

C'est un défi pour la démocratie, c'est un défi pour la République. Mais je veux prendre mes responsabilités. Je préfèrerai toujours ce genre d'excès à ce que fut le totalitarisme communiste qui de l'autre côté du rideau de fer faisait peser une chape de plomb sur toutes les consciences. Je préfère l'excès de la démocratie d'opinion à ce que l'on a vu au XXe siècle en Europe de l'Est.

Dois-je dire aussi que je persiste et je signe s'agissant du droit à la caricature ? Je préfèrerai toujours les excès de la caricature à l'absence de droit à la caricature qui est la marque de tous les régimes totalitaires. Dans l'affaire des caricatures du Prophète j'ai choisi le camp de la liberté d'expression parce que pour moi c'est cela le coeur de l'identité nationale française. Au pays de Voltaire et de Victor Hugo chacun veut penser librement. Le besoin de liberté est en France dans l'air que l'on respire.

Trop de confiance accordée à la raison, trop d'héritage venu des Lumières et de la Chrétienté nous font un antidote absolument efficace au totalitarisme.

Ce que nous appelons notre modèle républicain est-il condamné par l'économie, par la mondialisation ? Il est vrai que la République doit être réelle et pas seulement formelle. Quel que soit l'attachement aux grands principes, que valent-ils face à la montée du chômage et de l'exclusion ?

Comment parler de République si au lieu de continuer à trouver sa place dans la société si les études ne permettent pas de trouver un emploi décent, qu'est-ce qu'elle vaut la République si les sacrifices des parents et les efforts des enfants ne débouchent que sur le chômage ou la précarité ?

Quand le modèle individualiste semblait triompher partout, quand la Finance imposait partout sa logique spéculative, quand l'économie de rente prospérait, notre modèle républicain ancré dans notre histoire nationale pouvait paraître condamné. *Il semblait bien que les marchés financiers auraient le dernier mot sur la politique.*

La crise a fait, et c'est heureux, éclater le mythe, car c'est un mythe de l'uniformisation inéluctable et de l'avènement d'une civilisation comment l'appelait-il la civilisation des nomades connectés avec le monde entier mais sans ancrage national. Souvenez-vous, c'était il y a peu de temps que l'on nous servait ces balivernes.

Les grandes entreprises qui n'avaient plus de nationalité, elles étaient mondiales. *Comme c'est curieux, mais quand il y a eu la crise, elles ont, ces mêmes entreprises mondiales, tout de suite trouvé à quel État elles devaient s'adresser pour être secourues. Fantastique ! On nous a expliqué pour nous imposer cette idée folle, que les entreprises n'avaient pas de nationalité quand cela va bien mais quand cela va mal – j'en ai vu – elles étaient* *françaises, Monsieur ! Les grandes banques qui étaient internationales quand tout allait bien se sont retrouvées parfaitement nationales lorsqu'elles étaient au bord du gouffre. La catastrophe évitée de justesse, et c'est heureux, a fait ressurgir des vérités essentielles. Je l'affirme, les entreprises comme les personnes ont un ancrage national. Personne n'est de nulle part ou alors il n'est personne. On peut se sentir citoyen du monde, mais cela ne suffit pas pour être un citoyen à part entière. Ceux qui cherchaient à théoriser l'oubli de la nationalité ne cherchaient pas tant à effacer les frontières qui séparent les peuples qu'à se libérer de toute exigence de solidarité.*

La création de valeur pour l'actionnaire servait d'alibi à l'exonération de toute responsabilité morale et sociale. Alors, mes chers compatriotes, ne soyons pas naïfs, le but était d'abord d'échapper à ce premier devoir du citoyen qui s'appelle l'impôt. C'était cela la réalité.

La fin programmée des paradis fiscaux, la naissance d'une gouvernance mondiale pour lesquelles la France a tant œuvré, le retour de l'État dans l'économie changent la donne. Mais surtout le citoyen revient sur le devant de la scène. Le citoyen exige des comptes. Il ne veut plus se sentir seul au monde face à la toute puissance supposée des marchés. Il exige le citoyen d'être protégé. Il veut davantage de solidarité, davantage de morale, davantage de démocratie, davantage de politique. Le moment est venu de redécouvrir que l'identité nationale n'est pas un repliement sur soi mais que l'identité nationale c'est un atout dans la compétition internationale. On n'est jamais concurrentiel en imitant les autres mais en tirant le meilleur parti de soi-même. Voila la clé.

Jouer la carte de notre identité nationale, c'est refuser que la France devienne une sorte de grand fond spéculatif cherchant sans cesse à saisir les opportunités du moment, allant et venant sans cesse d'une mode à une autre, n'inscrivant rien dans la durée. *Je ne veux pas d'une France sans usines, sans industries, sans agriculture, sans campagne et sans ruralité. La meilleure chance de la France est aux côtés de ses artistes, de ses entrepreneurs, de ses savants, de ses ouvriers, de ses agriculteurs, de ses artisans, de ses ingénieurs avec leur savoir-faire qui viennent de si loin. Ils vont ensemble enfanter le monde de demain. La France peut devenir le laboratoire de l'avenir.*

Nous mettre au clair avec nous-mêmes sur ce que nous sommes, sur ce à quoi nous aspirons, sur ce qui nous fait vivre ensemble. Mes chers compatriotes, ce n'est pas regarder le passé mais préparer l'avenir que de faire ce travail et j'ai beaucoup de peine pour ceux qui pensent que l'identité nationale française est si faible qu'il ne faut même pas l'évoquer.

Demain comme hier nous n'accomplirons de grandes choses que si nous sommes fiers de notre pays, si nous sommes prêts, chacun d'entre nous, à voir en lui une cause qui nous dépasse.

Nous avons beaucoup de leçon à apprendre des autres, beaucoup de choses à changer. Notre pays a besoin de se réformer en profondeur. Je me suis attelé à cette tâche et que le message soit bien reçu, rien ne m'en détournera. ***Mais la France n'est pas une page blanche. « Cher et vieux pays » disait le Général de Gaulle. Oui, « cher et vieux pays » qui doit se transformer. « Cher et vieux pays » qui doit accomplir une fois de plus tant de révolutions.***

Que deviendrait la France si elle ratait la révolution écologique ?

Que deviendrait son identité si le traitement de toutes nos données numériques ou la numérisation de tous ses livres devaient entièrement nous échapper ?

Que deviendrait notre idéal hérité des Lumières si l'école devait échouer à donner à ses enfants les moyens intellectuels et moraux d'exercer librement leur jugement face aux médias de masse et à internet ?

Que deviendrait notre modèle d'intégration républicaine s'il ne retrouvait pas la compétitivité qui lui permettrait d'offrir un emploi à chacun ?

Quand je regarde le drapeau français qui s'est couvert de gloire au nom de la liberté sur tous les continents, mais quand j'entends la Marseillaise chantée avec ferveur, quand je lis les noms inscrits sur les monuments aux morts de nos villages, quand je vois dans l'armée française qui défile magnifiquement le 14 juillet le long travail des siècles, quand je rencontre des ouvriers dans les usines ou quand j'entre sous la coupole de l'Académie française, je vous le dis, je me sens honoré d'être Français. *Etre Français est un honneur. Il nous appartient à tous de le mériter.*

C'est de tout cela que je voudrais que nous parlions dans les mois qui viennent. Avec Éric Besson, j'ai voulu aujourd'hui vous livrer avec sincérité le fond de ma pensée non pas pour clore la discussion mais pour y apporter ma contribution.

Il vous appartient maintenant mes chers compatriotes de vous emparer de ce débat pour qu'il soit réellement le vôtre. La France, nous en avons hérité. La France nous la transmettrons à nos enfants. La seule question qui vaille : est-ce que nous serons à la hauteur des générations qui nous ont précédés ?

Est-ce qu'on leur laissera un pays à nul autre pareil ? Est-ce que l'on défendra nos valeurs, notre civilisation, nos idées ou est-ce que l'on se laissera emporter par des effets de mode successifs ? ***Ce débat est un débat noble. Il est fait pour les femmes et les hommes qui aiment leur pays. Ceux qui ne veulent pas de ce débat, c'est parce qu'ils en ont peur. S'ils ont peur de l'identité nationale française, c'est qu'ils ne la connaissent pas. Raison de plus pour ouvrir un débat qui va leur apprendre au fond ce que c'est que l'identité nationale française.***

Vive la République. Vive la France. »

Nicolas Sarkozy, La Chapelle en Vercors, 12 novembre 2009

Jeunesse

Un des plus beaux discours de Nicolas Sarkozy. Empreint de sagesse et d'espérance pour les 15 000 jeunes qui étaient présents ce samedi 31 mars 2012.

Des militants survoltés, des personnalités au rendez-vous, dont madame Bernadette Chirac ! Après que nous eûmes découvert les nouveaux visages de la droite qui s'étaient succédés toute l'après-midi à la tribune, le Président arriva après avoir bravé – comme à chaque fois – la foule. Tel un père envers ses enfants, il dispensait sa grande expérience, il nous contait les joies et les peines de la vie politique et personnelle. Les études, la famille, le travail, les questions existentielles que tout jeune s'est posé un jour... La jeunesse à travers la Résistance, la jeunesse à travers la guerre, la jeunesse grecque à qui on a menti, la jeunesse des trente glorieuses, ou encore la jeunesse qui était rassemblée ce jour-là ! *« Vous avez 20 ans, vous avez la vie devant vous et la tête pleine de questions auxquelles vous n'avez pas toujours de réponses. »* A cette jeunesse, Nicolas Sarkozy délivra le message de Jean-Paul II *« N'ayez pas peur ! »*. A cette jeunesse engagée, Nicolas Sarkozy l'encouragera : *« Prenez des risques, si vous tombez, nous vous aiderons à vous relever ! Si vous échouez, nous vous donnerons une deuxième chance ! Prenez des risques ! Vivez votre engagement, ne laissez personne fixer des limites à vos ambitions et à vos rêves. Faites votre vie ! »*. Lorsque vous lirez ce discours, imaginez-vous les

applaudissements, les « *Nicolas ! Nicolas !*» répétés avec ferveur par les militants. L'engouement était tel, que Nicolas Sarkozy ne pouvant plus continuer lâchera « *Oui, mais il faut que j'arrive à terminer mon discours ! »* provoquant ainsi les rires dans la salle.

Ce samedi-là, empli d'effervescence, le cœur de la jeunesse de France battait.

« Mes chers amis,

Vous êtes la jeunesse de France ! Vous avez 20 ans, vous avez la vie devant vous et la tête pleine de questions auxquelles vous n'avez pas toujours de réponses.

20 ans : est-ce le plus bel âge de la vie ? Est-ce le pire ? La réponse viendra plus tard quand la vie aura passé, la vie avec ses joies et avec ses peines et quand chacun se souviendra des poèmes appris lorsqu'il était enfant et qui reviennent à la mémoire quand s'apaise le tumulte de la vie.

Vous avez 20 ans, vous avez la vie devant vous et cette vie n'appartient qu'à vous. Ne laissez personne vous la prendre. Ne laissez personne écrire votre histoire à votre place, personne ! Car c'est l'éternel dilemme de la jeunesse, vivre son histoire ou la subir.

La jeunesse, c'est le moment exaltant et parfois angoissant parce que la jeunesse, c'est un passage, parce que la jeunesse, c'est un saut dans l'inconnu.

Parfois, les circonstances de la vie font du jour au lendemain de l'enfant un adulte.

Les jeunes Français qui en juin 1940 se retrouvèrent à Londres parce qu'ils ne supportaient pas de voir la France occupée et vaincue, ces jeunes Français de vingt ans, ils entrèrent dans l'âge adulte dès l'instant où le Général de GAULLE leur a dit : je ne vous féliciterai pas d'être venus, vous n'avez fait que votre devoir.

Cette génération-là, cette génération, je veux vous en dire un mot. ***Cette génération, la guerre lui avait volé sa jeunesse mais cette génération à qui la guerre avait volé sa jeunesse, a donné à la France une armature morale pour des décennies et les survivants de cette jeunesse, lorsqu'ils achevèrent de raconter leur histoire à leurs petits-enfants, leur dirent : nous n'étions pas des héros, nous n'avons fait que notre devoir.***

Voilà la leçon de ces hommes entrés du jour au lendemain dans la vie d'adulte. Mais mes chers amis, cette génération qui vous a précédés, n'a pas seulement sauvé notre honneur, elle n'a pas seulement sauvé notre liberté, elle nous a enseigné que le meilleur service que l'on puisse rendre à la jeunesse, c'est de ne pas lui mentir. Et aujourd'hui, je veux vous dire une chose : on a menti à la jeunesse grecque. Regardez où se trouve la Grèce ! On a menti à la jeunesse espagnole, regardez où se trouve l'Espagne ! Je ne veux pas mentir à la jeunesse de France parce que cela serait trop grave !

La génération de la guerre nous a appris que c'est en parlant à la jeunesse de ses devoirs qu'on la prépare le mieux à devenir adulte parce que les droits, *vos droits ne se reçoivent pas comme un dû, vos droits se méritent. Ces droits, cette génération de la guerre, personne ne les lui a donnés, elle s'est battue, elle s'est battue pour les avoir. Et ces droits, la génération de 20 ans de la guerre, elle les a dus à son seul courage, à son seul engagement.*

Je veux dire à ceux qui ne savent rien proposer d'autre à la jeunesse que de prolonger indéfiniment l'enfance, eh bien moi je veux opposer la morale de cette génération qui ne se reconnaissait que des devoirs à l'endroit de la France, de sa patrie et de sa République ; nous sommes les héritiers de cette jeunesse-là et de cette génération-là ! Ecoutez leur leçon parce qu'au sortir de la plus grande épreuve de notre histoire [...] la plus grande, ont été capables après cette épreuve, de construire le monde meilleur dont aux pires moments ils avaient rêvé et auquel ils avaient accroché leur espérance pour qu'elle ne meure pas. Ils ont résisté, ils ont gagné et ensuite ils ont construit un monde meilleur.

Vous avez 20 ans et vous avez un monde nouveau à inventer.

La génération de la guerre, elle, a fait la paix. Elle a fait la décolonisation, elle a construit l'Europe, elle a permis les Trente Glorieuses, elle a inventé la Sécurité sociale, elle a choisi le progrès, elle a donné le droit de vote aux femmes, qui n'existait pas avant cette génération !

Et ils avaient raison. La guerre ne les a pas tués, la guerre les a transcendés. L'épreuve ne les a pas abattus, l'épreuve a permis de construire le monde dont ils avaient rêvé.

Et qu'est-ce qui a suivi après cette génération ? Ont suivi trente années aussi... Trente années de pensée unique, d'aveuglement, de désordre monétaire, de mondialisation sans règles, de spéculation, de laxisme financier, de dévalorisation systématique du travail, de dépréciation du mérite, d'affaiblissement de l'autorité, de relâchement qui ont ébranlé l'héritage de la génération de la guerre, qui ont éloigné les peuples du progrès, qui ont épuisé les ressources de la planète et qui ont creusé les inégalités comme si les efforts de la génération d'avant avaient épuisé la génération d'après qui s'est abandonnée à la facilité en proclamant ce slogan absurde, qu'il était interdit d'interdire. Voilà le désastre !

Alors à l'Est, au Sud, des peuples, devant vous, se sont libérés de la tyrannie. Dans les pays émergents, des dizaines de millions de femmes et d'hommes, d'enfants sont arrachés à la misère. ***Une révolution de l'information contribue à transformer le monde en un village où l'on se voit, où tout se sait, où tout se communique.***

Dans tous les pays, la jeunesse est mise au rythme d'un monde qui ne peut pas continuer sur sa lancée, qui ne peut pas continuer comme avant, qui doit tirer les leçons des crises, qui ne peut pas continuer à épuiser les ressources de la planète comme si elles étaient inépuisables, qui ne peut pas continuer à expliquer les délocalisations au prétexte qu'il faut aller produire toujours là où il y a le moins de droits, le moins d'argent, le moins de respect de l'individu, qui ne peut pas continuer avec les dumpings, qui ne peut pas continuer avec les injustices qui sont trop fortes, avec la pauvreté qui est trop répandue, avec trop de peuples, trop de gens qui souffrent, qui se sentent de plus en plus vulnérables et de plus en plus menacés. Ce monde doit changer, c'est la jeunesse de France qui doit porter le changement du monde ! On ne peut pas continuer !

On ne peut pas continuer avec une mondialisation où les uns se développent au détriment des autres au lieu que chacun en se développant, contribue au développement des autres ; on ne peut pas continuer avec un monde sans règles. *On ne peut pas continuer avec un monde où l'argent serait la mesure de tout, où le capital aurait tous les droits, où l'obsession du profit à court terme aurait pour conséquence que l'avenir n'aurait plus de valeur, que seul compterait le présent. On ne peut pas continuer avec un monde dont l'équilibre est menacé par quoi ? Par la rareté.*

On n'a pas fait tout ce chemin pour arriver là. On ne peut pas continuer avec l'aplatissement culturel du monde. On ne peut pas continuer à aller vers un monde où il n'y aurait plus de frontières, plus d'identité, plus de protection, où chacun se sentirait seul, seul au monde, dépossédé, dépossédé de son destin, dépossédé de sa vie.

Nous ne pouvons pas laisser à la jeunesse autant de dettes que nous n'aurions pas payées, *je ne parle pas simplement des dettes comptables, je parle des dettes morales ; autant de risques que nous n'aurions pas eu le courage de regarder en face ; autant de problèmes que nous n'aurions pas essayé de résoudre.*

Vous avez 20 ans, vous avez la vie devant vous mais ce monde, c'est déjà le vôtre.

Jamais la science, jamais la technique ne vous ont ouvert autant de perspectives. Vous allez vivre plus longtemps qu'on n'a jamais vécu sur cette planète. Vous allez inventer des produits dont aucun d'entre vous et d'entre nous n'a la moindre idée.

Votre vie ne ressemblera pas à celle de vos parents : la révolution verte, la révolution numérique, la révolution génétique, toutes les révolutions qui s'annoncent dans l'ordre de la pensée, dans l'ordre de la connaissance, dans l'ordre de l'intelligence, porteront vos rêves, feront vibrer vos ambitions, vos espérances plus loin, plus haut, plus loin et plus haut que sans doute jamais vous n'auriez pu l'espérer.
Mais le destin du monde et le vôtre ne peuvent pas être déterminés que par la science et par la technique. *Je suis venu vous dire que le destin du monde et le vôtre, ce sont les valeurs, les idées, l'esprit, la conscience, c'est une forme de morale qui doit mener le monde et c'est nous qui devons l'incarner et l'écrire !* ***Oui à la technique, oui à la science, mais c'est nous qui devons inspirer la direction !*** *Et j'approuve – j'ose le mot...*

Depuis la Deuxième Guerre Mondiale, le monde n'a jamais eu autant besoin d'un nouvel humanisme** ; c'est la réponse française à toutes ces crises. Les progrès de la science et de la technique le réclament mais les crises l'exigent ; le rapport à l'avenir devenu tellement angoissant pour tant de millions de femmes et d'hommes dans le monde l'impose.* ***L'homme comme dépassé par sa puissance, doit repenser sa place...
L'homme doit repenser sa place par rapport au temps, par rapport à l'argent, par rapport à la vie, par rapport à la nature. Vous vous souvenez certainement du but que SAINT-JUST assignait à la Révolution : faire du bonheur une idée neuve en Europe. Eh bien, nous allons tout simplement devoir repenser notre idée du bonheur et nous donner les moyens de le vivre.

Elle est en train de changer, cette idée ; la crise est déjà passée par là. Trente années de tension, de stress, de chômage ont changé l'idée du bonheur. Dans notre vision du progrès, il y a un besoin nouveau, je vais vous dire lequel : le besoin de la qualité de la vie, pas simplement de la quantité dans la vie, de la qualité dans la vie !

*J'ai voulu vous parler de cela à vous les jeunes, dans notre aspiration, vous qui m'avez entendu tant de fois parler de la revalorisation du travail, je veux vous dire aujourd'hui que dans la revalorisation du travail, il y a un besoin d'amélioration des conditions du travail, un besoin de qualité de vie au travail. **Dans notre désir de vivre mieux, il y a un besoin d'urbanité, d'humanité, de solidarité, de civilité, de respect, de politesse, j'ose le mot : il y a un besoin nouveau de civilisation et c'est la jeunesse de France qui va incarner ce besoin et ce désir de civilisation. Oui, il y a un besoin de civilisation.***

Je voudrais vous dire ce besoin de civilisation, dans mon esprit, ce ne sont pas des mots, ce sont des réalités. Ce besoin de civilisation pourquoi faire ?

***Pour conjurer la violence, parce que la violence empoisonne la vie ; elle empoisonne la vie dans la rue, dans le travail, à l'école, à l'économie et parfois dans certaines familles.** Il y a un besoin de civilisation parce qu'on ne peut pas être tout le temps dans la concurrence, tout le temps dans la lutte, tout le temps dans le rapport de force. Il y a un besoin de protéger son intimité, sa famille, il y a un besoin de ne pas tout traiter comme une marchandise, de ne pas traiter la santé comme une marchandise, de ne pas traiter l'éducation comme une marchandise, de ne surtout pas traiter la culture comme une marchandise, la nature comme une marchandise que l'on achèterait et que l'on vendrait.*

Il y a une aspiration, il y a une envie de reprendre la maîtrise de sa vie par son travail mais il y a aussi une envie nouvelle : se sentir plus libre. Libre de choisir son destin, libre de choisir sa vie, libre de choisir son rythme de vie, son mode de vie. Il y a une envie et un désir profond de liberté de choix.

Il y a un besoin d'égalité – pas d'égalitarisme – un besoin d'égalité des chances, un besoin d'être rassuré, rassuré sur le fait que chacun aura sa chance, que chacun pourra réussir, que chacun aura la possibilité de réaliser ses rêves s'il se prend en main. Il y a un besoin de savoir qu'on n'est pas condamné à l'échec dès le départ et que même si on échoue, on pourra recommencer, retenter sa chance.

Voilà le besoin et le désir de civilisation que va porter la jeunesse de France ! Il y a un désir nouveau de fraternité mais moi j'ai la chance... ce besoin de fraternité nouveau, c'est un besoin de respect et de compréhension, le besoin d'être aimé et de pouvoir aimer...

Je pense qu'il y a un besoin d'amour et que l'expression des sentiments, y compris lorsqu'on est Président de la République, ça devrait rassurer au lieu d'inquiéter. Je ne suis pas une momie, je ne suis pas un robot, je ne suis pas un automate et ce que je viens vous dire, cela sort de mon cœur, de mes tripes et de mon esprit !

*Mes chers amis, vous avez 20 ans... ces valeurs sont les vôtres. Vous êtes à l'âge où l'on veut partir, fuir les pesanteurs de la vie, tenter l'aventure. **Vous voulez partir... aller à la conquête du monde, « n'ayez pas peur ». C'est un grand homme qui a dit ça au début des années 80, un grand pape – Jean-Paul II – n'ayez pas peur ! N'ayez pas peur ! Que l'on croit aux forces de l'esprit, que l'on croit à la transcendance ou pas, n'ayez pas peur. Quel plus beau message !? Un message universel.***

N'ayez pas peur de partir, vous avez une famille, vous avez une patrie, vous avez un foyer ; emportez ces valeurs dans votre cœur, faites-les rayonner aux quatre coins du monde et quand vous reviendrez, vous serez plus forts et la France aussi sera plus forte grâce à vous. Mais il ne faut pas que vous soyez obligés de partir parce qu'en France, il n'y aurait plus de place pour l'aventure, il n'y aurait plus de place pour la création, parce qu'en France, la jeunesse n'aurait plus d'espoir.

Moi je veux que la jeunesse de France puisse tenter l'aventure, je veux que l'audace soit regardée comme une vertu.

Je veux que l'on n'ait pas peur en France du talent, de la réussite, de l'esprit d'entreprise, de la création, de l'innovation. **Je veux même que vous n'ayez pas peur de la transgression, que vous n'ayez pas peur de surprendre, que vous n'ayez pas peur d'étonner, que vous n'ayez pas peur de déranger.**

L'avenir appartiendra à ceux qui créeront, à ceux qui inventeront. Alors vous voulez devenir entrepreneur, artisan, commerçant, exercer une profession libérale ? Nous avons décidé que vous ne paierez pas de charges tant que vous n'aurez pas de chiffre d'affaires parce que nous voulons encourager la création, l'audace et l'esprit d'entreprise !

Et je vais vous dire une chose : je veux que la société se porte caution pour une jeunesse qui veut étudier, qui veut travailler, qui veut conquérir sa place dans la société, qui veut prendre en main sa vie d'adulte ! Je refuse l'assistanat, je ne veux pas de cette dépendance pour la jeunesse, je ne veux pas de cette injure faite à la jeunesse ; je veux l'autonomie pour la jeunesse de France, je veux la responsabilité pour la jeunesse de France. Je dis non à un RMI jeune, non à un RSA jeune, mais je dis oui à une banque de la jeunesse pour porter les projets des jeunes Français !

Vous voulez étudier, vous voulez vous former, vous voulez entreprendre ! Nous allons créer une banque de la jeunesse qui se portera caution pour tous ceux qui n'ont pas la chance d'avoir une famille qui peut les aider, afin que cette banque de la jeunesse puisse financer vos projets, que cette banque de la jeunesse puisse mettre toutes les chances de votre côté au moment d'entrer dans votre vie d'adulte. Vous voulez créer une PME ? Vous voulez vous lancer ? La banque de la jeunesse que nous allons créer vous soutiendra. **C'est cela pour moi, une politique de la jeunesse : aider la jeunesse à être libre, à être responsable, à rêver et à s'engager dans ses projets !**

Je veux vous dire : je souhaite la réussite de chacun d'entre vous mais je veux le dire, il n'y a pas qu'un seul parcours de réussite et pour ceux qui ne sont pas faits pour les études longues, pour ceux qui ne sont pas faits pour les concours, **je veux un véritable droit, un droit à la formation professionnelle. Ayons le courage de reconnaître que ce droit n'existe pas ! Il y a trop de structures, trop de corporatismes, trop d'entreprises qui ne s'ouvrent pas aux apprentis.** *C'est peut-être la plus grande injustice de notre société ; ce mur infranchissable qui se dresse entre l'entreprise et le jeune qui n'a pas de relations et pas de famille pour le soutenir. Je veux abattre ce mur, je veux que l'alternance soit un droit !*

Désormais, les entreprises de plus de 250 salariés, accueilleront obligatoirement un nombre d'apprentis égal à 5% de leurs effectifs et j'obligerai les banques, les entreprises d'assurance mais aussi, cher Jean-Louis, les administrations, à accueillir des apprentis ! J'en ai assez d'un Etat qui dit aux autres ce qu'il doit faire et qui ne s'applique jamais à lui-même les règles qu'il faut pour les autres !

Mes chers amis... **à vous les jeunes, je veux le dire parce que vous pouvez comprendre : l'assistanat est une infantilisation de la jeunesse.**

Aider la jeunesse de France à entrer dans la vie d'adulte, dans la vie active, voilà mon projet ! La jeunesse qui veut entreprendre, la jeunesse qui veut travailler, qui veut s'en sortir, la jeunesse qui veut s'engager – je souhaite d'ailleurs que nous doublions les effectifs du service civique qui est une grande réussite.

Prenez des risques, si vous tombez, nous vous aiderons à vous relever ! *Si vous échouez, nous vous donnerons une deuxième chance ! Prenez des risques ! Vivez votre engagement, ne laissez personne fixer des limites à vos ambitions et à vos rêves, faites votre vie ! Voilà le projet qui est le mien pour les jeunes de France !*

Mes chers amis... je veux vous dire un mot d'un sujet qui me tient très à cœur et j'espère que vous avez compris que dans ce discours, j'y ai mis tout ce que j'avais de plus profond en moi, *je ne veux pas vous mentir, je veux vous parler de l'art de demain, de la culture de demain, de la littérature de demain, de la musique de demain, du cinéma de demain !*

Ce seront les vôtres, ils exprimeront les attentes de votre génération, sa sensibilité, son génie et par ce génie qui sera le vôtre que vous imposerez dans le monde la culture française.

Regardez le monde de la culture et de l'art non pas comme un monde qui se rétrécit mais comme un monde qui s'élargit, qui s'ouvre, qui s'ouvrent à toutes les intelligences créatrices, à toutes les sensibilités dans l'art et dans la culture.

Il faut bien comprendre cela : un génie ne remplace jamais un autre génie, il le complète, ils s'additionnent et ils créent un patrimoine universel comme une beauté universelle.

Mais je veux vous le dire, jeunesse de France : **il n'y a pas de culture de demain sans respect de la culture d'hier. La culture d'hier, c'est votre patrimoine ; la culture de demain, c'est la direction où vous allez aller.**

Jeunesse de France, vous ne venez pas de nulle part. Jeunesse de France, vous n'êtes pas une page blanche. Votre identité de la jeunesse de France du XXIe siècle, elle est dans nos cathédrales, elle est dans les grandes œuvres de la littérature ! *Jeunesse de France, tu ne serais pas ce que tu es sans Victor HUGO, sans MAUPASSANT, sans BAUDELAIRE, sans MOLIERE ! Tu es jeune, tu es Français, tu es l'héritier d'un vieux pays et tu portes en toi l'héritage d'une vieille civilisation !*

Défendre son patrimoine, défendre sa culture...

Je veux que vous compreniez cela : **défendre son patrimoine, s'inscrire dans son histoire et porter la création, c'est la même chose, c'est le même mouvement.**

Je veux que vous compreniez une chose, c'est que le cinéma que vous aimez aujourd'hui, il peut être iranien, il peut être roumain mais ça ne rend pas moins nécessaire le cinéma français. Partout dans le monde, il y a des génies qui apparaissent mais ça rend encore plus important que les génies de la création en France continuent, non pas à la place des autres mais à côté des autres pour que l'humanité toute entière s'enrichisse de ces rencontres universelles.

*Il n'y a pas de culture vivante sans création et je veux vous le dire pour que vous le compreniez : **il n'y a pas de création sans respect des droits d'auteur.** En défendant les droits d'auteur, j'ai défendu la création. Avant les droits d'auteur, je veux le dire à tous les démagogues, à tous les apôtres du jeunisme, à tous ceux qui n'ont que lâcheté en eux, avant les droits d'auteur, l'artiste, le créateur était un prisonnier, prisonnier du mécène qui l'entretenait.*

Il en était le domestique, il en était l'esclave. La jeunesse de France veut des artistes libres et il n'y a pas d'artiste libre sans respect des droits d'auteur. C'est une idée française ! C'est BEAUMARCHAIS ! Et nous sommes les héritiers de BEAUMARCHAIS !

La musique, le cinéma, la littérature, la peinture, la sculpture, l'architecture, le design, tout ce qui se rapporte à l'art de vivre mais tout ce qui donne de la beauté à la vie, tout ce qui parle aux sens et à l'esprit, c'est peut-être ce qui sera le plus important dans le monde de demain.

L'art... la culture exprime une identité mais en même temps exprime une beauté et peut-être la seule beauté universelle. Elle est universelle et elle a la plus grande des beautés parce que le partage qui fonctionne le mieux, c'est le partage de l'art et de la beauté.

***L'art et la culture, c'est une réponse à la crise identitaire mais c'est également une réponse à la crise économique.** La culture française, c'est tellement grand, c'est un tel atout pour la France qu'elle doit être au cœur de notre nouveau modèle de croissance. La culture, c'est profondément humain et ce sera demain, cher Frédéric, un formidable facteur de croissance.*

***Alors je suis venu vous dire, jeunes de France : soyez fiers de votre culture parce que votre culture, c'est votre identité.** C'est avec votre culture que vous changerez l'économie, que vous changerez la société, que vous changerez le monde ! Si vous abandonnez votre culture, vous ne changerez rien ! Vous deviendrez des conservateurs vides d'identité ! C'est parce que vous incarnerez la culture de France que vous partirez à la conquête du monde avec votre identité de Français, que vous allez transformer le monde !*

Je ne veux pas qu'on vous réserve le sort de la jeunesse grecque ou de la jeunesse espagnole parce qu'on vous aura bercés d'illusions, parce qu'on ne vous aura pas dit la vérité.
*Je suis entré dans cette campagne avec le souhait de faire une campagne de vérité et ma façon de vous respecter, c'est de dire la vérité. Et **on ment quand on oublie de parler d'efforts, quand on oublie de parler de devoirs. On ment quand vous parle comme à des grands enfants. Moi, je veux vous parler comme à des adultes dont la France a besoin !***

Je ne veux pas que vous pensiez à cette vie qui sera bientôt la vôtre avec l'angoisse de ceux qui vivent avec la peur de tout perdre. On ne construit rien avec la peur de perdre.** Je peux vous dire une chose : au début de cette campagne, il y a eu une grande histoire parce que j'ai dit que je m'engageais totalement dans cette campagne, que je m'engageais pour vous – pas à moitié – et que je tirerai toutes les conséquences de cette campagne. **Je n'ai pas peur, je n'ai pas peur parce que je crois dans les idées qui sont les miennes ! Quand on a peur de perdre, c'est qu'on a déjà perdu, voilà la vérité !

Je ne veux pas que vous ayez peur des mots. Je ne veux pas que vous ayez peur de certains mots, je ne veux pas que vous ayez peur de l'aspiration à être protégés. Ce n'est pas un gros mot, la protection ; on ne fait pas une nation en ne pensant qu'aux consommateurs !

Moi je veux penser aux producteurs, aux travailleurs parce qu'avant de consommer, il faut produire et avant de dépenser, il faut bien gagner son salaire.

Je n'ai pas peur de l'autonomie des universités ! Cette autonomie qu'on avait refusée à nos universités parce qu'on avait peur... peur de qui ? De syndicalistes qui ne pensaient qu'à eux et pas aux étudiants ! De corps intermédiaires qui pensaient aux statuts et pas à l'université française qui ne cessait de reculer dans les classements internationaux ! Je ne veux pas que vous ayez peur quand je dis que je donne à l'Europe un an pour changer. Lorsque le Général de GAULLE a fait la chaise vide en 1965, il n'a pas fait reculer l'Europe, il l'a fait avancer ! Voilà la vérité !

Alors mes chers amis, vous arrivez à un moment où l'histoire n'attend pas.

Vous arrivez à un moment où un vieux monde n'en finit pas de mourir et où un autre a du mal à naître mais c'est déjà l'heure du choix, l'heure où tout se décide, tout se décide… C'est l'heure où il faut prendre ses responsabilités.

Je veux une France... une France qui protègera ses frontières, qui mettra hors d'état de nuire les quelques voyous multirécidivistes qui empêchent les autres de vivre tranquillement et d'étudier ; une France qui fera payer des impôts aux exilés fiscaux qui viennent nous donner des leçons alors qu'ils sont bien contents d'avoir la nationalité mais pas la fiscalité !

Je veux une France où on se bat contre les délocalisations, je veux une France où chaque enfant qui aura un problème... ce problème sera pris en charge par nous parce qu'on aura enfin compris que plus tôt on prend le problème, moins c'est cher et plus on a de chances de sortir cet enfant qui est le nôtre, qui est celui de la société dans son ensemble, du drame dans lequel il se retrouve !

Je veux une société où on détectera entre la maternelle et la primaire tous les enfants qui ne pourront pas être suivis dans un cadre de scolarité normal et où on remplacera... aidera les familles qui n'arrivent pas à affronter ces problèmes, où l'on déléguera des crédits aux maires et aux directeurs d'école pour qu'aucun de ces enfants ne puisse se dire qu'il n'a pas eu sa chance, pour que chacun de ces enfants, on le considère comme l'un des nôtres parce que si cet enfant, on le rate et qu'il ne s'intègre pas dans la société, ce sera votre problème parce que vous le retrouverez adolescent, jeune adulte et que ça compliquera la marche de tout le monde.
Voilà la France dans laquelle je veux vivre.

Une France qui donnera sa chance à tous ceux qui le méritent, à tous ceux qui veulent la saisir.
Une France qui n'aura pas peur de dire qu'elle ne veut pas de communautarismes et qu'elle ne veut pas de ghettos, qu'elle ne veut pas d'extrémismes, qu'elle ne veut pas de terrorisme.
Une France qui n'aura pas peur des mots ; une France qui combattra la réalité.

Alors cette France, je ne la ferai pas sans vous. Emparez-vous de ces sujets. C'est la jeunesse qui est en train de transformer le monde ; en Tunisie, en Libye, en Côte-d'Ivoire,

c'est la jeunesse. Ce sont vos frères qui se sont battus pour leur liberté. En Syrie aujourd'hui, c'est la jeunesse qui se bat et c'est la jeunesse qui meurt pour la liberté.

Appropriez-vous la nation et la République parce qu'elles sont les garanties de votre liberté, parce que vous êtes finalement les héritiers de la jeunesse française qui a fait naître la République sur le champ de bataille de Valmy en criant pour la première fois dans l'histoire :
vive la nation ! C'est la jeunesse française qui a porté ce « vive la nation » !

Je veux vous dire que quand l'armée française se bat, c'est la jeunesse française qui monte au front. Quand un soldat de vingt ans est tué, c'est la jeunesse de France qui est meurtrie. Ces soldats qui risquent leur vie pour nous, ils sont jeunes comme vous, ils ont un idéal comme vous, ils ont un engagement comme vous, ils aiment la France comme vous l'aimez, ce sont vos frères ! *A Benghazi, devant la foule qui acclamait la France, j'ai eu les larmes aux yeux en pensant à ce qu'avaient pu éprouver ces condamnés à mort de Benghazi lorsqu'ils avaient aperçu les premiers avions français marqués de la cocarde tricolore dans le ciel de Libye ! C'est la France ! Ils sont vos frères, ils portent votre message.*

Alors en terminant, je veux vous faire entendre la voix peut-être de la plus belle lettre que j'ai lue de ma vie ; cette lettre a été écrite par une résistante rescapée d'Auschwitz et cette lettre, je veux vous la dédier, vous allez comprendre pourquoi, parce qu'elle s'adresse à vous par-delà le temps. Elle écrivait : « je vous en supplie, faites quelque chose de votre vie ; faites quelque chose qui vous justifie, parce que ce serait trop bête à la fin que tant soient morts et que vous viviez sans rien faire de votre vie. »
Jeunesse de France, faites quelque chose de votre vie ! **Vous êtes les héritiers de cette femme qui mourait à Auschwitz et qui pensait à vous ! Vous n'êtes pas n'importe quelle jeunesse du monde, vous êtes la jeunesse de France et la France, c'est cette histoire !** *La France, ce n'est pas la médiocrité, la France, ce n'est pas le mensonge ! La France, ce n'est pas le calcul !*
La France, ce n'est pas le refus de l'ambition, de la réussite et du talent !

J'ai besoin de vous !

Vous êtes les enfants d'une crise terrible ; c'est peut-être pourquoi, parce que vous êtes les enfants d'une crise terrible que vous pouvez mieux que d'autres, être ouverts au changement.

C'est peut-être pourquoi mieux que d'autres, vous pouvez avoir l'esprit libre après avoir connu ces crises terribles, pour imaginer autre chose. Dans ces temps de crise, vous devez être l'avant-garde ; vous êtes la jeunesse de France ; vous devez être l'avant-garde de notre pays.

Cette jeunesse de France, on ne la fera pas taire. Cette jeunesse de France, elle ne veut pas baisser les bras. Vous êtes la jeunesse de France dont la crise n'a pas brisé les rêves et n'a pas brisé l'envie d'espérer ! Vous êtes la jeunesse de France qui veut relever le défi de la France forte !

Jeunes de France, aidez-moi ! Aidez-moi à poser le débat ! Aidez-moi à démontrer que rien n'est joué parce que vous êtes nombreux, parce que vous êtes déterminés, parce que vous êtes engagés ! Aidez-moi !

Kilomètres

Comme le nombre de kilomètres qu'il nous reste à parcourir. Mais aussi, comme le nombre déjà parcourus par Nicolas Sarkozy en marchant, en courant, ou encore à vélo. Du footing qu'il pratique chaque jour avec assiduité au col du Canadel qu'il gravit lorsqu'il est en vacances au cap-Nègre, en passant par sa lecture quotidienne du journal « L'équipe » ou encore son amour pour le club du « Paris Saint-Germain », le sport tient une place centrale dans la vie de Nicolas Sarkozy. C'est d'ailleurs à lui que l'on doit l'organisation de l'Euro 2016 en France !

Dans un discours à Doha en 2013 – l'une de ses premières apparitions publiques depuis qu'il était en retrait de la vie publique – Nicolas Sarkozy s'interrogea sur la place du sport dans l'identité d'un pays. *« Ici, à Doha dans cette région du monde, se déroule sous nos yeux une partie absolument décisive au Qatar. Comment conciler l'identité et la modernité, l'une des questions les plus difficiles du XXIe siècle? Comment conciler fidélité à l'islam, à votre culture, à votre tradition et à votre foi et en même temps l'ouverture à la modernité du XXIe siècle ?* » Ce à quoi il répondra que « *le sport est un élément de complémentarité entre identité nationale et modernité* ». C'est bien vrai, le sport a cette formidable vertu d'être vecteur de fédération pour toute une population, comme en témoignent les audiences de la coupe du monde. Quelle ne fut pas notre joie lorsque nous gagnâmes la coupe du monde de football en 1998 ?

Laïcité

Nicolas Sarkozy est le premier Président Français de puis le général de Gaulle à s'être déplacé personnellement à Rome pour prendre place à sa stalle de chanoine de Latran. En répondant à l'invitation pour être installé, Nicolas Sarkozy a contribué à perpétuer la tradition séculaire d'honneurs octroyés par le Saint-Siège à la France. La France, *« fille aînée de l'Eglise »* – bien qu' « infidèle », comme l'a récemment rappelé le Pape François – se doit de se rappeler ses racines chrétiennes. Nier cela, c'est se renier soi-même.

En ce 21 décembre 2007, Nicolas Sarkozy prononça un discours d'une rare qualité. Un discours laïc. Pas un discours « laïciste » qui tendrait à faire de la laïcité un refus de la religion, mais un discours fidèle aux réelles origines de la laïcité, comme l'enseigne l'Evangile en sa célèbre parabole *« Rendez à César ce qui est à César, au Seigneur ce qui est au Seigneur »*. Mais la visée de ce discours est d'essayer d'appeler à la raison en trouvant un juste équilibre entre le partage des racines chrétiennes de la France, de ses intimes liens avec l'Eglise, et le principe de liberté religieuse, découlant lui-même du principe le laïcité. C'est ce que Nicolas Sarkozy a appelé la « laïcité positive », c'est à dire, le lien entre la dimension anthropologique de la Religion – qui est un fait avéré – et les croyances de chacun.

Dans ce discours, Nicolas Sarkozy rend également un hommage aux religieux, qu'il juge vecteurs d' « espérance ». L'espérance, qui fut d'ailleurs l'objet d'un livre de Nicolas Sarkozy (C*f « La République, les religions et l'espérance »* *ed. Cerf)*, c'est signe de sa constance. Autre illustration de cette même constance, Nicolas

Sarkozy développera dans ce discours, une de ses promesses de campagne en 2007, l'Union pour la méditerranée qu'il appelait de ses vœux. Quelques mois plus tard, il tiendra sa promesse en réunissant tous les pays méditerranéens, fondant ainsi l'UPM. Deuxième promesse tenue, comme il l'avait annoncé, Benoît XVI se rendit à Paris pour y rencontrer les catholiques de France l'an qui suivit, en 2008.

« Messieurs les cardinaux, Mesdames et Messieurs, Chers amis,

Permettez-moi d'adresser mes premières paroles au cardinal Ruini, pour le remercier très chaleureusement de la cérémonie qu'il vient de présider. **J'ai été sensible aux prières qu'il a bien voulu offrir pour la France et le bonheur de son peuple.** *Je veux le remercier également pour l'accueil qu'il m'a réservé dans cette cathédrale de Rome, au sein de son chapitre.*

Je vous serais également reconnaissant, Eminence, de bien vouloir transmettre à sa Sainteté Benoît XVI mes sincères remerciements pour l'ouverture de son palais pontifical qui nous permet de nous retrouver ce soir. L'audience que le Saint Père m'a accordée ce matin a été pour moi un moment d'émotion et de très grand intérêt. Je renouvelle au Saint Père l'attachement que je porte à son projet de déplacement en France au deuxième semestre de l'année 2008. **En tant que Président de tous les Français, je suis comptable des espoirs que cette perspective suscite chez mes concitoyens catholiques et dans de nombreux diocèses.** *Quelles que soient les étapes de son séjour, Benoît XVI sera le bienvenu en France.*

En me rendant ce soir à Saint-Jean de Latran, en acceptant le titre de chanoine d'honneur de cette basilique, qui fut conféré pour la première fois à Henri IV et qui s'est transmis depuis lors à presque tous les chefs d'Etat français, j'assume pleinement le passé de la France et ce lien si particulier qui a si longtemps uni notre nation à l'Eglise.

C'est par le baptême de Clovis que la France est devenue Fille aînée de l'Eglise. Les faits sont là. En faisant de Clovis le premier souverain chrétien, cet événement a eu des conséquences importantes sur le destin de la France et sur la christianisation de l'Europe. *A de multiples reprises ensuite, tout au long de son histoire, les souverains français ont eu l'occasion de manifester la profondeur de l'attachement qui les liait à l'Eglise et aux successeurs de Pierre. Ce fut le cas de la conquête par Pépin le Bref des premiers Etats pontificaux ou de la création auprès du Pape de notre plus ancienne représentation diplomatique.*

Au-delà de ces faits historiques, c'est surtout parce que la foi chrétienne a pénétré en profondeur la société française, sa culture, ses paysages, sa façon de vivre, son architecture, sa littérature, que la France entretient avec le siège apostolique une relation

*si particulière. **Les racines de la France sont essentiellement chrétiennes. Et la France a apporté au rayonnement du christianisme une contribution exceptionnelle.** Contribution spirituelle et morale par le foisonnement de saints et de saintes de portée universelle : saint Bernard de Clairvaux, saint Louis, saint Vincent de Paul, sainte Bernadette de Lourdes, sainte Thérèse de Lisieux, saint Jean-Marie Vianney, Frédéric Ozanam, Charles de Foucauld... Contribution littéraire et artistique : de Couperin à Péguy, de Claudel à Bernanos, Vierne, Poulenc, Duruflé, Mauriac ou encore Messiaen. Contribution intellectuelle, si chère à Benoît XVI, Blaise Pascal, Jacques Bénigne Bossuet, Jacques Maritain, Emmanuel Mounier, Henri de Lubac, René Girard... Qu'il me soit permis de mentionner également l'apport déterminant de la France à l'archéologie biblique et ecclésiale, ici à Rome, mais aussi en Terre sainte, ainsi qu'à l'exégèse biblique, avec en particulier l'Ecole biblique et archéologique française de Jérusalem.*

Je veux aussi évoquer parmi vous ce soir la figure du cardinal Jean-Marie Lustiger qui nous a quittés cet été. Son rayonnement et son influence ont eux aussi très largement dépassé les frontières de la France. J'ai tenu à participer à ses obsèques car aucun Français n'est resté indifférent au témoignage de sa vie, à la force de ses écrits, au mystère de sa conversion. Pour tous les catholiques, sa disparition a représenté une grande peine. Debout à côté de son cercueil, j'ai vu défiler ses frères dans l'épiscopat et les nombreux prêtres de son diocèse, et j'ai été touché par l'émotion qui se lisait sur le visage de chacun.

***Cette profondeur de l'inscription du christianisme dans notre histoire et dans notre culture, se manifeste ici à Rome par la présence jamais interrompue de Français au sein de la Curie, aux responsabilités les plus éminentes.** Je veux saluer ce soir le cardinal Etchegaray, le cardinal Poupard, le cardinal Tauran, Monseigneur Mamberti, dont l'action honore la France.*

Les racines chrétiennes de la France sont aussi visibles dans ces symboles que sont les Pieux établissements, la messe annuelle de la Sainte-Lucie et celle de la chapelle Sainte-Pétronille. Et puis il y a bien sûr cette tradition qui fait du Président de la République française le chanoine d'honneur de Saint-Jean de Latran.** Saint-Jean de Latran, ce n'est pas rien. C'est la cathédrale du Pape, c'est la « tête et la mère de toutes les églises de Rome et du monde », c'est une église chère au cœur des Romains. Que la France soit liée à l'Eglise catholique par ce titre symbolique, c'est la trace de cette histoire commune où le christianisme a beaucoup compté pour la France et la France beaucoup compté pour le christianisme. **Et c'est donc tout naturellement, comme le Général de Gaulle, comme Valéry Giscard d'Estaing, et plus récemment Jacques Chirac, que je suis venu m'inscrire avec bonheur dans cette tradition.

***Tout autant que le baptême de Clovis, la laïcité est également un fait incontournable dans notre pays. Je sais les souffrances que sa mise en œuvre a provoquées en France chez les catholiques, chez les prêtres, dans les congrégations, avant comme après 1905. Je sais que l'interprétation de la loi de 1905 comme un texte de liberté, de tolérance, de neutralité est en partie une reconstruction rétrospective du passé.** C'est surtout par leur sacrifice dans les tranchées de la Grande guerre, par le partage des souffrances de leurs concitoyens, que les prêtres et les religieux de France ont désarmé l'anticléricalisme ; et c'est leur intelligence commune qui a permis à la France et au Saint-Siège de dépasser leurs querelles et de rétablir leurs relations.*

Pour autant, il n'est plus contesté par personne que le régime français de la laïcité est aujourd'hui une liberté : liberté de croire ou de ne pas croire, liberté de pratiquer une religion et liberté d'en changer, liberté de ne pas être heurté dans sa conscience par des

pratiques ostentatoires, liberté pour les parents de faire donner à leurs enfants une éducation conforme à leurs convictions, liberté de ne pas être discriminé par l'administration en fonction de sa croyance.

La France a beaucoup changé. Les Français ont des convictions plus diverses qu'autrefois. Dès lors la laïcité s'affirme comme une nécessité et une chance. Elle est devenue une condition de la paix civile. Et c'est pourquoi le peuple français a été aussi ardent pour défendre la liberté scolaire que pour souhaiter l'interdiction des signes ostentatoires à l'école.

Cela étant, la laïcité ne saurait être la négation du passé. Elle n'a pas le pouvoir de couper la France de ses racines chrétiennes. Elle a tenté de le faire. Elle n'aurait pas dû. Comme Benoît XVI, je considère qu'une nation qui ignore l'héritage éthique, spirituel, religieux de son histoire commet un crime contre sa culture, contre ce mélange d'histoire, de patrimoine, d'art et de traditions populaires, qui imprègne si profondément notre manière de vivre et de penser. Arracher la racine, c'est perdre la signification, c'est affaiblir le ciment de l'identité nationale, et dessécher davantage encore les rapports sociaux qui ont tant besoin de symboles de mémoire.

*C'est pourquoi nous devons tenir ensemble les deux bouts de la chaîne : **assumer les racines chrétiennes de la France, et même les valoriser, tout en défendant la laïcité enfin parvenue à maturité.** Voilà le sens de la démarche que j'ai voulu accomplir ce soir à Saint-Jean de Latran.*

Le temps est désormais venu que, dans un même esprit, les religions, en particulier la religion catholique qui est notre religion majoritaire, et toutes les forces vives de la nation regardent ensemble les enjeux de l'avenir et non plus seulement les blessures du passé.

***Je partage l'avis du pape quand il considère, dans sa dernière encyclique, que l'espérance est l'une des questions les plus importantes de notre temps.** Depuis le siècle des Lumières, l'Europe a expérimenté beaucoup d'idéologies. Elle a mis successivement ses espoirs dans l'émancipation des individus, dans la démocratie, dans le progrès technique, dans l'amélioration des conditions économiques et sociales, dans la morale laïque. Elle s'est fourvoyée gravement dans le communisme et dans le nazisme. Aucune de ces différentes perspectives – que je ne mets évidemment pas sur le même plan - n'a été en mesure de combler le besoin profond des hommes et des femmes de trouver un sens à l'existence.*

*Bien sûr, **fonder une famille, contribuer à la recherche scientifique, enseigner, se battre pour des idées, en particulier si ce sont celles de la dignité humaine, diriger un pays, cela peut donner du sens à une vie.** Ce sont ces petites et ces grandes espérances « qui, au jour le jour, nous maintiennent en chemin » pour reprendre les termes même de l'encyclique du Saint Père. Mais elles ne répondent pas pour autant aux questions fondamentales de l'être humain sur le sens de la vie et sur le mystère de la mort. Elles ne savent pas expliquer ce qui se passe avant la vie et ce qui se passe après la mort.*

Ces questions sont de toutes les civilisations et de toutes les époques. Et ces questions essentielles n'ont rien perdu de leur pertinence. Bien au contraire. Les facilités matérielles de plus en plus grandes qui sont celles des pays développés, la frénésie de consommation, l'accumulation de biens, soulignent chaque jour davantage l'aspiration profonde des femmes et des hommes à une dimension qui les dépasse, car moins que jamais elles ne la comblent.

« Quand les espérances se réalisent, poursuit Benoît XVI, il apparaît clairement qu'en

réalité, ce n'est pas la totalité. Il paraît évident que l'homme a besoin d'une espérance qui va au-delà. Il paraît évident que seul peut lui suffire quelque chose d'infini, quelque chose qui sera toujours ce qu'il ne peut jamais atteindre. [...] Si nous ne pouvons espérer plus que ce qui est accessible, ni plus que ce qu'on peut espérer des autorités politiques et économiques, notre vie se réduit à être privée d'espérance ». Ou encore, comme l'écrivit Héraclite, « Si l'on n'espère pas l'inespérable, on ne le reconnaîtra pas ».

***Ma conviction profonde, dont j'ai fait part notamment dans ce livre d'entretiens que j'ai publié sur la République, les religions et l'espérance, c'est que la frontière entre la foi et la non-croyance n'est pas et ne sera jamais entre ceux qui croient et ceux qui ne croient pas, parce qu'elle traverse en vérité chacun de nous.** Même celui qui affirme ne pas croire ne peut soutenir en même temps qu'il ne s'interroge pas sur l'essentiel. Le fait spirituel, c'est la tendance naturelle de tous les hommes à rechercher une transcendance. Le fait religieux, c'est la réponse des religions à cette aspiration fondamentale.*

*Or, **longtemps la République laïque a sous-estimé l'importance de l'aspiration spirituelle. Même après le rétablissement des relations diplomatiques entre la France et le Saint-Siège, elle s'est montrée plus méfiante que bienveillante à l'égard des cultes. Chaque fois qu'elle a fait un pas vers les religions, qu'il s'agisse de la reconnaissance des associations diocésaines, de la question scolaire, des congrégations, elle a donné le sentiment qu'elle agissait parce qu'elle ne pouvait pas faire autrement.** Ce n'est qu'en 2002 qu'elle a accepté le principe d'un dialogue institutionnel régulier avec l'Eglise catholique. Qu'il me soit également permis de rappeler les critiques virulentes dont j'ai été l'objet au moment de la création du Conseil français du culte musulman. Aujourd'hui encore, la République maintient les congrégations sous une forme de tutelle, refuse de reconnaître un caractère cultuel à l'action caritative ou aux moyens de communication des Eglises, répugne à reconnaître la valeur des diplômes délivrés dans les établissements d'enseignement supérieur catholique alors que la Convention de Bologne le prévoit, n'accorde aucune valeur aux diplômes de théologie.*

***Je pense que cette situation est dommageable pour notre pays. Bien sûr, ceux qui ne croient pas doivent être protégés de toute forme d'intolérance et de prosélytisme. Mais un homme qui croit, c'est un homme qui espère. Et l'intérêt de la République, c'est qu'il y ait beaucoup d'hommes et de femmes qui espèrent.** La désaffection progressive des paroisses rurales, le désert spirituel des banlieues, la disparition des patronages, la pénurie de prêtres, n'ont pas rendu les Français plus heureux. C'est une évidence.*

*Et puis je veux dire également que, s'il existe incontestablement une morale humaine indépendante de la morale religieuse, la République a intérêt à ce qu'il existe aussi une réflexion morale inspirée de convictions religieuses. D'abord parce que **la morale laïque risque toujours de s'épuiser ou de se changer en fanatisme quand elle n'est pas adossée à une espérance qui comble l'aspiration à l'infini. Ensuite parce qu'une morale dépourvue de liens avec la transcendance est davantage exposée aux contingences historiques et finalement à la facilité.** Comme l'écrivait Joseph Ratzinger dans son ouvrage sur l'Europe, « le principe qui a cours maintenant est que la capacité de l'homme soit la mesure de son action. Ce que l'on sait faire, on peut également le faire ». **A terme, le danger est que le critère de l'éthique ne soit plus d'essayer de faire ce que l'on doit faire, mais de faire ce que l'on peut faire. C'est une très grande question.***

***Dans la République laïque, l'homme politique que je suis n'a pas à décider en fonction de considérations religieuses.** Mais il importe que sa réflexion et sa conscience soient éclairées notamment par des avis qui font référence à des normes et à des convictions libres* *des contingences immédiates. Toutes les intelligences, toutes les spiritualités qui existent dans notre pays doivent y prendre part. Nous serons plus sages si nous conjuguons la richesse de nos différentes traditions.*

C'est pourquoi j'appelle de mes vœux l'avènement d'une laïcité positive, c'est-à-dire une laïcité qui, tout en veillant à la liberté de penser, à celle de croire et de ne pas croire, ne considère pas que les religions sont un danger, mais plutôt un atout. Il ne s'agit pas de modifier les grands équilibres de la loi de 1905. Les Français ne le souhaitent pas et les religions ne le demandent pas. Il s'agit en revanche de rechercher le dialogue avec les grandes religions de France et d'avoir pour principe de faciliter la vie quotidienne des grands courants spirituels plutôt que de chercher à la leur compliquer.

Messieurs les cardinaux, Mesdames et Messieurs, au terme de mon propos, et à quelques jours de cette fête de Noël qui est toujours un moment où l'on se recentre sur ce qui est le plus cher dans sa vie, je voudrais me tourner vers ceux d'entre vous qui sont engagés dans les congrégations, auprès de la Curie, dans le sacerdoce et l'épiscopat ou qui suivent actuellement leur formation de séminariste. Je voudrais vous dire très simplement les sentiments que m'inspirent vos choix de vie.

Je mesure les sacrifices que représente une vie toute entière consacrée au service de Dieu et des autres. Je sais que votre quotidien est ou sera parfois traversé par le découragement, la solitude, le doute. Je sais aussi que la qualité de votre formation, le soutien de vos communautés, la fidélité aux sacrements, la lecture de la Bible et la prière, vous permettent de surmonter ces épreuves.

Sachez que nous avons au moins une chose en commun : c'est la vocation. On n'est pas prêtre à moitié, on l'est dans toutes les dimensions de sa vie. Croyez bien qu'on n'est pas non plus Président de la République à moitié. Je comprends que vous vous soyez sentis appelés par une force irrépressible qui venait de l'intérieur, parce que moi-même je ne me suis jamais assis pour me demander si j'allais faire ce que j'ai fait, je l'ai fait. Je comprends les sacrifices que vous faites pour répondre à votre vocation parce que moi-même je sais ceux que j'ai faits pour réaliser la mienne.

Ce que je veux vous dire ce soir, en tant que Président de la République, c'est l'importance que j'attache à ce que vous faites et à ce que vous êtes. Votre contribution à l'action caritative, à la défense des droits de l'homme et de la dignité humaine, au dialogue inter-religieux, à la formation des intelligences et des cœurs, à la réflexion éthique et philosophique, est majeure. Elle est enracinée dans la profondeur de la société française, dans une diversité souvent insoupçonnée, tout comme elle se déploie à travers le monde. Je veux saluer notamment nos congrégations, les Pères du Saint-Esprit, les Pères Blancs et les Sœurs Blanches, les fils et filles de la charité, les franciscains missionnaires, les jésuites, les dominicains, la Communauté de Sant'Egidio qui a une branche en France, toutes ces communautés, qui, dans le monde entier, soutiennent, soignent, forment, accompagnent, consolent leur prochain dans la détresse morale ou matérielle.

En donnant en France et dans le monde le témoignage d'une vie donnée aux autres et comblée par l'expérience de Dieu, vous créez de l'espérance et vous faites grandir des sentiments nobles. *C'est une chance pour notre pays, et le Président que je suis le considère avec beaucoup d'attention. Dans la transmission des valeurs et dans l'apprentissage de la différence entre le bien et le mal, l'instituteur ne pourra jamais remplacer le pasteur ou le curé, même s'il est important qu'il s'en approche, parce qu'il lui manquera toujours la radicalité du sacrifice de sa vie et le charisme d'un engagement porté par l'espérance.*

Je veux évoquer la mémoire des moines de Tibhérine et de Monseigneur Pierre Claverie, dont le sacrifice portera un jour des fruits de paix, j'en suis convaincu. L'Europe a trop tourné le dos à la Méditerranée alors même qu'une partie de ses racines y plongent et que les pays riverains de cette mer sont au croisement d'un grand nombre d'enjeux du monde contemporain. J'ai voulu que la France prenne l'initiative d'une Union de la Méditerranée. Sa situation géographique tout comme son passé et sa culture l'y conduisent naturellement. Dans cette partie du monde où les religions et les traditions culturelles exacerbent souvent les passions, où le choc des civilisations peut rester à l'état de fantasme ou basculer dans la réalité la plus tragique, nous devons conjuguer nos efforts pour atteindre une coexistence paisible, respectueuse de chacun sans renier nos convictions profondes, dans une zone de paix et de prospérité. Cette perspective rencontre, me semble-t-il, l'intérêt du Saint-Siège.

Mais ce que j'ai le plus à cœur de vous dire, c'est que dans ce monde paradoxal, obsédé par le confort matériel, tout en étant chaque jour de plus en plus en quête de sens et d'identité, la France a besoin de catholiques convaincus qui ne craignent pas d'affirmer ce qu'ils sont et ce en quoi ils croient. La campagne électorale de 2007 a montré que les Français avaient envie de politique pour peu qu'on leur propose des idées, des projets, des ambitions. Ma conviction est qu'ils sont aussi en attente de spiritualité, de valeurs, d'espérance.

Henri de Lubac, ce grand ami de Benoît XVI, disait : « La vie attire, comme la joie ». C'est pourquoi la France a besoin de catholiques heureux qui témoignent de leur espérance.

Depuis toujours, la France rayonne à travers le monde par la générosité et l'intelligence. C'est pourquoi elle a besoin de catholiques pleinement chrétiens, et de chrétiens pleinement actifs.

La France a besoin de croire à nouveau qu'elle n'a pas à subir l'avenir, parce qu'elle a à le construire. C'est pourquoi elle a besoin du témoignage de ceux qui, portés par une espérance qui les dépasse, se remettent en route chaque matin pour construire un monde plus juste et plus généreux.

J'ai offert ce matin au Saint Père deux éditions originales de Bernanos. Permettez-moi de conclure avec lui : « L'avenir est quelque chose qui se surmonte. On ne subit pas l'avenir, on le fait [...] L'optimisme est une fausse espérance à l'usage des lâches [...]. L'espérance est une vertu, une détermination héroïque de l'âme. La plus haute forme de l'espérance, c'est le désespoir surmonté ». Comme je comprends l'attachement du pape à ce grand écrivain qu'est Bernanos !

Partout où vous agirez, dans les banlieues, dans les institutions, auprès des jeunes, dans le dialogue inter-religieux, dans les universités, je vous soutiendrai. La France a besoin de votre générosité, de votre courage, de votre espérance. »

Nicolas Sarkozy, discours d'installation en tant que chanoine de Latran, 21 décembre 2007

Monde

Le pouvoir du Président de la République en

matière de relations internationales lui est propre. C'est ce que Jacques Chaban-Delmas appelait le « domaine réservé ». Tous les Présidents s'y sont investis car ils ne sont pas contraints par le Parlement, mais certains excellent plus que d'autres. C'est le cas de Nicolas Sarkozy !

Du cessez-le-feu en Géorgie obtenu en août 2008, aux interventions militaires en Côte d'Ivoire ou en Libye. De la gestion quotidienne de la crise grâce au couple « Merkozy », aux sommets internationaux. De la France au reste du monde, il n'y avait qu'un pas avec Nicolas Sarkozy.

Dès l'année 2012, à peine sa retraite de la vie politique active débutée, Nicolas Sarkozy a été demandé par les plus grands et s'est ainsi rendu en deux ans sur tous les continents pour y exposer sa vision du monde. Durant cette période, il a contribué au rayonnement de la France à l'international ! Quel homme d'Etat Français peut se targuer d'être autant sollicité dans le monde ?

Enfin, lorsqu'il arriva à la tête de notre parti politique à la fin de l'année 2014, il a rapidement rencontré la Chancelière allemande afin de constituer des groupes de travail avec le parti qu'elle dirige, la CDU. Il fera de même avec le parti populaire espagnol (PP). Ecouté, respecté, sollicité. Quelle n'est pas notre chance de l'avoir comme Président ?

Pour remercier Nicolas Sarkozy de sa lutte contre l'ETA qui semait la terreur en Espagne, d'abord comme ministre de l'intérieur puis en tant que Président, sa Majesté le roi Juan Carlos Ier d'Espagne a fait un geste pour lui témoigner sa reconnaissance. En effet, sa Majesté le roi fit du Président Nicolas Sarkozy un chevalier de l'ordre de la Toison d'Or. Le dernier à avoir reçu cette distinction le fut en 1926, c'est dire l'honneur qui lui fut fait ! C'était un signe de reconnaissance, de respect et d'amitié. Amitié entre un grand roi et un grand président. Amitié entre la France et le Royaume d'Espagne.

« Majesté,

C'est avec gratitude que je reçois de vos mains ce collier chargé d'histoire, puisque l'ordre de la Toison d'Or a traversé les siècles depuis sa fondation en 1430 par le duc de Bourgogne Philippe le Bon.

J'y suis d'autant plus sensible que le dernier de mes prédécesseurs à s'être vu décoré de cette prestigieuse distinction l'avait été par votre grand-père, Alphonse XIII en 1926.

Majesté,

Permettez-moi de vous dire ma fierté d'être ainsi honoré par un souverain admiré et respecté par les citoyens de mon pays. Un souverain aimé de son peuple et dont la couronne a su s'identifier avec la démocratie et le retour de l'Espagne en Europe.

Je sais bien que cette distinction, c'est au peuple français tout entier qu'elle est adressée. Je la reçois au titre de l'amitié profonde qui unit l'Espagne et la France, le peuple espagnol et le peuple français.

Une amitié qui a surpassé les querelles dynastiques, une amitié qui a surpassé les crises diplomatiques.

Une amitié qui a surmonté les guerres, dont Goya nous a laissé le terrible et sublime témoignage.

Une amitié qui a transcendé les craintes et les incompréhensions quand l'Espagne a rejoint la Communauté européenne.

Une amitié, qui nous a permis d'atténuer la barrière des Pyrénées, selon le rêve, Majesté, de votre ancêtre le roi Louis XIV. Mais cette fois de manière pacifique.

Majesté,

Je veux aussi vous dire ma fierté, celle de toute la France, d'avoir été ces dernières années aux côtés du peuple espagnol, pour défendre la liberté, pour défendre l'Etat de droit contre le terrorisme le plus barbare, pour en éradiquer les abjectes manifestations : le chantage, l'extorsion, l'attentat, le meurtre.

L'Espagne s'est tenue droite face à cette violence, à ces menaces, à ces crimes. La République française devait être à vos côtés.

Au moment où vous me remettez cette prestigieuse distinction, ma pensée va aux nombreuses victimes de décennies de violence. Je pense à ces femmes qui ont perdu un mari, à ces parents qui ont perdu des enfants.

C'est en pensant à ces victimes que j'ai voulu, avec tout le Gouvernement français, n'épargner aucun effort pour aider l'Espagne à clore définitivement le chapitre sanglant du terrorisme de l'ETA.

Ceux qui ont tué en Espagne doivent rendre des comptes. Mais ceux qui ont tué en France rendront des comptes aussi. Et les arrestations d'il y a quelques jours dans mon pays sont là pour en témoigner.

Nous y avons travaillé sans relâche et je peux dire que j'ai été fier de travailler avec tous les Présidents de gouvernement. *D'abord avec le Président AZNAR, quand j'étais jeune ministre de l'Intérieur, où nous avons dit à des policiers espagnols de travailler main dans la main avec les policiers français. Avec le Président ZAPATERO, avec qui j'ai travaillé aussi en confiance. Face au terrorisme, toutes les majorités doivent être mobilisées. Et **la France qui aime l'Espagne, la France travaille avec tous les gouvernements que l'Espagne démocratique se choisit.*** Elle travaille aujourd'hui avec le Président Mariano RAJOY, que j'ai connu en 2002, lorsqu'il était lui-même ministre de l'Intérieur.*

Oui, Majesté, il n'y a plus de Pyrénées dans la lutte contre le terrorisme. Il y a des deux côtés de notre frontière un même objectif, une même détermination : mettre un terme définitif à la violence aveugle. Et je n'oppose pas la lutte contre le terrorisme par les moyens de la police et la possibilité qu'il peut y avoir pour le gouvernement espagnol de discuter du terme de cette violence, les deux éléments ont permis d'obtenir des résultats. Et vous savez, Majesté, vous savez chers amis espagnols, que vous pourrez toujours compter sur la République française pour éradiquer ce terrorisme.

Il y a 25 ans, l'Espagne rejoignait l'Union européenne. Les négociations furent compliquées, Felipe Gonzalez s'en souvient certainement, lui qui incarne si bien l'Europe. Il a fallu vaincre des peurs. Mais aujourd'hui, une fois ces peurs surmontées, qui pourrait contester que la place de l'Espagne, c'est d'être au premier rang de l'Union européenne ? Aujourd'hui, qui pourrait dire que le choix de l'Espagne, dans l'Union européenne, n'était pas un choix positif ?

L'Espagne et la France sont sorties gagnantes de ce pari européen. L'Espagne est un grand d'Europe. Je le dis au Président Mariano RAJOV, l'Europe a besoin de l'Espagne.

L'Espagne est à la table du G20, nous l'avons voulu avec le Président ZAPATERO. L'Espagne et la France ont beaucoup à faire pour que l'Europe sorte des crises à répétition qu'elle connait depuis 3 ans.

Majesté,

*En vous exprimant à nouveau ma profonde gratitude pour cette distinction dont je mesure la signification exceptionnelle, laissez-moi vous dire l'amitié, si vous me le permettez, l'affection que je porte à votre personne et à votre famille. Et permettez-moi d'adresser le salut fraternel de la France à cette Espagne si proche, à cette Espagne que nous aimons, cette Espagne que nous admirons, cette Espagne dont nous avons besoin, cette Espagne que nous comprenons si bien, parce qu'au fond, il y a tant de liens qui nous unissent. **Ayez confiance en l'amitié entre la France et l'Espagne et croyez bien que pour moi, c'est un jour que je n'oublierai pas.***

Merci. »

Cérémonie de l'Ordre de la Toison d'or lors d'un déplacement du président de la République à Madrid, le 16 janvier 2012

Devant les chefs d'Etat du monde, Nicolas Sarkozy prononça le 21 septembre 2011, son dernier discours à l'ONU. Cette année là fut riche en évènements, avec les « printemps arabes » et le conflit Israelo-Palestinien. Les Printemps arabes où tant de peuples aspirèrent à

la liberté. La Tunisie d'abord, puis la Libye où la France est intervenue sans qu'un seul soldat Français ne soit tué ! Puis, Nicolas Sarkozy a ensuite proposé de sortir du conflit qui oppose l'Israel et la Palestine depuis plus de soixante ans, par un calendrier précis, ambitieux mais réaliste. *« 60 ans sans que cela avance d'un centimètre. Est-ce que cela ne nous impose pas de changer de méthode et de calendrier ? Un mois pour reprendre les discussions ; Six mois pour se mettre d'accord sur les frontières et sur la sécurité ; Un an pour parvenir à un accord définitif. »*

Cela aurait été possible de mettre fin à ce conflit du XXe siècle, mais il y eut le changement de Président, et la dynamique qu'impulsa Nicolas Sarkozy en scandant le *« changement de méthode »* disparut avec son successeur...

« Monsieur le Secrétaire général,

Lorsque nous nous sommes retrouvés, ici même en septembre de l'année dernière, lequel d'entre nous pouvait imaginer qu'en un an à peine, le monde, déjà bouleversé par une crise économique sans précédent, allait à ce point changer ?

En quelques mois, les « printemps arabes » ont fait se lever une immense espérance.

Depuis trop longtemps des peuples arabes soumis à l'oppression ont pu relever la tête et ont réclamé le droit d'être enfin libres. Avec leurs mains nues, ils se sont opposés à la violence et à la brutalité.

A ceux qui proclamaient que le monde arabo-musulman était par nature hostile à la démocratie et aux droits de l'Homme, les jeunes arabes ont apporté le plus beau démenti.

*Mesdames et Messieurs, mes chers collègues, **nous n'avons pas le droit de décevoir** l'espérance des peuples arabes.*

Nous n'avons pas le droit de briser leur rêve.

Car si l'espérance de ces peuples était brisée, cela donnerait raison aux fanatiques qui n'ont pas renoncé à dresser l'Islam contre l'Occident en attisant partout la haine et la violence.

C'est un appel à la justice qui a ébranlé le monde, et le monde ne peut pas répondre à cet appel à la justice par la perpétuation d'une injustice.

Ce miraculeux printemps des peuples arabes nous impose une obligation morale, une obligation politique de résoudre enfin le conflit du Moyen-Orient.

Nous ne pouvons plus attendre !

La méthode utilisée jusqu'à présent, je pèse mes mots, a échoué.
Il faut donc changer de méthode !

Il faut arrêter de croire qu'un seul pays, fut-il le plus grand, ou qu'un petit groupe de pays peuvent résoudre un problème d'une telle complexité.
Trop d'acteurs majeurs sont laissés de côté pour pouvoir aboutir.

Je voudrais dire que personne ne peut imaginer que le processus de paix ne puisse se passer de l'Europe, que personne ne peut imaginer que le processus de paix puisse se passer de tous les membres permanents du Conseil de Sécurité, que personne ne peut imaginer que l'on puisse se passer des États arabes qui ont déjà fait le choix de la paix.

Une approche collective est devenue indispensable pour créer la confiance et apporter des garanties à chacune des parties.

Alors bien sûr, la paix sera faite par les Israéliens et par les Palestiniens.
Par personne d'autre.
Et nul ne peut prétendre la leur imposer.
Mais nous devons les aider.
La méthode ne fonctionne plus.

*Reconnaissons ensemble que **fixer des préalables à la négociation, c'était se condamner à l'échec.**Les préalables, c'est le contraire de la négociation.*
Si l'on veut entrer dans la négociation, qui est le seul chemin possible pour la paix, il ne faut pas de préalables.
Changeons de méthode !

Tous les éléments d'une solution sont connus : la Conférence de Madrid de 1991, le discours du Président Obama du 19 mai dernier, la feuille de route, l'initiative arabe de la paix et les paramètres agréés par l'Union européenne. Alors cessons de débattre à l'infini des paramètres et que les négociations commencent. Adoptons un calendrier précis et ambitieux.

60 ans sans que cela avance d'un centimètre. Est-ce que cela ne nous impose pas de changer de méthode et de calendrier ? Un mois pour reprendre les discussions ; Six mois pour se mettre d'accord sur les frontières et sur la sécurité ; Un an pour parvenir à un accord définitif.

Et la France propose d'accueillir, dès cet automne, une Conférence des donateurs afin que les Palestiniens puissent parachever la construction de leur futur État. La France veut vous dire qu'il ne faut pas chercher d'emblée la solution parfaite, parce que de solution parfaite, il n'y en a pas !

Choisissons la voie du compromis, qui n'est pas un renoncement, qui n'est pas un reniement, mais qui permettra d'avancer, étape par étape.

Voilà donc 60 ans que les Palestiniens attendent leur État. Est-ce qu'il n'est pas venu le moment de leur donner de l'espérance ?
Voilà 60 ans qu'Israël souffre de ne pas pouvoir vivre en paix. Voici 60 ans que la question de la coexistence pacifique des deux peuples palestinien et israélien demeure lancinante.

Nous ne pouvons plus attendre pour prendre le chemin de la paix !

Mettons-nous à la place des Palestiniens.

N'est-il pas légitime qu'ils réclament leur Etat ?

Bien sûr que si ! Et qui ne voit que la création d'un Etat palestinien démocratique, viable et pacifique serait, pour Israël, la meilleure garantie de sa sécurité ?

Mettons-nous à la place des Israéliens.

N'est-il pas légitime qu'après 60 ans de guerres et d'attentats, ils demandent des garanties pour cette paix si longtemps attendue ?

Bien sûr que si ! Et je le dis avec force : si quiconque à travers le monde menaçait l'existence d'Israël, la France serait immédiatement et totalement aux côtés d'Israël. Les menaces à l'endroit d'un Etat membre des Nations Unies sont inacceptables et ne seront pas acceptées.

Nous sommes aujourd'hui devant un choix très difficile. Chacun sait bien – et arrêtons avec les hypocrisies ou la diplomatie d'un jour – chacun sait bien qu'une reconnaissance pleine et entière du statut d'Etat membre de l'ONU ne peut être obtenue dans l'immédiat. La raison première en est le manque de confiance entre les principaux acteurs. Mais disons-nous la vérité : qui peut douter qu'un veto au Conseil de Sécurité n'engendrera pas un cycle de violence au Proche-Orient ? Qui peut en douter ?

Faut-il pour autant exclure une étape intermédiaire ? Pourquoi ne pas envisager pour la Palestine le statut d'Etat observateur aux Nations Unies ? Ce serait un pas important, nous sortirions après 60 ans de l'immobilisme, l'immobilisme qui fait le lit des extrémistes. Nous redonnerions un espoir aux Palestiniens en marquant des progrès vers le statut final.

Pour marquer leur engagement déterminé en faveur d'une paix négociée, les dirigeants palestiniens devraient, dans le cadre de cette démarche, réaffirmer le droit à l'existence et à la sécurité d'Israël. Ils devraient s'engager à ne pas utiliser ce nouveau statut pour recourir à des actions incompatibles avec la poursuite des négociations.
Mes chers collègues, nous n'avons qu'une alternative : l'immobilisme et le blocage ou une

solution intermédiaire qui permettrait de donner de l'espoir aux Palestiniens, avec un statut d'Etat observateur. Parallèlement, une même retenue devrait être observée par Israël, qui devrait s'abstenir de gestes qui préjugent du statut final.

L'objectif ultime c'est bien la reconnaissance mutuelle de deux Etats nations pour deux peuples, établis sur la base des lignes de 1967 avec des échanges de territoires agréés et équivalents.

Que cette Assemblée générale, qui en a le pouvoir, décide d'avancer, décide de sortir du piège mortel de la paralysie, décide de renvoyer les rendez-vous manqués et les relances sans lendemain !
Changeons de méthode !
Changeons d'état d'esprit !

Que chacun s'efforce de comprendre les raisons de l'autre, les souffrances de l'autre, les angoisses de l'autre.
Que chacun ouvre les yeux et soit prêt à faire des concessions.

Et en terminant, **je veux le dire avec une profonde et sincère amitié pour le peuple palestinien, je veux dire aux Palestiniens : pensez aux mères israéliennes qui pleurent les membres de leur famille tués dans les attentats. Elles éprouvent la même douleur que les mères palestiniennes à qui l'on annonce la mort brutale d'un des leurs.**

Je veux le dire avec une profonde et sincère amitié pour le peuple israélien : Ecoutez ce que criait la jeunesse des printemps arabes. Ils criaient : « Vive la liberté ! ». Ils ne criaient pas : « à bas Israël ». Vous ne pouvez pas rester immobiles alors que ce vent de liberté et de démocratie souffle dans votre région.

Je le dis avec une profonde et sincère amitié pour ces deux peuples qui ont tant soufferts : le moment est venu de bâtir la paix pour les enfants de Palestine et pour les enfants d'Israël. *Mais il serait trop accablant que l'Assemblée générale des Nations unies ne profite pas de l'opportunité du réveil des peuples arabes au service de la démocratie pour régler un problème qui fait le malheur de ces deux peuples qui, de toutes façons, sont condamnés à vivre à côté les uns des autres. Si nous prenons une solution de compromis, nous redonnerons de la confiance et nous redonnerons de l'espoir.*
Je veux le dire avec gravité aux représentants de toutes les nations. **Nous avons une responsabilité historique à assumer. C'est l'Assemblée général des Nations unies qui porte ce rendez-vous avec l'Histoire.**

Rassurons Israël et donnons un espoir au peuple palestinien. La solution est sur la table. Préférer la solution du compromis à celle du blocage, car le blocage satisfera peut-être tout le monde ici mais elle créera des violences, des amertumes et des oppositions qui mettront en péril le réveil des peuples arabes. **La France vous dit que la tragédie doit cesser pour une raison simple, c'est qu'elle n'a que trop duré.**

Je vous remercie. »

Nicolas Sarkozy à la 66e Assemblée générale de l'ONU, le 21 septembre 2011.

En plein milieu de l'été 2008, Nicolas Sarkozy interrompit ses vacances pour stopper la Russie dans son élan de conquête de la Géorgie. Au mépris de toutes les règles, Nicolas Sarkozy brava l'interdit en se rendant immédiatement sur place. Le jour même, les chars russes firent demi-tour. Il avait alors sauvé des milliers de vies. Des vies géorgiennes, mais des vies russes également. Il convient de noter que la France garda d'excellentes relations par la suite avec la Russie. Comme quoi, ce que la France et la Russie sont obligées d'endurer en ce moment à cause de son conflit avec l'Ukraine aurait pu être évité...

Le 7 octobre 2011, Nicolas Sarkozy était en visite en Géorgie où il fut accueilli comme un héros ! Ovationné, il rappela les liens qui unissent nos deux pays : *« Ces trois ans qui ont passé n'ont rien enlevé à l'engagement de la France à vos côtés. Rien. La France a été la première à déployer ses gendarmes le long des lignes de séparation. Mais la France ne se résigne pas au fait accompli »*.

« Chers amis,

Quand je suis arrivé à Tbilissi, dans la nuit du 12 août 2008, vous étiez des milliers, devant votre Parlement, pour crier votre colère devant l'outrage qui était fait à votre pays et exprimer votre détermination à sauver votre indépendance.

Trois ans ont passé, et sur cette place de la Liberté, je suis heureux de pouvoir m'adresser à une nation indépendante et à un peuple libre !
Trois ans ont passé, et si les armes se sont tues, elles n'ont pas effacé les blessures de la guerre.

Des dizaines de milliers de vos compatriotes ont été déplacés et sont venus grossir les rangs des centaines de milliers qui avaient été chassés de leurs terres par les conflits antérieurs.
Des milliers de familles ont été séparées, qui sont depuis empêchées de se retrouver, de se parler, de s'embrasser, par l'érection d'un mur invisible au sein d'une même nation.

Une partie de votre territoire vous a été enlevée. Cette souffrance reste vive, comme un membre amputé dont on ressent toujours la présence.

Contre toute logique stratégique, et à rebours des engagements pris, d'importantes forces militaires restent stationnées à vos portes, de l'autre côté des lignes de séparation.

Chers amis géorgiens,

Ces trois ans qui ont passé n'ont rien enlevé à l'engagement de la France à vos côtés. Rien.
La France a été la première à déployer ses gendarmes le long des lignes de séparation.
Mais la France ne se résigne pas au fait accompli.

Et je veux, Monsieur le président, ici, réaffirmer solennellement, l'attachement de la France, l'attachement de l'Europe à la souveraineté de la Géorgie, à l'indépendance de la Géorgie, et à l'intégrité territoriale de la Géorgie.

Je veux réitérer ici mon engagement à veiller à l'application des accords conclus, car les accords conclus engagent les pays qui ont souscrit, engage Monsieur le président, leur parole et leur honneur.
Je réaffirme ici, devant vous, le droit du peuple géorgien à définir sa voie, à choisir ses alliances, et à construire librement son avenir.

Chers amis,

Nous avons pu arrêter la guerre dans l'urgence. Mais arrêter la guerre dans l'urgence ce n'est pas construire la paix véritable.

Plus que toute autre nation, la France mesure le déchirement que représente pour vous la division forcée de votre pays.
Plus que tout autre pays, la France ressent la douleur de tous ces déplacés, ces expulsés, ces arrachés à leur terre.
Et si la France en a une conscience aussi aiguë, c'est parce que l'Histoire a infligé à la France les mêmes souffrances et les mêmes injustices.

*Mais, comme je le disais ce matin en Arménie, **aucun pays, plus que la France, ne sait qu'il n'est de fracture si grave qui ne puisse être résorbée.***

C'est le choix de la volonté qu'ont fait la France et l'Allemagne après 1945, après trois conflits ravageurs. C'est sur les décombres du pire conflit que l'humanité ait connu, que

Charles de Gaulle et Konrad Adenauer, ont engagé leurs peuples sur la voie de la réconciliation. Et aujourd'hui, l'Europe dont parlait le président Saakachvili, c'est l'Europe de la France et de l'Allemagne, amis et réconciliés.

Et bien je veux vous dire du fond de mon cœur, que c'est la même voie que la Géorgie et la Russie doivent choisir. Car dans le Caucase pas plus qu'ailleurs dans le monde, il n'y a de fatalité à la confrontation et à la guerre.

La Géorgie a montré la voie, quand le Président Saakachvili a pris l'engagement solennel, de ne jamais recourir à la force pour rétablir la souveraineté de la Géorgie sur les deux provinces qui lui ont été arrachées.
Cet engagement, les autres signataires des accords du 12 août et du 8 septembre 2008 doivent le prendre à leur tour. Chaque pays doit s'engager à cela.

Je demande que les observateurs européens puissent se rendre en Abkhazie et en Ossétie du Sud, pour s'assurer que les droits des populations y sont scrupuleusement respectés.

Le droit des déplacés à regagner leurs foyers et à retrouver leur terre et pour commencer, les familles séparées doivent pouvoir se retrouver et se déplacer de part et d'autre des lignes de séparation.
Chaque partie doit continuer de s'engager dans les discussions de Genève, c'est par le dialogue, par la négociation que l'on dépassera la méfiance.

Des mesures de confiance doivent être prises pour consolider la stabilité.

Monsieur le Président,
Chers amis géorgiens,

La France considère la Russie comme son amie. Comme un partenaire stratégique, car nos destins sont mêlés, c'est ensemble, Européens et Russes, que nous assurerons durablement la prospérité de nos peuples, la stabilité de notre continent.

Partenaire et amie, c'est ce que la Russie devrait être, ou redevenir, pour la Géorgie.

Vos deux peuples ont subi le même traumatisme de 70 ans de communisme soviétique. Tous deux s'en sont relevés et ont retrouvé la maîtrise de leur destin.

Plusieurs centaines de milliers de vos compatriotes vivent en Russie, et Moscou, après Tbilissi, est la première ville géorgienne par la population. Vos hommes d'affaires investissent en Russie, et leurs homologues sont nombreux à venir profiter du dynamisme de votre économie.

Mais pour rétablir la confiance, il faut que cesse la rhétorique de confrontation et que prévale le dialogue.
Pour rétablir la confiance, il faut que cessent les intimidations, les menaces et les tentatives de déstabilisation qui sont proprement inacceptables.

Pour rétablir la confiance, chacun doit admettre que l'Union soviétique n'existe plus, qu'une politique des sphères d'influence n'a pas vocation à lui succéder. Tout le monde doit accepter que la Géorgie, ait le droit de définir sa voie et de choisir librement ses amis et ses alliances.

La Géorgie doit être libre d'exprimer son aspiration à rejoindre l'OTAN, si son peuple le souhaite. Monsieur le Président, la Géorgie doit être libre d'exprimer son aspiration à se rapprocher de l'Union européenne, et un jour à la rejoindre. Cette aspiration est une chance pour la Géorgie, car elle est un catalyseur de toutes les réformes entreprises.

Au lendemain de cette « révolution des Roses » qui a suscité tant d'enthousiasme en France, la société géorgienne était divisée, votre économie exténuée et tout le pays était en proie au doute.

Il existe encore bien des défis, mais que de chemin parcouru depuis lors.

La distribution du gaz, de l'eau, de l'électricité a été rétablie. Vos routes ont été refaites; les infrastructures ont été développées. La sécurité a été restaurée et vos commissariats sont désormais transparents, à l'image de votre police, autrefois parmi les plus corrompues du monde, qui est aujourd'hui plébiscitée par la population géorgienne unanime.
La richesse de votre pays a été multipliée par dix depuis 2004. La Géorgie est aujourd'hui un pays attractif et ce n'est pas un hasard si les investissements étrangers y affluent.

Cette stratégie de réformes et d'ouverture est votre meilleure chance pour convaincre demain Abkhazes et Sud-Ossètes que leur avenir est aux côtés de leurs compatriotes géorgiens, dans un pays ouvert, plutôt qu'à l'intérieur de pseudo-Etats isolés et vassalisés.

La poursuite de votre stratégie de réforme est aussi votre meilleur atout pour convaincre l'Union européenne que la Géorgie est européenne et pour le président de la France que je suis, la Géorgie est européenne par sa culture, par ses choix développement et par ses valeurs.

Ce rapprochement avec l'Union européenne dépend de vos réformes et de l'approfondissement de votre démocratie.
Pour ce qui me concerne, quand je suis à Tbilissi, je me sens en Europe et pas ailleurs !
Entre la France et la Géorgie, il y a beaucoup plus que le souvenir de ces journées terribles d'août 2008.

Il y a 90 ans, après trois années d'indépendance, alors que votre pays s'était doté d'une constitution démocratique qui reconnaissait aux femmes le droit de vote, c'est en France que votre jeune gouvernement trouvait refuge, contraint à l'exil par le déferlement des armées bolchéviques.

C'est en France qu'il continua, au cours des décennies à entretenir la flamme de l'identité et géorgienne.
Et c'est en terre de France, à Leuville-sur-Orge, que reposent nombre de ces grands Géorgiens qui, comme Noé Jordania ou Noé Ramishvili, avaient rêvé d'une Géorgie libre, que vous incarnez aujourd'hui.

Je soutiens pleinement le projet d'installer un centre culturel géorgien dans ce village français devenu pour tous les Géorgiens un lieu de mémoire.

Entre la Géorgie et la France, c'est également sur les champs de bataille que des liens de sang ont été noués.
Vétéran de la bataille de Kéren, de la campagne de Syrie, le Géorgien Dimitri Amilakvari

est mort pour la France en héros, lors de la campagne de Libye. Il reste aujourd'hui une figure légendaire de la Légion étrangère.

Aujourd'hui encore, nos soldats sont côte-à-côte, en Afghanistan.

Sous l'impulsion du Président Saakachvili, la Géorgie a fait le pari audacieux, insensé disaient même certains alors, d'installer au cœur d'une région pétrifiée par des décennies de communisme une vraie démocratie et une économie de marché.
Ce pari, la France est fière d'y avoir cru et de l'avoir soutenu.

Nos entreprises vous aideront et demain, nous serons encore à vos côtés pour développer votre pays.
Vous avez engagé une réforme en profondeur de votre système éducatif. Et après l'ouverture cette année de l'Ecole française du Caucase, la France veut être à vos côtés pour former vos élites de demain, pour créer de nouveaux ponts entre la France, l'Europe et la Géorgie. Votre Président et son épouse Sandra, qui parlent si bien notre langue, ne sont-ils pas là pour témoigner que la maîtrise du français est le meilleur passeport pour accéder aux plus hautes fonctions !
Comme eux, je souhaite que votre jeunesse bénéficie de formations dans le réseau des universités francophones du monde entier.

Au début du siècle dernier, comme en ce mois d'août 2008, c'est dans l'adversité et dans l'épreuve que la France et la Géorgie se sont retrouvées.

De ces rencontres que l'Histoire nous a imposées est née une amitié profonde entre la France et la Géorgie.

Je suis venu ici ce soir, sur cette place de la Liberté, pour célébrer cette amitié.

La France sera à vos côtés pour assurer votre indépendance et pour vous rapprocher de l'Europe.
La France n'est pas un ami d'un jour, elle est un ami pour toujours.
Je suis venu vous assurer que la France, c'est l'amie fidèle sur laquelle la Géorgie peut compter.

Vive la Géorgie !
Vive la France !
Vive l'amitié entre nos deux peuples ! »

Déplacement du Président de la République en République d'Azerbaïdjan et en Géorgie, le 7 octobre 2011

Nicolas

Nicolas, comme Nicolas Sarkozy, bien sûr !

Source de passion pour certains, source de détestation pour d'autres, une chose est sûre, contrairement à la plupart des hommes politiques, il ne peut laisser indifférent ! C'est la marque des grands hommes ! C'est aussi le reflet de sa personnalité. Personne, en effet, ne le définit comme quelqu'un de « tiède » ou de « mou ». Nicolas Sarkozy tranche, c'est pour cela que les militants le portent autant dans leurs cœurs ! Il met ainsi en pratique l'enseignement que le grand Saint Jean-Paul II délivra aux hommes : *« N'ayez pas peur ! »*. Phrase que Nicolas Sarkozy s'adonne à partager dans la plupart de ses discours, notamment dans son discours d'investiture en tant que candidat de l'UMP le 14 janvier 2007 que je vous propose de lire, car après tout, qui de mieux que Nicolas Sarkozy pour se définir ?

« Mes chers amis,

Dans ce moment que chacun devine si important pour la France, si important pour l'avenir de chacune de vos familles, si important pour moi, plus que n'importe quel autre sentiment, ce qui m'étreint surtout c'est une émotion profonde. Cette émotion, j'aurais pu essayer de la qualifier, j'aurais pu l'exprimer dans un mot, j'aurais pu vous dire merci mais ce merci n'aurait pas été à la hauteur de ce que j'éprouve en cet instant. Il y a des sentiments qui sont si forts qu'il n'y a pas de mot assez grand pour les dire. Il y a des sentiments qui se ressentent tellement qu'on n'a pas besoin de les nommer.

Cette émotion qui me submerge au moment où je vous parle, je vous demande de la recevoir simplement comme un témoignage de ma sincérité, de ma vérité, de mon amitié.

A l'orée de cette campagne où pendant des semaines je vais beaucoup donner, beaucoup recevoir et, peut-être, beaucoup payer- je veux que chacun d'entre vous soit convaincu de la farouche détermination, de l'énergie infinie que j'irai puiser dans la part la plus profonde de moi-même pour faire triompher la cause qui nous unit tous. Je le sais aujourd'hui, je n'ai pas le droit de vous décevoir, pas le droit d'hésiter, tout simplement pas le droit d'échouer ! Toute ma vie j'ai rêvé d'être utile à la France, à mon pays, à ma patrie. Aujourd'hui vous venez de réaliser la première étape de ce rêve. Seule compte à cet instant l'espérance de la foule immense que vous formez, tendue vers un seul but : la victoire de la France. Seul compte l'enthousiasme de cette grande famille qui est la tienne, cher Alain JUPPE. Sans toi et sans la victoire de Jacques CHIRAC en 2002 elle n'aurait jamais existé.

Oui, mes chers amis, tous ensemble réunis, unis, solidaires, tout devient possible.

A cet instant où pour moi tout change, je ne peux m'empêcher de penser à ceux qui m'ont fait rêver d'une autre destinée, d'une vie plus grande, d'un avenir plus passionnant. Ils ont été pour moi une source de réflexion, d'espérance, et même parfois de confiance.

Eux, ce sont les héros de la Résistance et de la France Libre, ces hommes avec lesquels j'ai fait mes premiers pas en politique, ces hommes qui venaient d'une époque où la politique s'était confondue avec le patriotisme et l'épopée. Ils avaient maintenu l'honneur de la France. Ils l'avaient reconstruite, ils l'avaient réconciliée avec l'Allemagne. Ils avaient fait l'Europe, fondé la Vème République. Ils avaient toujours été en avance sur leur temps.

Il m'ont appris, parce qu'ils le savaient mieux que quiconque, ce qu'était le gaullisme : non une doctrine que le Général de Gaulle n'avait jamais voulu mais une exigence morale, l'exercice du pouvoir comme un don de soi, la conviction que la France n'est forte que lorsqu'elle est rassemblée, la certitude que rien n'est jamais perdu tant que la flamme de la résistance continue de brûler dans le coeur d'un seul homme, le refus du renoncement, la rupture avec les idées reçues et l'ordre établi quand ils entraînent la France vers le déclin.

Ces hommes furent grands dans la guerre comme dans la paix. Ils avaient toujours fait ce qu'ils devaient faire.

*Je veux rendre hommage à Jacques Chaban-Delmas, général de la résistance à 29 ans, au rêve si beau, si prémonitoire, de la Nouvelle Société. **Son dernier grand combat politique fut pour moi le premier. J'avais 17 ans et l'impression de partir à la guerre. C'était la fin d'une époque, celle où le gaullisme ne pouvait plus appartenir à un parti.***

Je veux rendre hommage à Achille Peretti, grand résistant, qui me confia mon premier mandat de conseiller municipal. Comme je veux dire mon amitié à Edouard Balladur qui m'a fait confiance en me donnant mes premières responsabilités ministérielles alors que j'étais si jeune encore. Je veux dire mon respect à Jacques CHIRAC qui en 1975 à Nice m'a offert mon premier discours.

Ils m'ont enseigné, à moi petit Français au sang mêlé, l'amour de la France et la fierté d'être français. Cet amour n'a jamais faibli et cette fierté ne m'a jamais quittée. Longtemps ce sont des choses que j'ai tues.

*Longtemps ce sont des sentiments que j'ai gardés pour moi, comme un trésor caché au fond de mon coeur que je n'éprouvais le besoin de partager avec personne. **Je pensais que la politique n'avait rien à voir avec mes émotions personnelles. J'imaginais qu'un homme fort se devait de dissimuler ses émotions. J'ai depuis compris qu'est fort celui qui apparaît dans sa vérité. J'ai compris que l'humanité est une force pas une faiblesse.***

***J'ai changé.** J'ai changé parce qu'à l'instant même où vous m'avez désigné j'ai cessé d'être* *l'homme d'un seul parti, fût-il le premier de France. J'ai changé parce que l'élection présidentielle est une épreuve de vérité à laquelle nul ne peut se soustraire. Parce que cette vérité je vous la dois. Parce que cette vérité je la dois aux Français.*

J'ai changé parce que les épreuves de la vie m'ont changé. Je veux le dire avec pudeur mais je veux le dire parce que c'est la vérité et parce qu'on ne peut pas comprendre la peine de l'autre si on ne l'a pas éprouvée soi-même.

On ne peut pas partager la souffrance de celui qui connaît un échec professionnel ou une déchirure personnelle si on n'a pas souffert soi-même. J'ai connu l'échec, et j'ai dû le surmonter.

On ne peut pas tendre la main à celui qui a perdu tout espoir si l'on n'a jamais douté. Il m'est arrivé de douter. N'est pas courageux celui qui n'a jamais eu peur. Car le courage c'est de surmonter sa peur.

Cette part d'humanité, je l'ai enfouie en moi parce que j'ai longtemps pensé que pour être fort il ne fallait pas montrer ses faiblesses. Aujourd'hui j'ai compris que ce sont les faiblesses, les peines, les échecs qui rendent plus fort. Qu'ils sont les compagnons de celui qui veut aller loin.

J'ai changé parce que le pouvoir m'a changé. Parce qu'il m'a fait ressentir l'écrasante responsabilité morale de la politique. Le mot "morale" ne me fait pas peur.

J'ai changé parce que nul ne peut rester le même devant le visage accablé des parents d'une jeune fille brûlée vive. Parce que nul ne peut rester le même devant la douleur qu'éprouve le mari d'une jeune femme tuée par un multirécidiviste condamné dix fois pour violences et déjà une fois pour meurtre. Dans son regard on lit l'incompréhension de celui qui ne comprend pas comment l'indicible a pu être possible. Je suis révolté par l'injustice et c'en est une lorsque la société ignore les victimes. Je veux parler pour elles, agir pour elles et même, même s'il le faut crier en leurs noms.

J'ai changé parce qu'on change forcément quand on est confronté à l'angoisse de l'ouvrier qui a peur que son usine ferme.

J'ai changé quand j'ai visité le mémorial de Yad Vashem dédié aux victimes de la Shoah. Je me souviens, au bout d'un long couloir, d'une grande pièce avec des milliers de petites lumières et des prénoms d'enfants de 2 ans, de 4 ans, de 5 ans prononcés à voix basse de façon ininterrompue. C'était le murmure des âmes innocentes. Je me suis dit alors que c'était cela la politique : faire barrage à la folie des hommes en refusant de se laisser emporter par elle.

J'ai changé quand j'ai lu à Tibhirine le testament bouleversant de frère Christian, enlevé puis égorgé par des fanatiques avec six autres moines de son monastère. Le GIA avait prévenu : " nous égorgerons ". On retrouva les sept têtes des moines suppliciés sans leurs corps. Deux ans auparavant, cet homme de charité avait par avance pardonné à son assassin : " s'il m'arrivait un jour d'être victime du terrorisme, (...). Voici que je pourrai, s'il plaît à Dieu, plonger mon regard dans celui du Père pour contempler avec lui les enfants de l'Islam tels qu'il les voit (...). Et toi aussi l'ami de la dernière minute, qui n'aura pas su ce que tu faisais. Oui pour toi aussi je le veux, ce Merci, cet " A-Dieu " (...). Et qu'il nous soit donné de nous retrouver, larrons heureux, en paradis s'il plaît à Dieu notre Père à tous deux

! " Par son humanité immense, par sa volonté de rassembler les hommes le frère Christian fait honneur à la France laïque et républicaine.

A Tibhirine, j'ai compris ce qu'est la force invincible de l'amour et le sens véritable du mot " tolérance ".

A Tibhirine, le frère Christian m'a enseigné, par-delà la mort, que ce que les grandes religions peuvent engendrer de meilleur est plus grand ce qu'elles peuvent engendrer de pire, que les extrémismes et les intégrismes ne doivent jamais être confondus avec le sentiment religieux qui porte une part de l'espérance humaine.

Opposer ce sentiment religieux à la morale laïque serait absurde. Nous sommes les héritiers de deux mille ans de chrétienté et d'un patrimoine de valeurs spirituelles que la morale laïque a incorporé.
La laïcité à laquelle je crois, ce n'est pas le combat contre la religion. C'est le respect de toutes les religions.

J'ai changé quand j'ai rencontré Mandel, ce grand Français. J'avais voulu écrire sa vie pour réparer une injustice, pour changer le regard des autres sur cette destinée tragique. C'est mon regard sur la politique qui s'en est trouvé transformé. Georges Mandel avait la passion de la politique. En mars 1940, il est ministre de l'Intérieur.

Au milieu de la débâcle, il est l'un de ceux qui plaident pour la Résistance. Il est arrêté. Le 7 juillet 1944, des miliciens le tirent de sa prison et le font monter dans une voiture. Arrivé dans la forêt de Fontainebleau ils l'abattent d'une rafale de mitraillette.

Le 24 juillet, sa fille écrit à Pierre Laval : " Je suis encore bien petite et bien faible à côté de vous (...). Je veux vous dire M. Laval que je plains beaucoup votre fille. Vous allez lui laisser un nom qui marquera dans l'histoire. Le mien aussi. Seulement le mien sera celui d'un martyr." Ce jour-là, la France s'appelle Claude Mandel. Elle a 14 ans, son père vient d'être assassiné non par l'occupant mais par des Français ennemis de la France.

La France, elle a 17 ans le visage de Guy Môquet quand il est fusillé : " 17 ans et demi... Ma vie a été courte ! Je n'ai aucun regret si ce n'est de vous quitter tous. " **La France, elle a 19 ans et le visage lumineux d'une fille de Lorraine quand Jeanne comparaît devant ses juges.**

Elle a 32 ans et le visage d'un émigré italien naturalisé français, quand Gambetta quitte en ballon Paris assiégé pour organiser la résistance aux Prussiens.

La France, elle a 44 ans, le visage ensanglanté de Moulin quand il meurt sous la torture " sans avoir livré aucun secret, lui qui les savait tous. " **Elle a 50 ans et la voix du Général de Gaulle le 18 juin 1940.**

Elle a 56 ans, le visage noir d'un petit-fils d'esclave devenu gouverneur du Tchad et premier résistant de la France d'Outre-Mer. Elle s'appelle Félix Eboué.

Elle a 58 ans et le visage de Zola quand il signe "J'accuse" pour défendre Dreyfus et la Justice.

Elle a 60 ans, le visage d'un proscrit qui s'appelle Victor Hugo lorsqu'au commencement

des Misérables il écrit : " Tant qu'il y aura sur la Terre ignorance et misère des livres de la nature de celui-ci pourront ne pas être inutiles ".

Elle a 77 ans et la force du Tigre quand Clemenceau déclare en mars 1918 : " Je continue à faire la guerre et je continuerai jusqu'au dernier quart d'heure car c'est nous qui aurons le dernier quart d'heure ! " *Elle a la voix, la figure, la dignité d'une femme, d'une mère, rescapée des camps de la mort qui s'écrie à la tribune de l'Assemblée : "nous ne pouvons plus fermer les yeux sur les 300 000 avortements qui, chaque année mutilent les femmes de ce pays". Ce jour là, elle s'appelle Simone Veil.*

Elle a la voix d'un jeune prêtre français, l'abbé Pierre, qui à la radio un jour de l'hiver 54 lance aux hommes son appel pathétique : " *Mes amis au secours. Une femme vient de mourir gelée cette nuit, à trois heures, sur le trottoir du boulevard Sébastopol (...). Devant leurs frères mourant de misère, une seule opinion doit exister entre les hommes : la volonté de rendre impossible que cela dure (...).*

Elle a le visage, l'âge de Georges Pompidou quand il évite le pire en mai 68.

La France, elle a le visage, l'âge, la voix de tous ceux qui ont cru en elle, qui se sont battus pour elle, pour son idéal, pour ses valeurs, pour sa liberté.

Elle a le visage, l'âge, la voix de tous les Français qui ont au fond de leur coeur la conviction que la France n'est pas finie. Car elle n'est pas finie la France. Parce que dans mon coeur comme dans mon esprit, la France ne veut pas, ne doit pas, ne peut pas mourir.

A chaque fois qu'on l'a crue finie, elle a étonné le monde. A chaque fois elle s'est relevée. A chaque fois elle a su trouver en elle la force de ressusciter.

Ma France, c'est le pays qui a fait la synthèse entre l'Ancien Régime et la Révolution, entre l'Etat capétien et l'Etat républicain, qui a inventé la laïcité pour faire vivre ensemble ceux qui croient au Ciel et ceux qui n'y croient pas.

Ma France, c'est le pays qui, entre le drapeau blanc et le drapeau rouge a choisi le drapeau tricolore, en a fait le drapeau de la liberté et l'a couvert de gloire.

Ma France, c'est celle de tous les Français sans exception. C'est la France de Saint-Louis et celle de Carnot, celle des croisades et de Valmy. Celle de Pascal et de Voltaire. Celles des cathédrales et de l'Encyclopédie.

Celle d'Henri IV et de l'Edit de Nantes. Celle des droits de l'homme et de la liberté de conscience.

Ma France, c'est celle des Français qui votent pour les extrêmes non parce qu'ils croient à leurs idées mais parce qu'ils désespèrent de se faire entendre. Je veux leur tendre la main.

Ma France, c'est celle des travailleurs qui ont cru à la gauche de Jaurès et de Blum et qui ne se reconnaissent pas dans la gauche immobile qui ne respecte plus le travail. Je veux leur tendre la main.

Ma France, c'est celle de tous ceux qui ne croient plus à la politique parce qu'elle leur a si souvent menti. Je veux leur dire : aidez-moi à rompre avec la politique qui vous a déçu

pour renouer avec l'espérance.

Ma France, c'est celle de tous ces Français qui ne savent pas très bien au fond s'ils sont de droite, de gauche ou du centre parce qu'ils sont avant tout de bonne volonté. Je veux leur dire par-delà les engagements partisans que j'ai besoin d'eux pour que tout devienne possible.

Bien sûr il y a la droite et il y a la gauche. Mes valeurs sont les vôtres, celles de la droite républicaine. *Ce sont des valeurs d'équité, d'ordre, de mérite, de travail, de responsabilité. Je les assume. Mais dans les valeurs auxquelles je crois, il y a aussi le mouvement. Je ne suis pas un conservateur. Je ne veux pas d'une France immobile. Je veux l'innovation, la création, la lutte contre les injustices. J'ai voulu faire entrer ces idées dans le patrimoine de la droite républicaine alors même que la gauche les délaissait.*

Mais au-delà de la droite et de la gauche, il y a la République qui doit être irréprochable parce qu'elle est le bien de tous. Il y a l'Etat qui doit être impartial. Il y a la France qui est une destinée commune.

Etre de droite c'est refuser de parler au nom d'une France contre une autre. C'est refuser la lutte des classes.

C'est refuser de chercher dans l'idéologie la réponse à toutes les questions, la solution à tous les problèmes.

C'est refuser de voir dans le contradicteur un ennemi mais un citoyen dont on doit entendre les arguments.

Ma France, c'est une nation ouverte, accueillante, c'est la patrie des droits de l'homme. C'est elle qui m'a fait ce que je suis. J'aime passionnément le pays qui m'a vu naître. Je n'accepte pas de le voir dénigrer. Je n'accepte pas qu'on veuille habiter en France sans respecter et sans aimer la France. Je n'accepte pas qu'on veuille s'installer en France sans se donner la peine de parler et d'écrire le Français.
Je respecte toutes les cultures à travers le monde. Mais qu'il soit entendu que si on vit en France alors on respecte les valeurs et les lois de la République.

La soumission de la femme c'est le contraire de la République, ceux qui veulent soumettre leurs femmes n'ont rien à faire en France. La polygamie c'est le contraire de la République. Les polygames n'ont rien à faire en France. L'excision c'est une atteinte à la dignité de la femme, c'est le contraire de la République, ceux qui veulent la pratiquer sur leurs enfants ne sont pas les bienvenus sur le territoire de la République française.

Ma France, c'est une nation qui revendique son identité, qui assume son histoire. *On ne construit rien sur la haine des autres, mais on ne construit pas davantage sur la haine de soi. On ne construit rien en demandant aux enfants d'expier les fautes de leurs pères.*

De Gaulle n'a pas dit à la jeunesse allemande : " vous êtes coupables des crimes de vos pères ". Il lui a dit : " je vous félicite d'être les enfants d'un grand peuple, qui parfois au cours de son histoire a commis de grandes fautes ".

Au peuple de notre ancien empire nous devons offrir non l'expiation mais la fraternité.

A tous ceux qui veulent devenir Français nous offrons non de nous repentir mais de partager la liberté, l'égalité et la fierté d'être Français. Gardons-nous de juger trop sévèrement le passé avec les yeux du présent.

Tous les Français durant la guerre n'étaient pas pétainistes. Les pêcheurs de l'île de Sein, les paysans du Vercors n'étaient pas pétainistes. Les paysans du Périgord qui cachaient au péril de leur vie les Juifs de Strasbourg n'étaient pas pétainistes. Tous les Français dans les colonies n'étaient pas des exploiteurs. Il y avait aussi parmi eux de petites gens qui travaillaient dur, qui n'exploitaient personne et qui ont tout perdu.

Français, prompts à détester votre pays et son histoire, écoutez la grande voix de Jaurès : " Ce qu'il faut ce n'est pas juger toujours, juger tout le temps, c'est se demander d'époque en époque, de génération en génération, de quels moyens de vie disposaient les hommes, à quelles difficultés ils étaient en proie, quel était le péril ou la pesanteur de leur tâche, et rendre justice à chacun sous le fardeau. " Pourquoi la gauche n'entend-elle plus la voix de Jaurès ? *Comment penser que l'on pourra un jour faire aimer ce que l'on aura appris à détester ? Au bout du chemin de la repentance et de la détestation de soi il y a, ne nous y trompons pas, le communautarisme et la loi des tribus. Je refuse le communautarisme qui réduit l'homme à sa seule identité visible. Je combats la loi des tribus parce que c'est la loi de la force brutale et systématique.*

Il ne s'agit pour personne d'oublier sa propre histoire. Les enfants des républicains espagnols parqués dans des camps de réfugiés, les enfants des Juifs persécutés par la Milice, les descendants des camisards des Cévennes, les fils des harkis n'ont rien oublié de leur histoire. Mais ils ont pris, comme moi, fils d'immigré, la culture, la langue et l'histoire de la France en partage, pour pouvoir mieux vivre une destinée commune.
Face au drame algérien, Camus avait dit : " Les grandes tragédies de l'histoire fascinent souvent les hommes par leurs visages horribles. Ils restent alors immobiles devant elles sans pouvoir se décider à rien qu'à attendre. " *Attendre quoi ? Sinon le pire ? Il avait ajouté : " La force du coeur, l'intelligence, le courage suffisent pourtant pour faire échec au destin ".*

Pourquoi la gauche n'entend-elle plus la voix de Camus ? *Qui ne voit qu'une fois encore avec du coeur, de l'intelligence et du courage la clé de notre unité et de notre avenir est dans la République et dans la démocratie ? Depuis le premier jour où elle est apparue dans notre histoire, la République est un combat toujours recommencé pour l'émancipation de l'homme. La République commence quand la politique cesse d'être au service de la volonté de puissance pour se mettre au service du bonheur des hommes.*

Le but de la République c'est d'arracher du coeur de chacun le sentiment de l'injustice.

Le but de la République c'est de permettre à celui qui n'a rien d'être quand même un homme libre, à celui qui travaille de posséder quelque chose, à celui qui commence tout en bas de l'échelle sociale de la gravir aussi haut que ses capacités le lui permettent.

Le but de la République c'est que les chances de réussite soient égales pour tous. C'est que l'enfant soit éduqué, le malade soigné, le vieillard arraché à la solitude, le travailleur respecté, la misère vaincue.

Le but de la République c'est la reconnaissance du travail comme source de la propriété et la propriété comme représentation du travail.

La République de Jules Ferry n'était pas celle de Danton. Celle du Général De Gaulle n'était pas celle de Jules Ferry. Mais c'était toujours le même idéal poursuivi par des moyens différents. La République n'est pas une religion. La République n'est pas un dogme. La République est un projet toujours inachevé.

Si nous voulons que la République redevienne un projet partagé, il nous faut passer de la République virtuelle à la République réelle.

La République réelle, c'est la République qui ne se contente pas d'inscrire la liberté, l'égalité et la fraternité sur ses monuments, mais qui les inscrit dans la réalité de la vie quotidienne.
La République réelle ce n'est pas la République où tout le monde reçoit la même chose. C'est la République où chacun reçoit selon son mérite ou son handicap.
La République réelle c'est celle qui fait plus pour celui qui veut s'en sortir et qui fait moins pour celui qui ne veut rien faire et dont la société ne peut accepter qu'il vive à son crochet.

La République réelle ce n'est pas la République où il n'y a que des droits et aucun devoir. C'est la République où les devoirs sont la contrepartie des droits. Je propose qu'aucun minimum social ne soit accordé sans la contre-partie d'une activité d'intérêt général.

C'est celle où les hommes et les femmes ont les mêmes droits, les mêmes salaires, les mêmes possibilités de carrière, la même considération.

C'est celle où les mères qui veulent travailler peuvent faire garder leurs enfants, où la maternité n'est pas un handicap pour la vie professionnelle, où les années consacrées à l'éducation des enfants sont prises en compte dans le calcul des retraites.

La République réelle à laquelle je crois c'est celle qui ne reste pas indifférente au sort de l'enfant pauvre, à la souffrance de ceux que la vie n'a pas épargnés. C'est celle qui garde tous les enfants dont les familles le souhaitent en étude surveillée quand les parents ne peuvent pas s'occuper d'eux parce qu'ils travaillent. Celle qui construit des internats d'excellence pour les élèves d'origine modeste parce qu'ils ne peuvent pas étudier chez eux.

La République virtuelle c'est celle qui fait de l'élève l'égal du maître. La République réelle à laquelle je crois c'est celle qui veut une école de l'autorité et du respect où l'élève se lève quand le professeur entre, où les filles ne portent pas le voile, où les garçons ne gardent pas leur casquette en classe.

La République virtuelle c'est celle qui veut donner un diplôme à tout le monde en abaissant le niveau des examens. La République réelle c'est celle qui veut donner une formation à chacun, celle qui n'a peur ni de l'orientation, ni de la sélection, ni de l'élitisme républicain qui est la condition de la promotion sociale. C'est l'école de l'excellence pas l'école du nivellement et de l'égalitarisme. **La République réelle, c'est celle où le sport n'est pas un ghetto réservé aux jeunes ou aux minorités visibles mais devient une école de la vie parce que les valeurs du sport transcendent tous les âges, toutes les différences, toutes les incompréhensions. Parce que le sport c'est une éthique universelle.** *La République virtuelle c'est celle qui pratique l'assistanat généralisé mais qui laisse des gens mourir sur le trottoir. C'est celle qui proclame le droit au logement et qui ne construit pas de logements. C'est celle qui proclame le droit à l'emploi et qui renonce à l'objectif du plein emploi. C'est celle qui proclame que le travail est une valeur mais qui fait tout pour le décourager. C'est celle qui proclame la continuité du service public mais accepte que les usagers soient* *périodiquement les otages des grévistes. C'est celle qui proclame le droit d'aller et de venir mais cherche sans arrêt des excuses aux délinquants qui empoisonnent la vie de tout le monde.La République réelle c'est celle qui rend effectifs les droits qu'elle proclame.*

C'est la République qui crée des emplois, qui construit des logements qui permet au travailleur de vivre de son travail, qui donne sa chance à l'enfant pauvre, qui met les retraités des régimes spéciaux à égalité avec ceux du secteur privé et de la fonction publique, qui garantit le service minimum en cas de grève et qui fait respecter la loi par tout le monde. Je souhaite une loi sur le service minimum dès le mois de juin 2007. Je souhaite en outre qu'une loi impose le vote à bulletins secrets dans les 8 jours du déclenchement d'une grève dans une entreprise, une université, une administration.
Je crois dans la démocratie sociale. Je crois dans le dialogue, dans la négociation, dans le paritarisme. Mais je refuse la prise d'otages, les blocages, les archaïsmes, la violence, la loi du plus fort... et le manque de courage ! La République réelle à laquelle je crois c'est celle qui met en prison l'assassin présumé de Claude Erignac et qui traite les cagoulés et les poseurs de bombes pour ce qu'ils sont : des meurtriers et des lâches.

La République réelle c'est celle qui se donne une obligation de résultat. C'est celle des droits que l'on peut faire valoir devant les tribunaux parce que l'on s'est donné les moyens de les rendre opposables.

Ma République c'est celle du droit opposable à l'hébergement, parce que si l'on pense que la politique ne peut rien faire dans un pays comme la France pour empêcher les gens de mourir sur le trottoir, il ne faut pas faire de politique.

Ma République c'est celle du droit opposable au logement, parce que si l'on pense que la politique ne peut rien faire pour résoudre en dix ans la crise du logement en construisant les 700 000 logements qui manquent, il ne faut pas faire de politique. Ma République est celle où chacun pourra accéder à la propriété de son logement. Il faut permettre aux classes moyennes, à la France qui travaille d'accéder à la propriété. Je propose que l'Etat garantisse l'emprunt de celui qui n'a pas de relations. Je propose que l'on puisse déduire tous les intérêts de son emprunt du revenu imposable. Je propose que l'on fasse de la France un pays de propriétaires parce que lorsque l'on a accédé à la propriété on respecte son immeuble, son quartier, son environnement... et donc les autres. Parce que lorsque l'on a accédé à la propriété on est moins vulnérable aux accidents de la vie.

Ma République c'est celle du droit opposable à la garde d'enfants, parce que lorsqu'on pense que la politique ne peut rien faire pour résoudre en cinq ans le problème des femmes qui travaillent et qui n'arrivent pas à faire garder leurs enfants, il ne faut pas faire de politique.

Ma République c'est celle du droit opposable à la scolarisation des enfants handicapés, parce que si l'on pense que d'ici à cinq ans on ne peut pas trouver les moyens de scolariser tous les enfants handicapés, il ne faut pas faire de politique. Ce droit n'est pas seulement un droit pour les enfants handicapés, c'est aussi une chance pour les autres enfants.

Mais ma République c'est aussi celle des devoirs opposables. *Nous ne pouvons nous montrer complaisants avec le développement des fraudes des abus et des gaspillages qui sont une insulte au travail des français et qui sape les fondements de la solidarité nationale. Les droits ne vont pas sans les devoirs, et l'on ne peut valablement aider que ceux qui respectent les règles et consentent à faire un effort pour s'en sortir.*

Je veux être le Président d'une République qui dira aux jeunes : " vous voulez être reconnus comme des citoyens à part entière dès que vous devenez majeurs. Vous le serez. Vous aurez les moyens de décider par vous-mêmes quand vous quitterez le domicile de vos parents. Vous aurez les moyens de réaliser vos ambitions, de vivre votre vie comme vous le souhaitez, d'aimer comme vous l'entendez. Vous aurez les moyens de devenir ce que vous voulez devenir. Mais vous accepterez d'apprendre et de vous formez, vous serez apprenti, vous serez stagiaire, vous serez étudiant. Si vous avez quitté l'école jeune vous pourrez aller dans une école de la deuxième chance. Si vous n'avez pas le bac vous pourrez accéder à des cursus qui vous permettrons quand même d'entrer à l'université. En contrepartie les aides qui sont aujourd'hui versées à votre famille pour votre éducation vous serons versées à vous, si vous le souhaitez. Si vous en avez besoin, vous recevrez une allocation de formation de 300 euros par mois qui vous sera supprimée si vous n'êtes pas assidu à votre formation, si vous cessez d'étudier sérieusement. Vous aurez le droit d'emprunter à taux zéro avec la garantie de l'Etat pour financer ton projet personnel et vous commencerez à rembourser cet emprunt à partir du moment où vous aurez obtenu votre premier emploi. Si vous y ajoutez un petit travail – et tout sera fait pour que chaque étudiant puisse étudier et travailler en même temps – Vous aurez une véritable autonomie financière qui est la clé de toute liberté. Mais vous la mériterez par votre effort, par votre travail, par votre assiduité, par votre sérieux. Vous deviendrez responsable de votre vie.

Je ne veux pas de la société du minimum parce qu'avec le minimum on ne vit pas. On survit. Je veux une société du maximum. Je préfère une jeunesse à qui l'on donne la possibilité de réaliser ses projets plutôt qu'une jeunesse qui est condamnée à l'assistanat.

Je veux être le Président d'une République qui dit à la jeunesse : " tu reçois beaucoup, tu dois donner aussi de toi-même. *Tu dois comprendre que tu appartiens à une nation, qui espère en toi et à laquelle tu dois beaucoup parce que c'est elle qui te fait libre. C'est pourquoi, je propose un service civique obligatoire de 6 mois que chacun modulera en fonction de ses propres contraintes d'études, de projet professionnel, de vie familiale. Ce sera pour toi une opportunité de t'engager dans de grandes causes humanitaires, d'élargir ton horizon, de rencontrer d'autres jeunes qui sont différents de toi, ce sera une possibilité de réinsertion dans la société pour des jeunes qui en auraient été exclus.*

Notre modèle républicain est en crise. Cette crise est avant tout morale. Au coeur de celle-ci il y a la dévalorisation du travail.

Le travail c'est la liberté, *c'est l'égalité des chances, c'est la promotion sociale. Le travail c'est le respect, c'est la dignité, c'est la citoyenneté réelle. Avec la crise de la valeur travail, c'est l'espérance qui disparaît.*

Comment espérer encore si le travail ne permet plus de se mettre à l'abri de la précarité, de s'en sortir, de progresser ? Le travailleur qui voit l'assisté s'en tirer mieux que lui pour boucler ses fins de mois sans rien faire ou le patron qui a conduit son entreprise au bord de la faillite partir avec un parachute en or finit par se dire qu'il n'a aucune raison de se donner autant de mal.

Le travail est dévalorisé, la France qui travaille est démoralisée.

Le problème c'est que la France travaille moins quand les autres travaillent plus. Le plein emploi est possible chez les autres. Il l'est aussi chez nous. Il faut aimer le travail et pas le détester.

Le problème c'est qu'il n'y a pas assez de travail en France pour financer les retraites, l'allongement de la durée de la vie, la dépendance, la protection sociale, pour faire fonctionner notre modèle d'intégration.

Longtemps la droite a ignoré le travailleur et la gauche qui jadis s'identifiait à lui a fini par le trahir.
Je veux être le Président d'une France qui remettra le travailleur au coeur de la société. Je veux proposer aux Français une politique dont le but sera la revalorisation du travail.

Quand on facilite l'endettement des ménages pour financer les créations d'entreprises ou l'achat d'une voiture indispensable pour aller travailler, on favorise le travail. Je veux créer un système de cautionnement public qui mutualise les risques et permette d'emprunter à tous ceux qui ont un projet.

Quand on investit plus on construit un avenir pour les travailleurs. C'est pourquoi je veux porter le crédit d'impôt recherche à 100%. C'est pourquoi je veux que les entreprises qui investissent et qui créent des emplois paient moins d'impôt sur les bénéfices. C'est pourquoi je veux que l'Etat se donne les moyens d'investir dans les bassins économiques en déclin pour les réindustrialiser et non pas seulement pour financer des départs à la retraite anticipés.

Quand les entreprises savent qu'elles pourront licencier en cas de difficulté, elles embauchent plus facilement. Je veux protéger les personnes plutôt que les emplois. Je veux sécuriser les parcours professionnels plutôt qu'empêcher les licenciements. Je veux créer un contrat unique à durée indéterminée qui remplacera les contrats précaires et qui permettra aux salariés d'acquérir progressivement des droits. Je veux que les bas salaires soient garantis en cas de perte d'emploi, en contrepartie de l'obligation de ne pas refuser plus de deux offres d'emplois successives. Quand on est indemnisé par la société on doit accepter l'offre d'emploi correspondant à vos qualifications qui vous est proposée.

Le travail n'est pas assez récompensé, valorisé, respecté. Et c'est pour cela que le pouvoir d'achat est trop faible car les salaires sont trop bas et les charges trop lourdes.

Il faut augmenter le pouvoir d'achat. Les socialistes promettront de travailler moins, moi je veux que les Français gagnent plus. Je veux être le Président de l'augmentation du pouvoir d'achat. Je veux être celui qui vous garantit que si vous travaillez plus, si vous prenez plus de risque, si vous vous engagez plus, vous gagnerez davantage. Je veux être le Président du peuple qui a bien compris que les RTT ne servent à rien si on n'a pas de quoi payer des vacances à ses enfants. Je veux l'exonération de charges sociales et de l'impôt sur le revenu pour les heures supplémentaires pour qu'enfin on comprenne en France que le travail est une émancipation, que c'est le chômage qui est une aliénation.
C'est pour cela que je veux que chaque Français puisse transmettre en franchise d'impôt sur les successions le fruit d'une vie de labeur. *On n'a pas à s'excuser d'avoir un patrimoine en contrepartie de son travail. La France doit accueillir les patrimoines et pas les faire fuir. Quand il y a moins de richesses dans un pays ce sont les plus pauvres qui en pâtissent. Partager ce qu'on n'a plus ne fait pas la prospérité d'un peuple.*

Je veux que l'Etat soit contraint de laisser à chacun au moins la moitié de ce qu'il à gagné. Je veux un bouclier fiscal à 50% y compris la CSG et la CRDS. Tout vaut mieux que de taxer l'homme au travail. Tout vaut mieux que de taxer le travailleur qui crée la richesse. Je veux taxer le pollueur plutôt que le travailleur. Je veux taxer les importations qui ne respectent pas les normes internationales plutôt que le travail. Je préfère taxer la consommation plutôt que l'emploi.

C'est le travail qui crée le travail. Le travail contribuera à rééquilibrer nos finances publiques. Il refera de la France une République fraternelle.

Je veux être le Président de tous ces Français qui pensent que l'assistanat est dégradant pour la personne humaine. Je veux être le Président qui s'efforcera de moraliser le capitalisme parce que je ne crois pas à la survie d'un capitalisme sans morale et sans éthique, parce que je ne crois pas à la survie d'un capitalisme où ceux qui échouent gagneraient davantage que ceux qui réussissent, parce que je ne crois pas à la survie d'un capitalisme où tous les profits seraient accaparés et où, à l'inverse, tous les impôts seraient partagés Je veux être le Président qui va remettre la morale au coeur de la politique. L'enfant qui n'apprend à l'école ni la morale, ni l'instruction civique ne comprendra pas plus tard qu'être citoyen ne signifie pas seulement avoir des droits. Le jeune qui ne fait plus son service militaire croit de bonne foi qu'il n'aura jamais rien à donner aux autres en contrepartie de ce qu'il reçoit. L'honnête homme qui voit le délinquant rester impuni et une partie de ses impôts aller dans la poches du fraudeur finira par se demander pourquoi il devrait être le seul à être honnête.

Mais si l'école n'apprend plus la citoyenneté, ce n'est pas la faute des enseignants. Si l'Etat va mal ce n'est pas de la faute des fonctionnaires. C'est la politique qui est responsable.

Je n'aime pas la manière dont on parle des fonctionnaires dans notre pays. Je n'aime pas la politique qui cherche à opposer les salariés du privé à ceux du public. Ils ont pour la plupart une haute idée de leur mission. Les fonctionnaires sont démotivés parce que leur travail n'est pas reconnu, parce que ceux qui font le moins gagnent autant que ceux qui font le plus. Ils sont démoralisés parce que les 35 heures ont tout compliqué. Il faut aller voir dans les hôpitaux le désarroi et la peine de ces infirmières, de ces aides soignantes aux prises avec la désorganisation et le manque de personnel que la réduction autoritaire du temps de travail a engendrés.

Je veux un Etat où les fonctionnaires seront moins nombreux mais mieux payés, où ils pourront gagner davantage quand ils travailleront plus, où les gains de productivité seront équitablement partagés, où le mérite individuel sera récompensé, où la promotion interne sera facilitée, où l'infirmière pourra devenir médecin, où le technicien pourra devenir ingénieur, où l'agent administratif pourra devenir Directeur, où la dignité et la protection des agents publics seront garanties.

Je veux que la fonction publique cesse d'être un refuge pour ceux qui ont peur de prendre des risques. Je veux qu'elle redevienne une vocation pour ceux qui ont le goût du bien commun et du service public.

Je veux une démocratie irréprochable.

La démocratie irréprochable c'est la participation de chacun à la définition du destin de tous. *La démocratie irréprochable c'est celle où il n'est pas nécessaire de voter pour les extrêmes pour se faire entendre. Celle où il n'est pas nécessaire de descendre dans la rue* *pour crier son désespoir. Celle où chacun reconnaît dans la politique de son pays une part de lui-même. La démocratie irréprochable ce n'est pas celle où l'enfant d'un de ces quartiers dans lesquels s'accumulent toutes les difficultés qui regarde la télévision trouve qu'aucun homme politique ne lui ressemble. La démocratie irréprochable c'est celle qui permet aux enfants de tous les quartiers de ressentir qu'ils ont quelque chose en commun. La démocratie irréprochable c'est celle qui permet d'arracher le poison de l'extrémisme du coeur de tous ceux qui se laissent entraîner par leur colère et par leur peur parce qu'ils se sentent exclus. La démocratie irréprochable ce n'est pas une démocratie où les nominations se décident en fonction des connivences et des amitiés mais en fonction des compétences. C'est celle dans laquelle l'Etat est impartial.*

Si l'Etat veut être respecté, il doit être respectable. Je ne transigerai pas. Pour certains postes il ne doit pas y avoir de nomination sans qu'au préalable celui que l'on envisage de nommer ne soit contraint d'exposer ses vues stratégiques pour l'entreprise ou l'organisme qu'il veut présider. Et de surcroît cette nomination doit être ratifiée par un vote des commissions parlementaires concernées. Le fait du prince n'est pas compatible avec la République irréprochable.

La démocratie irréprochable ce n'est pas une démocratie où l'exécutif est tout et le Parlement rien.

C'est une démocratie où le Parlement contrôle l'exécutif et a les moyens de le faire. La démocratie irréprochable c'est un Président qui s'explique devant le Parlement. C'est un Président qui gouverne. C'est un président qui assume. On n'élit pas un arbitre mais un leader qui dira avant tout ce qu'il fera et surtout qui fera après tout ce qu'il aura dit ! La démocratie irréprochable ce n'est pas celle où l'indépendance de la justice se confond avec l'irresponsabilité des juges. C'est celle où les juges sont responsables comme n'importe quel autre citoyen des fautes qu'ils commettent. Au moins que le drame d'Outreau ait servi à quelque chose. La démocratie irréprochable c'est celle où le gouvernement définit la politique pénale et où le peuple participe à la décision de justice. Je souhaite que les jurys populaires jugent certaines affaires correctionnelles comme ils le font déjà dans les procès d'assises. La démocratie irréprochable c'est celle qui punit durement le crime et qui traite dignement les condamnés. Je veux que nos prisons soient rénovées, trop d'entre elles ne sont pas digne de la France.

Notre démocratie n'a pas besoin d'une nouvelle révolution constitutionnelle. On change trop notre Constitution. Il faut arrêter de dire qu'elle est bonne et proposer tous les trimestres une nouvelle modification. Mais nous devons changer radicalement nos comportements pour aller vers davantage d'impartialité, d'équité, d'honnêteté, de responsabilité, de transparence.

La démocratie irréprochable ce n'est pas celle où la représentativité syndicale est présumée en fonction du comportement patriotique durant la Seconde Guerre Mondiale. C'est celle où la représentativité se prouve dans des élections où chacun peut librement se présenter dès le premier tour.

La démocratie irréprochable ce n'est pas seulement la démocratie Française, c'est aussi la démocratie européenne parce que les deux sont indissolublement liées. Après le " non " au référendum sur la Constitution européenne on ne peut pas continuer à faire l'Europe de la même manière. Je veux être le candidat qui dit à celui qui a voté " oui " : " j'ai voté " oui " aussi et comme vous, je crois à une France ouverte sur le monde et à une Europe qui permettra à la France d'être plus grande. Comme vous, je crois que rester immobile serait mortel quand tous les autres avancent. " Mais je veux lui dire aussi qu'il serait plus mortel encore de juger celui qui a voté " non " au lieu de chercher à le comprendre. Je veux lui dire que la France qui gagne perdra tout si elle méprise la France qui ne se sent pas bien. Je veux lui dire que tous nos destins sont liés, que tout ce qui divise les Français affaiblit la France, que tout ce qui affaiblit la France affaiblit chacun d'entre nous. Je veux dire à celui qui n'a pas peur parce que tout va bien pour lui qu'il doit tendre la main à celui qui a peur de l'exclusion, à celui qui vit dans la hantise du déclassement, parce que nul n'est à l'abri des accidents de la vie, parce que notre capacité à vivre ensemble, à nous comprendre et à nous respecter est notre bien le plus précieux.

Je veux être le Président d'une France qui dira aux Européens : nous voulons l'Europe, nous la voulons parce que sans elle nos vieilles nations ne pèseront rien dans la mondialisation, sans elle nos valeurs ne pourront pas être défendues, sans elle le choc des civilisations deviendra plus probable et le péril pour l'humanité sera terrible.

Je veux être le Président d'une France qui dira aux Européens : " nous ne ressusciterons pas la Constitution européenne. Le Président Giscard d'Estaing a fait un travail remarquable, mais le peuple a tranché.

L'urgence c'est de faire en sorte que l'Europe puisse fonctionner de nouveau en adoptant par la voie parlementaire un traité simplifié. L'urgence est celle d'une Europe qui joue le jeu de la subsidiarité, qui se dote d'un gouvernement économique. C'est celle d'une Europe dans laquelle personne ne peut obliger un Etat à s'engager dans une politique à laquelle il est opposé, mais dans laquelle aussi personne ne peut empêcher les autres d'agir.

L'Europe, je l'imagine comme un multiplicateur de puissance non comme un facteur d'impuissance, comme une protection non comme le cheval de Troie de tous les dumpings, pour agir et non pour subir. *Je crois en l'Europe comme la voulaient ses pères fondateurs, comme une volonté commune, non comme un renoncement collectif. Je demeurerai toute ma vie un Européen convaincu. Mais je veux avoir la liberté de dire que l'Europe doit se doter de frontières, que tous les pays du monde n'ont pas vocation à intégrer l'Europe à commencer par la Turquie. A s'élargir sans limite on prend le risque de détruire l'union politique européenne, je ne l'accepterai pas.*

Je crois au libre échange et à la concurrence. Mais je veux que cesse la naïveté et que l'on impose la réciprocité dans les négociations commerciales. La concurrence doit être loyale. Ce n'est pas loyal d'imposer à nos entreprises de se battre avec des concurrents qui ne respectent aucune règle environnementale, sociale, morale.

Je veux être le Président d'une France qui dira aux Européens : " nous ne pouvons plus continuer avec une monnaie unique sans un gouvernement économique. Nous en pouvons plus continuer avec une Europe sans préférence communautaire, où un pays membre peut décider unilatéralement de régulariser massivement ses immigrés clandestins sans demander l'avis de personne alors que ses frontières sont ouvertes. " ***Je veux être le Président d'une France fière de ses régions d'Outre-Mer qui sont une chance pour notre nation et qui ont le droit au développement par l'instauration de zones franches globales.***

Je veux être le Président d'une France qui ira dire aux Européens : " nous ne pouvons pas continuer à tourner le dos à la Méditerranée, car autour de cette mer où depuis deux mille ans la raison et la foi dialoguent et s'affrontent, sur ces rivages où l'on a mis pour la première fois l'homme au centre de l'univers, se joue une fois encore une part essentielle de notre destin. Là nous pouvons tout gagner ou tout perdre. Nous pouvons avoir la paix ou la guerre, la meilleure part de la civilisation mondiale ou le fanatisme, le dialogue des cultures ou l'intolérance et le racisme, la prospérité ou la misère, le développement durable ou la pire des catastrophes écologiques. " Je veux être le Président d'une France qui dira à tous les pays de la Méditerranée : " sommes-nous condamnés indéfiniment à la vengeance et à la haine ? Rien ne doit être oublié, mais il nous appartient à tous de forger ici, dans le creuset des siècles et des civilisations, le destin commun de l'Europe, du Moyen-Orient et de l'Afrique, dans une relation d'égalité et de fraternité. " Je veux être le Président d'une France qui proposera d'unir la Méditerranée comme elle a proposé jadis d'unir l'Europe, et qui inscrira dans la perspective de cette unité les relations de l'Europe et de la Turquie, ses liens avec le monde arabe, la recherche d'une issue au conflit israélo-palestinien, mais aussi l'immigration choisie, le co-développement, la maîtrise du libre-échange et la défense de la diversité culturelle.

Je veux être le Président d'une France qui dira aux Européens et aux Africains : " dans un monde où se dessinent de vastes stratégies continentales qui enjambent les hémisphères, il est vital pour l'Europe d'imaginer une stratégie euro-africaine dont la Méditerranée sera fatalement le pivot ".

Je veux être le Président d'une France qui dira à l'Amérique : " nous sommes amis et la France demeurera fidèle à cette amitié que l'histoire, la civilisation et les valeurs de la liberté et de la démocratie ont tissé entre nos deux peuples.

Je veux d'une France qui parle toujours à l'Amérique comme une amie, qui lui dit toujours la vérité et qui sait lui dire non quand elle a tort, qui lui dit qu'elle n'a pas raison quand elle viole le droit des nations ou le droit des gens qu'elle a tant contribué à forger, quand elle décide unilatéralement, quand elle veut américaniser le monde alors qu'elle a toujours défendu la liberté des peuples.

Je veux lui dire que je crois à la pluralité des cultures et pas à la culture unique fût-elle américaine.

Je veux être le Président d'une France qui s'adresse à l'Amérique comme un peuple libre à un autre peuple libre qui se comprennent et qui se respectent.

*Je veux être le Président d'une France qui ne transigera jamais sur son indépendance ni sur ses valeurs. **Je veux rendre hommage à Jacques Chirac, qui a fait honneur à la France quand il s'est opposé à la guerre en Irak, qui était une faute.***

Je veux être le Président d'une France qui se donnera les moyens d'une défense à la hauteur du rôle éminent qu'elle veut continuer à jouer sur la scène du monde.

***Je veux être le Président de la France des droits de l'homme. Chaque fois qu'une femme est martyrisée dans le monde, la France doit se porter à ses côtés. La France, si les Français me choisissent comme Président, sera aux côtés des infirmières bulgares condamnées à mort en Libye.** Elle sera aux côtés de la femme qui risque la lapidation parce qu'elle est soupçonnée d'adultère. Elle sera aux côtés de la persécutée qu'on oblige à porter la burka, aux côtés de la malheureuse qu'on oblige à prendre un mari qu'on lui a choisi, aux côtés de celle à laquelle son frère interdit de se mettre en jupe. Aux côtés de l'enfant que l'on vend ou que l'on exploite.*

Je ne crois pas à la " realpolitik " qui fait renoncer à ses valeurs sans gagner des contrats. Je n'accepte pas ce qui se passe en Tchétchénie, au Darfour. Je n'accepte pas le sort que l'on fait aux dissidents dans de nombreux pays. Je n'accepte pas la répression contre les journalistes que l'on veut bâillonner. Le silence est complice. Je ne veux être le complice d'aucune dictature à travers le monde.

Je veux être le Président d'une France qui dira à tous les hommes : " Nous ne pouvons plus continuer de détruire notre planète. Nous ne pouvons plus continuer de sacrifier le bien être des générations futures aux excès des générations d'aujourd'hui. C'est l'avenir de l'Humanité qui est en jeu. C'est la paix du monde qui est en péril. Car, si nous continuons, le réchauffement climatique, l'épuisement des ressources, les pollutions déplaceront les peuples et les précipiteront dans des guerres qui seront les plus terribles de toutes les guerres parce que ce seront des guerres de l'eau et de la faim et qu'elles seront les plus désespérées.

Nous avions cru entrer dans le monde de l'abondance. C'est le monde de la rareté que nous préparons à nos enfants, et la rareté engendre la violence.

La mondialisation de l'économie, n'offrira une espérance nouvelle aux peuples déshérités que si le développement durable et le co-développement apparaissent désormais comme des impératifs à toue l'humanité.

Je veux être le Président d'une France qui montrera l'exemple au monde d'un pays qui engage sa jeunesse dans l'aide au développement, investira dans les technologies propres et les énergies nouvelles, réduira ses gaspillages, préparera l'avènement d'une société de modération à la place d'une société d'excès.

La mondialisation nous oblige à tout réinventer, à nous penser sans cesse par rapport aux autres et pas seulement par rapport à nous-mêmes.

Je veux être le Président d'une France réunie.

L'unité de la France je veux la faire par l'action. Cette unité je veux qu'elle soit comme une renaissance. Après mai 68, Georges Pompidou avait dit : " le monde a besoin d'une nouvelle Renaissance ". La Renaissance, ce temps où pour la première fois les hommes ont eu le sentiment que tout était possible. Tout paraissait possible aux hommes de la Renaissance. Tout paraissait possible à ceux des Lumières, à ceux de la Révolution, à ceux des 30 Glorieuses.

*Alors que le monde change à un rythme où jamais il n'a changé, alors que partout d'immenses forces de création sont à l'oeuvre, que partout les hommes se battent pour inventer, pour créer, pour s'arracher à la misère, pour tenter de se construire un nouveau monde, nous ne pouvons être immobiles, nous ne pouvons répondre au monde qui nous invite à le rejoindre dans sa course effrénée au changement : " à quoi bon ? " Voici le pays qui a inventé l'idée de progrès, qui a crié un jour à la face du monde : " le bonheur est une idée neuve ", le pays qui le premier a dit à l'Homme : " tu as des droits imprescriptibles ", le pays qui a passé avec la liberté du monde un pacte multiséculaire, le pays qui si souvent a été à l'avant-garde de la civilisation, le voici qui aujourd'hui semble avoir perdu cette foi en lui-même, cette conviction que le destin l'avait créé pour accomplir de grandes choses et pour éclairer l'humanité. Un doute s'est installé qui a peu à peu grandi, peu à peu sapé cette confiance qui fait la force des grandes nations. **Ce doute terrible c'est le mal qu'il nous*** *faut guérir pour que dans l'art, dans la science, dans l'économie, partout la vie explose de nouveau, partout l'intelligence et le travail humains se remettent à féconder l'avenir.*

Je veux être le Président d'une France qui aura compris que la création demain sera dans le mélange, dans l'ouverture, dans la rencontre. Qu'elle sera dans le croisement des regards, la fécondation réciproque des cultures, des techniques et des savoirs, qu'elle jaillira de la rencontre de l'artiste, du savant, de l'ingénieur, de l'entrepreneur, au croisement de la communication, de l'économie, des sciences, de toutes les formes d'art et de pensée, de travail, d'innovation.

__Je veux être le président d'une France qui incarnera l'audace, l'intelligence et la création.__

Je veux être le président d'une France qui ne s'enfermera pas dans son histoire pour échapper à l'avenir, qui ne sera pas un musée, mais qui saura s'adosser à son histoire pour s'élancer vers le futur.

Mes amis, la tâche est immense. Mais elle en vaut la peine.
__Je demande à ma famille de m'aider. Je sais ce qu'elle a eu à souffrir. Je veux qu'elle comprenne que ce n'est pas de moi qu'il s'agit mais de la France.__

Je demande à mes amis qui m'ont accompagné jusqu'ici de me laisser libre, libre d'aller vers les autres, vers celui qui n'a jamais été mon ami, qui n'a jamais appartenu à notre camp, à notre famille politique qui parfois nous a combattu. Parce que lorsqu'il s'agit de la France, il n'y a plus de camp.

__Je demande à vous tous de comprendre que je ne serai pas que le candidat de l'UMP, qu'au moment même où vous m'avez choisi je dois me tourner vers tous les Français, quels que soient leur parcours, qu'ils soient de droite ou de gauche, de métropole ou d'Outre Mer, qu'ils vivent en France ou à l'étranger, que la France les ait ou non déçu pourvu qu'il l'aiment.__ Que je dois les rassembler, que je dois les convaincre qu'ensemble tout deviendra possible ! Tout deviendra possible pour la France, Tout deviendra possible si vous le voulez, Tout deviendra possible si vous le décidez.

__Vive la République, et par-dessus tout, vive la France.__ »

discours d'investiture de Nicolas Sarkozy, le 14 janvier 2007

Ouverture

Le 16 mai 2007, dans son discours d'investiture, Nicolas Sarkozy déclara «*A tous ceux qui veulent servir leur pays, je dis du fond de mon coeur que je suis prêt à travailler avec eux et*

que je ne leur demanderai pas de renier leurs convictions, de trahir leurs amitiés et d'oublier leur histoire. A eux de décider, en leur âme et conscience d'hommes libres, comment ils veulent servir la France ».

Pour la première fois depuis le CNR du Général de Gaulle, le cœur du pouvoir allait compter en son sein des personnalités de gauche comme de droite. C'était l'ouverture. Pas la cohabitation, où par la suite d'élections législatives perdues, le gouvernement en place était obligé de démissionner et de laisser la place à une nouvelle majorité, réduisant ainsi le rôle Président de la République à une simple tache d'enregistrement des décrets et règlements pris par ses opposants. Pas la cohabitation, mais l'ouverture, où les hommes doivent dépasser leurs clivages pour se mettre au service de la France.

Alors que Nicolas Sarkozy disposait d'une très large majorité à l'Assemblée, il aurait pu ignorer l'opposition, mais il a décidé par ce biais de l'élever, faisant ainsi vivre la conception que se faisait le Général de Gaulle de l'exercice du pourvoir. Finalement, cette conception, Nicolas Sarkozy la résumera en une phrase dans son discours du 6 mai 2012 *« Il y a plus grand que nous, la France ».*

L'abnégation, voilà une des principales valeurs de Nicolas Sarkozy.

«Mesdames et Messieurs,

En ce jour où je prends officiellement mes fonctions de président de la République française, je pense à la France, ce vieux pays qui a traversé tant d'épreuves et qui s'est toujours relevé, qui a toujours parlé pour tous les hommes et que j'ai désormais la lourde tâche de représenter aux yeux du monde.

Je pense à tous les présidents de la Ve République qui m'ont précédé. Je pense au général De Gaulle qui sauva deux fois la République, qui rendit à la France sa souveraineté et à l'Etat sa dignité et son autorité. Je pense à Georges Pompidou et à Valéry Giscard d'Estaing qui, chacun à leur manière, firent tant pour que la France entrât de plain-pied dans la modernité. Je pense à François Mitterrand, qui sut préserver les institutions et incarner l'alternance politique à un moment où elle devenait nécessaire pour que la République soit à tous les Français. Je pense à Jacques Chirac, qui pendant douze ans a oeuvré pour la paix et fait rayonner dans le monde les valeurs universelles de la France. Je pense au rôle qui a été le sien pour faire prendre conscience à tous les hommes de l'imminence du désastre écologique et de la responsabilité de chacun d'entre eux envers les générations à venir.

*Mais en cet instant si solennel, **ma pensée va d'abord au peuple français qui est un grand peuple, qui a une grande histoire et qui s'est levé pour dire sa foi en la démocratie, pour dire qu'il ne voulait plus subir.** Je pense au peuple français qui a toujours su surmonter les épreuves avec courage et trouver en lui la force de transformer le monde. Je pense, je ne vous le cache pas, avec émotion à cette attente, à cette espérance, à ce besoin de croire à un avenir meilleur qui se sont exprimés si fortement durant la campagne qui vient de s'achever.*

Je pense avec gravité au mandat que le peuple français m'a confié et à cette exigence si forte qu'il porte en lui et que je n'ai pas le droit de décevoir. Exigence de rassembler les Français parce que la France n'est forte que lorsqu'elle est unie et qu'aujourd'hui elle a besoin d'être forte pour relever les défis auxquels elle est confrontée.

Exigence de respecter la parole donnée - respecter la parole donnée - et de tenir les engagements parce que jamais la confiance n'a été aussi ébranlée, aussi fragile. Exigence morale parce que jamais la crise des valeurs n'a été aussi profonde, parce que jamais le besoin de retrouver des repères n'a été aussi fort. Exigence de réhabiliter les valeurs du travail, de l'effort, du mérite, du respect, parce que ces valeurs sont le fondement de la dignité de la personne humaine et la condition du progrès social. Exigence de tolérance et d'ouverture parce que jamais l'intolérance, le racisme, l'antisémitisme et le sectarisme n'ont été aussi destructeurs, parce que jamais il n'a été aussi nécessaire que toutes les femmes et tous les hommes de bonne volonté mettent en commun leurs talents, leurs intelligences, leurs idées pour imaginer l'avenir.

Exigence de changement parce que jamais l'immobilisme n'a été aussi dangereux pour la France que dans ce monde en pleine mutation où chacun s'efforce de changer plus vite que les autres, où tout retard peut être fatal et devient vite irrattrapable. Exigence de sécurité et de protection parce qu'il n'a jamais été aussi nécessaire de lutter contre la peur de l'avenir et contre ce sentiment de vulnérabilité qui découragent l'initiative et la prise de risque alors que la France a tant besoin qu'on assume les risques et que l'on prenne des initiatives. Exigence d'ordre et d'autorité parce nous avons trop cédé au désordre et à la violence, qui sont d'abord préjudiciables aux plus vulnérables et aux plus humbles. Exigence de résultat parce que les Français en ont assez que dans leur vie quotidienne rien ne s'améliore jamais, parce que les Français en ont assez que leur vie soit toujours plus lourde, toujours plus dure, parce que les Français en ont assez des sacrifices qu'on leur imposait sans aucun résultat. L'exigence de résultat est un devoir pour moi.

Exigence de justice parce que depuis bien longtemps autant de Français n'ont pas éprouvé un sentiment aussi fort d'injustice, ni le sentiment que les sacrifices n'étaient pas équitablement répartis, ni que les droits n'étaient pas égaux pour tous. Exigence de rompre enfin avec les comportements du passé, les habitudes de pensée et le conformisme intellectuel qui a fait tant de mal à notre démocratie parce que jamais les problèmes à résoudre n'ont été aussi inédits. Il nous faut inventer de nouvelles solutions.

Le peuple m'a confié un mandat. Je le remplirai. Je le remplirai scrupuleusement, avec la volonté d'être digne de la confiance que m'ont manifesté les Français. Je défendrai l'indépendance et l'identité de la France parce que la France a une identité. *Je veillerai au respect de l'autorité de l'Etat et à son impartialité. Je m'efforcerai de construire une République fondée sur des droits réels et une démocratie irréprochable.* ***Je vais me battre pour une Europe qui protège, parce que c'est le sens de l'idéal européenne, pour l'union de la Méditerranée et pour le développement de l'Afrique, parce que le destin de l'Europe et l'Afrique incontestablement sont liés.*** *Je ferai de la défense des droits de l'homme et de la lutte contre le réchauffement climatique les priorités de l'action diplomatique de la France dans le monde.*

La tâche sera difficile et elle devra s'inscrire dans la durée. Chacun d'entre vous à la place qui est la sienne dans l'Etat et chaque citoyen à celle qui est la sienne dans la société ont vocation à y contribuer. Je veux dire ma conviction qu'au service de la France il n'y a pas de camp. Il n'y a que les bonnes volontés de ceux qui aiment leur pays. Il n'y a que les compétences, les idées et les convictions de ceux qui sont animés par la passion, la passion de l'intérêt général

A tous ceux qui veulent servir leur pays, je dis du fond de mon coeur que je suis prêt à travailler avec eux et que je ne leur demanderai pas de renier leurs convictions, de trahir leurs amitiés et d'oublier leur histoire. A eux de décider, en leur âme et conscience d'hommes libres, comment ils veulent servir la France.

Pour le moi, le service de la France c'est un devoir. ***Le 6 mai il n'y a eu qu'une seule victoire, celle de la France qui ne veut pas mourir, qui veut l'ordre mais qui veut aussi le mouvement, qui veut le progrès mais qui veut la fraternité, qui veut l'efficacité mais qui veut la justice, qui veut l'identité mais qui veut l'ouverture.*** *Le 6 mai il n'y a eu qu'un seul vainqueur, le peuple français, qui est grand parce qu'il ne veut pas renoncer, qui ne veut pas se laisser enfermer dans l'immobilisme et dans le conservatisme, qui ne veut plus que l'on décide à sa place, que l'on pense à sa place.*

Eh bien, à cette France qui veut continuer à vivre, à ce peuple qui ne veut pas renoncer, qui méritent notre amour et notre respect, je veux dire ma détermination totale à ne jamais les décevoir.

Nicolas Sarkozy, Discours d'investiture, le 16 mai 2007.

Peuple de France

Le « peuple de France », celui que Nicolas Sarkozy dirigea pendant 5 années, mais surtout celui auquel il s'adressa en 2012 en lui demandant de l'aider, tel que le faisait le Général de Gaulle. Ce peuple de France, si cher au cœur de notre Président, ne se laissa pas décourager par les commentateurs qui scandaient avec insistance que Nicolas Sarkozy ne dépasserait le 1er tour de l'élection présidentielle de 2012. Finalement, il ne lui aura manqué que 600 000 voix pour gagner le second tour ! Ce même peuple de France qui espérait tant le dimanche 15 avril 2015 sous le ciel gris de la place de la Concorde...

« Mes chers amis,

Ils pensaient que vous ne viendriez pas. Ils pensaient, peut-être même espéraient-ils, que le peuple de France ne serait pas au rendez-vous. Et le peuple de France est venu... puisque vous êtes là !

Le peuple de France est venu de tous les quartiers de Paris. Il est venu de toute l'Ile-de-France. Il est venu de toutes les provinces, de toutes les villes. Il est même venu de nos territoires d'Outre-Mer.

J'ai donné rendez-vous à la France que l'on n'entend jamais parce qu'on ne lui donne jamais la parole. *J'ai donné rendez-vous à la France qui affronte les difficultés de la vie sans jamais rien demander parce qu'elle a trop de fierté. J'ai donné rendez-vous à la France qui souffre sans jamais se plaindre parce qu'elle a trop de pudeur. J'ai donné* *rendez-vous à la France qui ne proteste pas, à la France qui ne casse pas, à la France qui en a assez que l'on parle en son nom avec des idées qui ne sont pas les siennes.*

Et dans les profondeurs du pays, la France silencieuse a répondu par votre présence.

Sur cette place dont le nom exprime la volonté de toute une Nation de surmonter les épreuves qui l'ont déchirée et qui ont fait couler tant de sang et de larmes, les coeurs des dizaines de milliers de Français qui s'y trouvent rassemblés battent à l'unisson des coeurs des millions de Français qui, dans toutes les villes et dans tous les villages, s'interrogent avec inquiétude sur l'avenir de la France.

C'est Malaparte, l'Italien, qui a le mieux parlé de ce lieu où commencent et finissent depuis deux siècles toutes nos tragédies nationales : « La place de la Concorde est une idée ; ce n'est pas une place, c'est une manière de penser. Tout ce qui est vraiment Français se mesure ici ».

La vague immense qui submerge aujourd'hui le coeur de Paris porte cette idée de France comme une irrésistible espérance. Vous êtes la France !

C'est le même Malaparte qui dit que l'Italien considère l'Histoire comme un caprice des dieux, l'Anglais comme un fait de la nature, le Français comme un fait de la volonté des hommes. **Cette volonté française de faire l'histoire pour ne pas la subir, c'est cette volonté, la même, qui vous a conduit ici sur la place de La Concorde.** *Vous n'êtes pas là seulement pour vous-mêmes. Vous êtes les représentants de tous ceux qui n'ont pas pu venir mais qui veulent espérer en la France. Vous êtes les porte-paroles de ceux qui n'ont jamais la parole, de ceux qui ne demandent jamais rien, de ceux qui sont fiers de la France, fiers de sa culture, fiers de sa langue, fiers de son identité, fiers de ce qu'elle a accompli dans son Histoire, fiers de ce qu'elle représente pour tant d'hommes dans le monde.*

Vous êtes les porte-paroles de ceux qui n'en peuvent plus du dénigrement de la France, de sa culpabilisation, que l'on se permette de mettre en cause la France à la moindre occasion. *Le peuple de France dit « ça suffit ».* **Vous êtes les témoins, ceux qui maintiennent vivantes la parole et la pensée quand la parole est confisquée et quand la pensée est interdite.** *Vous êtes les témoins, ceux qui opposent inlassablement la vérité à la répétition du mensonge jusqu'à ce que la vérité finisse par triompher du mensonge.*

Beaucoup parmi vous ne sont pas engagés, peut-être s'imaginaient-ils ne jamais le faire ? Ils sont venus parce qu'ils pensent à leur avenir et à celui de leurs enfants, parce qu'ils ont acquis l'intime conviction que quelque chose d'essentiel est en jeu et parce qu'une sourde inquiétude les saisit quand ils entendent le tumulte du monde, quand ils voient les épreuves auxquelles sont confrontés tour à tour des pays qui nous sont si proches.

Le 22 avril et le 6 mai, il ne s'agira pas, mes chers compatriotes, de choisir un camp. Il s'agira de décider pour l'avenir à un moment historique où l'avenir de notre pays se joue. C'est pourquoi **je veux aussi parler à ces millions de français qu'une histoire personnelle ou familiale n'attache pas à un parti. Je veux parler à cette majorité silencieuse qui, une fois encore, tient le destin de la France entre ses mains. Je veux lui dire qu'au milieu des crises les plus dangereuses que le monde ait connues depuis un demi-siècle, entre un monde ancien qui n'en finit pas de mourir et un monde nouveau qui a du mal à naître, une seule chose doit compter: Où voulons-nous aller ?**

Jamais sans doute depuis la fin de la deuxième guerre mondiale, les choix que nous avons à faire n'ont été aussi lourds de conséquences.

Je sais que beaucoup de nos compatriotes qui souffrent ont envie de crier leur souffrance, de crier leur colère en votant pour les extrêmes. Je comprends la douleur de ceux que la crise a fait souffrir. **Mais les solutions extrêmes n'atténueraient pas leur douleur. Elles ne les protégeraient pas. Elles ne leur apporteraient aucune aide. Elles les feraient souffrir davantage encore. Car les solutions extrêmes sont des mensonges et les mensonges font toujours plus de mal que la vérité.**

Je comprends l'envie de dire « non » à tout pour ceux qui ont le sentiment si désespérant et si douloureux d'être dépossédés de tout, d'avoir perdu le contrôle de leur vie, la maîtrise de leur destin. Je comprends le sentiment d'injustice de celui qui n'arrive pas à vivre de son travail quand d'autres y parviennent sans travailler. Je comprends ce qu'il y a d'insupportable pour celui auquel on demande des sacrifices et qui voit ceux qui sont responsables de cette crise continuer à prospérer. **Je comprends le désarroi d'une jeunesse qui regarde avec anxiété le chômage lui barrer la route, la planète s'épuiser, la montagne des dettes qu'elle devra payer un jour si nous ne prenons pas les bonnes décisions.**

Dans la situation où se trouve la France, où se trouve l'Europe, où se trouve le monde, nul ne peut espérer dissocier son destin personnel de celui de tous. *Nul ne peut espérer s'en sortir seul. Je suis allé à la rencontre des Français. Que demandent-ils ? Ils demandent la justice. Ils demandent la liberté. Ils demandent l'espoir. La justice qui est dans l'équilibre des droits et des devoirs. La liberté qui permet à chacun d'écrire sa propre histoire. L'espoir qui fait reculer la peur de l'avenir. Mais comment leur répondre si délibérément on tourne le dos à la réalité du monde ? Comment répondre si délibérément on fait semblant d'être seuls au monde ? Comment affronter des crises dont on se refuserait à reconnaître l'existence ? Comment relever des défis que l'on ne voudrait pas regarder en face ? C'est en affrontant les difficultés que l'on peut les surmonter. Notre époque réclame autre chose que l'outrance des uns ou le déni des autres.*

Voilà pourquoi je veux faire campagne sur la vérité. Car seule la vérité permettra à la France de s'en sortir. *Face à la montée des périls qui nous menacent, il faut de la solidité et de la gravité. La situation de l'Europe et l'état du monde ne nous laissent aucun droit à l'erreur.* **Une course contre la montre est désormais engagée avec au bout le risque de la crise économique, de la désintégration sociale, du déclin de l'humanisme. Les crises qui se sont succédées depuis quatre ans sont des avertissements que nous devons entendre. Je le dis avec gravité, ce qui est en jeu, c'est la survie d'une forme de civilisation, la nôtre, dans un monde où la passion exclusive pour les gains du court terme et les crispations identitaires s'affrontent de plus en plus violemment, préparant, si l'on n'y prend pas garde, les grandes tragédies du futur.**

Comme à l'orée de la Renaissance, des Lumières ou de la Révolution industrielle, nous n'avons pas le droit de manquer notre entrée dans l'ère nouvelle que préparent les bouleversements d'aujourd'hui. Si nous ne voulons pas prendre le risque de perdre notre agriculture, nos usines, nos emplois, notre art de vivre, d'aimer et de penser, notre culture, notre littérature, notre langue, tout ce à quoi nous tenons, tout ce dans quoi nous avons mis tout le génie de la France depuis des siècles, nous devons, sans biaiser, tirer les conséquences de ces crises terribles que le monde vient de connaître.

Nous avons réussi ce miracle que 66 millions d'individus farouchement individualistes forment ensemble une seule et même personne dont le génie singulier n'a cessé depuis des siècles d'éclairer l'Humanité. C'est ce même pays, ce même génie français, qui doit s'interroger aujourd'hui : où voulons-nous aller ? Et la direction dépendra du choix historique que vous devez prendre dans trois semaines. Je crois du plus profond de mon âme que la France n'est pas seulement le nom d'un pays, la France c'est le nom d'une civilisation. **Quand on entend France, on entend Molière, Voltaire, Chateaubriand. La France n'est pas un pays comme les autres. Le choix que vous allez faire est un choix qui portera dans le monde entier ! Quand on entend France : On entend la prière de Péguy à Notre-Dame de Chartres : « Deux mille ans de labeur ont fait de cette terre un réservoir sans fin pour les âges nouveaux.»** *On entend liberté, égalité, fraternité. On entend le cri de Valmy. On entend la Grande Révolution disant au monde « le bonheur est une idée neuve » parce que le bonheur est une idée française. On entend la voix de Napoléon dictant le bulletin de victoire au Soleil d'Austerlitz.* **On entend le « non » du Général De GAULLE le 18 juin. On entend la voix d'Aimé Césaire jetant Racine, Zola et Hugo à la figure des censeurs de Vichy.** *Nous sommes les héritiers de cette France-là !*

Nous n'avons pas le droit de laisser dilapider cet héritage. Nous ne voulons pas la facilité, le renoncement, la mollesse qui ne sont pas dans les gènes de la France. *On pourrait se dire qu'après tout, la France en a tant vu, qu'elle a survécu à tant d'épreuves, qu'au fond elle ne risque rien. Mais* **si la France a survécu, c'est parce qu'à chaque fois qu'elle s'est trouvée confronter à de grandes échéances, elle a su, dans un ultime effort venu des profondeurs du pays, rassembler toutes ses forces pour changer le cours du destin.**

Ce soir, j'ai besoin que vous rassembliez toutes vos forces pour la France. La leçon de l'Histoire, c'est que la France n'a pesé dans le monde et n'a été forte dans l'épreuve que lorsque, surmontant ses divisions naturelles, elle a réussi à s'unir autour d'une grande ambition.

La France forte, c'est la France de Valmy, c'est la France de la Résistance, c'est la France de Jean Monnet. *Les voies de l'avenir nous les connaissons. La société de la connaissance. L'économie du savoir. La révolution numérique. La réponse aux défis de l'écologie. L'adaptation de notre appareil productif et de notre organisation sociale à l'épuisement des énergies fossiles, à la lente et inexorable disparition du pétrole et à la non moins inexorable augmentation de son prix.*

C'est un immense effort de formation, de recherche, d'innovation, d'investissement qui attend la France. C'est toute la croissance de demain, c'est toute la qualité de la vie de demain qui dépendent de cet effort que nous devons engager. **Nous avons la jeunesse, nous avons l'intelligence, nous avons les savants, nous avons les entrepreneurs pour inventer ce nouveau modèle de croissance, pour imaginer ce nouveau modèle français du XXIe siècle.**

Ce nouveau modèle français, il répondra au besoin de justice parce qu'il ne sera plus soumis à la dictature de la finance, à sa tyrannie de la rentabilité à court terme, parce que tout le monde sera formé, parce que tout le monde pourra accéder à la promotion sociale par l'instruction et par la formation.

Dans ce nouveau modèle français, l'école sera attentive à la fragilité des enfants et plus aucun élève n'entrera au collège sans savoir lire, écrire et compter. Dans ce nouveau modèle français, chaque jeune qui choisira l'alternance trouvera une place dans une entreprise. Dans ce nouveau modèle français, les chômeurs auront un droit à la formation.

*Ils auront aussi un devoir, celui d'accepter l'emploi qu'on leur proposera. Et chacun aura droit à la formation tout au long de sa vie. Ce nouveau modèle français répondra au besoin de tous de reprendre la maîtrise de leur destin, de se sentir libre de choisir son rythme de vie, de se sentir pleinement responsable de soi-même. Dans ce nouveau modèle français, tout le monde aura droit à une deuxième chance et toute famille de bonne foi, confrontée à un accident de la vie dont la conséquence est le surendettement, pourra, comme une entreprise, bénéficier de la faillite civile telle qu'elle existe en Alsace afin de pouvoir redémarrer dans la vie. Parce qu'aucun échec ne doit être définitif. **Dans ce nouveau modèle français, on récompensera l'effort, le mérite, le travail. On ne dénoncera pas le talent, la réussite, le succès. La jalousie, l'envie, l'amertume ne sont pas et ne seront jamais des valeurs françaises. Je ne veux pas d'une France nivelée, égalitariste, qui tournerait le dos aux talents parce qu'elle en aurait peur.** Ce nouveau modèle français rendra l'espoir à ceux qui l'ont perdu, parce que ce sera un modèle de progrès, un modèle de développement où l'avenir sera de nouveau une promesse où les enfants pourront espérer vivre mieux que leurs parents.*

*__Ce que je vous propose, c'est de réunir les conditions pour que la France organise les « Trente Glorieuses » du XXIe siècle.__ Ce que je vous propose, c'est de renouveler l'exploit qu'ont accompli les hommes de l'après-guerre qui avaient si bien tiré les leçons des grandes fautes du passé et des tragédies qu'elles avaient engendrées. Ce que je vous propose, c'est de mobiliser toutes les forces intellectuelles, morales et sociales de la Nation. C'est de rendre la parole au peuple quand les corporatismes et les conservatismes se liguent pour empêcher le pays d'avancer. C'est de déconstruire l'État bureaucratique pour reconstruire un État entrepreneur qui soit une force d'entraînement. Nous ne les laisserons pas nous condamner à l'immobilisme. **Ce que je vous propose, c'est de remplacer le capitalisme financier par un capitalisme d'entrepreneurs.** Nous ne voulons plus qu'une infime minorité dévoye les idées qui sont les nôtres par des comportements inacceptables. Ce que je vous propose, c'est un État qui réduit ses dépenses, qui refuse la drogue de la dépense publique et qui remet de l'ordre dans ses finances pour préparer l'avenir et pour investir.*

__La condition, c'est l'unité nationale. Je veux parler au peuple de France, pas à la Gauche, pas à la Droite. Je veux parler aux citoyens libres de mon pays en leur disant de laisser les chaînes de l'habitude de côté et de ne se poser qu'une seule question : quel avenir voulez-vous pour votre pays ?__

Voilà la seule question qui tienne.

A l'heure où il nous faut affronter les conséquences de la crise, je vous le dis avec l'expérience de ces cinq dernières années, ce serait folie d'affaiblir notre modèle républicain. Nous n'accepterons jamais le communautarisme. A l'heure où nous avons besoin de cohésion, nous ne laisserons pas détruire les institutions qui fondent la République : je parle de l'école et de la famille. L'école, parce qu'elle appartient aux familles de France, pas aux organisations syndicales qui n'ont que le mot « statut » à la bouche. La famille, parce qu'ici en France chacun sait que quand la vie est cruelle, il a sa famille derrière lui. La famille, en France, c'est sacré. Il ne s'agit pas de rassembler les Français pour qu'ils se ferment au monde mais au contraire pour qu'ils soient assez forts pour ne pas avoir peur de l'ouverture au monde.

Jamais je ne plaiderai le repliement. Mais nous avons commis une erreur pendant trente ans en passant la Nation par pertes et profits alors que dans la mondialisation, partout, ce sont les Nations qui tiennent le premier rang parce qu'elles sont portées par un élan collectif qui leur donne une force irrésistible dans la compétition mondiale.

Dans la compétition mondiale, les pays qui réussiront sont les pays qui attacheront du prix à l'idée de Nation. La Nation française, c'est l'avenir de la France. *Nous avons eu tort en Europe de négliger les frontières, tort d'élargir et d'ouvrir nos marchés sans contrepartie, tort de laisser la bureaucratie prendre le pas sur la volonté politique, tort de bâtir une Europe de la consommation sans nous soucier de l'Europe de la production. Si les frontières extérieures de l'Europe ne sont pas protégées contre une immigration incontrôlée, contre les concurrences déloyales, contre les dumpings, il n'y aura pas de nouveau modèle français et il n'y aura plus de civilisation européenne.* ***Si nous avons fait l'Europe, c'est pour être protégés, pas pour laisser détruire notre identité et notre civilisation. J'ai dit ma détermination à faire changer l'Europe sur la question des frontières. J'irai jusqu'au bout. J'irai jusqu'à suspendre s'il le faut, les accords de Schengen et à rétablir des contrôles ciblés à nos frontières.*** *J'irai jusqu'à appliquer s'il le faut à nos marchés publics les règles que s'appliquent les Américains en n'accordant leurs attributions qu'aux seules entreprises qui produiront sur le continent européen. Si on ne veut pas produire et créer de l'emploi sur le continent européen, on n'a pas besoin d'être candidat aux marchés publics du continent européen.*

Voilà notre vérité ! Je revendique pour la France le droit de choisir qui elle accepte sur son territoire. Je revendique pour la France le droit de se protéger contre la concurrence de ceux qui ne respectent aucune règle. *Je revendique pour la France le droit de mettre en oeuvre des politiques industrielles et de réserver une partie des marchés publics aux PME.*

Je revendique pour la France le droit de défendre ses valeurs, sa culture, sa langue, son modèle républicain, son identité. ***Parce que défendre son identité, défendre sa civilisation, ce n'est pas honteux c'est légitime. Quand on oublie d'où l'on vient et qui l'on est, comment peut-on savoir où l'on va ?*** *La défense de ses droits, c'est ce que la France attend de l'Europe, c'est ce que la France demande à l'Europe. Mais la France le dit à ses partenaires, elle ne renoncera pas à les défendre elle-même si l'Europe ne les défend pas.*

Je veux aller plus loin encore.

Après ce que nous avons fait pour sauver l'Euro, je veux poser non seulement le problème des frontières mais aussi celui du rôle de la Banque Centrale Européenne dans le soutien à la croissance. C'est une question très importante que nous ne pourrons pas éluder. Car si l'Europe ne veut pas perdre pied dans l'économie mondiale, elle doit absolument renouer avec la croissance. La croissance, cela ne se décrète pas. Il ne suffit pas d'écrire le mot « croissance » dans un traité pour l'obtenir. *Si l'on ne fait rien pour la compétitivité, si l'on alourdit le coût du travail, si l'on décourage l'esprit d'entreprise, si l'on n'investit pas, ce n'est pas la croissance que l'on obtient, c'est la stagnation. Si l'on ne change pas l'Europe, si l'on ne fait pas l'Europe de la production, l'Europe de l'investissement, nous n'aurons pas la croissance. Si la Banque centrale ne soutient pas la croissance, nous n'aurons pas assez de croissance. La crise - et l'Européen convaincu que je suis veut le dire - nous a montré les limites des règles qui ont été fixées dans le Traité de Maastricht.*

Je sais les difficultés d'aborder ce sujet. Je connais les obstacles mais nous avons le devoir d'y réfléchir. Parce que c'est un problème majeur pour l'avenir de l'Europe, c'est un problème stratégique pour l'Europe. L'Europe doit apurer ses dettes, elle n'a pas le choix.

Mais entre la déflation et la croissance, elle n'a pas davantage le choix. Si l'Europe choisit la déflation, elle disparaîtra. Il faut se souvenir des années 30.

Si les Français me renouvellent leur confiance, j'ouvrirai ce débat et je mettrai la même énergie, la même détermination à faire avancer l'Europe de la croissance, l'Europe qui investit dans son avenir, que celles que j'ai mises à combattre la crise financière et à sauver l'Euro. Il ne doit pas y avoir de sujets tabous, il ne doit pas y avoir de débats interdits. On nous avait dit que la Banque centrale ne pourrait pas intervenir pour sauver l'Euro. Et la Banque centrale s'est donné la liberté nécessaire pour sauver l'Euro en fournissant de la liquidité aux banques.
Ce qui était un tabou devant la crise est tombé comme une frontière de papier. On nous avait dit que le Gouvernement économique, c'était impossible. Et nous avons obtenu le Gouvernement économique. On nous avait dit que la question des frontières était taboue. Et nous avons posé la question des frontières. On nous avait dit que le débat sur la réciprocité était interdit. Et nous avons ouvert le débat sur la réciprocité. Alors sur le rôle de la Banque centrale dans le soutien à la croissance, nous allons aussi ouvrir le débat. Et nous allons faire avancer l'Europe. **Quand le Général De Gaulle au milieu des années 60 a posé la question de la politique agricole commune et qu'il n'a pas été entendu, il n'a pas hésité à faire la politique de la chaise vide. On l'a accusé de détruire l'Europe, alors qu'à ce moment-là, par cette politique-là, il a construit l'Europe pour les décennies qui allaient suivre.**

Mes chers compatriotes, C'est à votre coeur et à votre raison que je veux m'adresser enfin. A votre coeur, parce que ce qui nous réunit ici, c'est l'amour de la France. *A votre raison, parce qu'il faut que le choix soit clair et que ses conséquences soient comprises. Deux voies sont possibles. L'une imposera les solutions du passé. Au mieux, elle ne résoudra rien puisqu'elle restera prisonnière de tous les conservatismes, de tous les corporatismes.*

Elle continuera à laisser les frontières s'effacer et la Nation s'affaiblir. Au pire, elle découragera la réussite et elle ruinera les classes moyennes, sans enrichir les plus pauvres. Elle détruira la confiance des investisseurs. Elle nous mettra à la merci de la spéculation. Et pour s'en sortir, elle imposera l'austérité la plus dure qui plongera le pays dans la dépression. L'autre voie, c'est celle qui sera tournée vers l'avenir et qui tirera les leçons des crises. Je vous propose d'inventer les solutions du XXIe siècle et de construire un nouveau modèle de croissance, une nouvelle économie, une nouvelle ambition sociale.

Entre le nationalisme et le laissez-faire, je vous propose pour la Nation la voie raisonnable de l'unité et de l'ouverture au monde. La vocation de la France n'est pas de s'effacer ou de se taire. **La vocation de la France, c'est d'agir pour ceux qui ne peuvent pas agir. C'est de parler pour ceux qui ne peuvent pas parler. La vocation de la France, c'est d'être au côté des peuples qui veulent être libres, c'est d'être au côté des Chrétiens d'Orient quand ils sont persécutés. La vocation de la France, c'est d'organiser autour de la Méditerranée une communauté de destin. La France est intervenue pour protéger le peuple libyen du massacre.**

La France prendra des initiatives au Moyen-Orient pour que la paix et la justice triomphent enfin. La vocation de la France, c'est de porter au G20 la régulation de la mondialisation, la moralisation de la finance et la taxation des transactions financières pour dégager les ressources dont les pays pauvres ont besoin pour sortir de la misère.

La vocation de la France, c'est d'être le porte-parole de tous ceux qui dans le monde veulent que l'homme ne soit pas sacrifier au commerce, que le droit du travail, de la santé, de l'environnement soient mis à égalité avec le droit du commerce.

Par-delà les siècles la grande voix de Victor Hugo nous dicte le programme de l'avenir. Ecoutons-le. *« Une liberté sans usurpations et sans violences, une égalité qui admettra la croissance naturelle de chacun, une fraternité d'hommes libres, l'application du principe qui veut que tout homme commence par le travail et finisse par la propriété, le respect de l'héritage qui n'est autre chose que la main du père tendue aux enfants à travers le mur du tombeau, l'ordre comme loi des citoyens, la paix comme loi des nations ». Il n'y a rien à changer, il n'y a rien à retirer. C'est cette France-là dont nous voulons être les héritiers.*

Mes chers compatriotes, Entendez mon appel ! *La France de Victor Hugo et du général De Gaulle, la France qui regarde vers l'avenir, la France qui choisit le progrès, la France qui veut se mettre au service de toute l'humanité, cette France c'est la vôtre.*

Mes chers compatriotes, ***Prenez votre destin en main ! Levez- vous ! Prenez la parole !***

Dîtes ce que vous avez dans le coeur. Dîtes ce que vous voulez pour votre pays. Dîtes le haut et fort. Dîtes le maintenant ! N'ayez pas peur ! Peuple de France, n'ayez pas peur, ils ne gagneront pas, si vous décidez que vous voulez gagner.

Depuis trente ans que je me suis engagé au service de notre pays, j'ai fait une longue route, celle là même qui m'a mené jusqu'à vous. Jusqu'à la dernière minute de cette campagne, j'irai à votre rencontre pour convaincre, pour parler de la France, pour soulever le peuple de France.

Peuple de France, entends mon appel !
Françaises, Français, aidez-moi !
Aidez-moi ! Aidez la France !
Françaises, Français, c'est maintenant ! C'est ici, place de la Concorde !
Vive la République !
Vive la France ! »

Nicolas Sarkozy, discours de la place de la Concorde, 15 avril 2012.

Quatre-vingt-treize

1993, prise d'otage par un homme qui retenait les élèves d'une école maternelle de Neuilly-sur-Seine.

Bravant toutes les mesures de sécurité, Nicolas Sarkozy, alors ministre du budget et maire de la ville s'est immédiatement rendu sur place pour

négocier directement avec le preneur d'otages. Avec le concours du raid et des services du ministère public, les enfants ont été sauvés.

A l'issue de la libération des otages, Nicolas Sarkozy déclara à chaud aux journalistes qui l'interrogeaient : *« Mon sentiment ? C'est que la vie est belle ! C'est depuis 48 heures, le seul moment où je n'ai pas eu ce poids épouvantable ! Effectivement, c'est le visage de ces 21 gosses qui sont tous sortis en pleine forme. Je suis heureux ! »*.

Ce comportement héroïque, témoigne du tempérament de Nicolas Sarkozy. Nicolas Sarkozy écrira dans son livre « Témoignage »: *« Je préfère risquer en osant, que de regretter de ne pas avoir su saisir l'occasion qui se présentait »*.

Républicains

Républicains, comme le nouveau nom de notre nouvelle formation politique.

A force de guerre des chefs et de divisions ostensibles, l'UMP n'était plus unie. Parce qu'elle avait perdu en 2 ans presque la moitié de ses adhérents, l'UMP n'était plus un mouvement. Populaire, elle l'était encore moins ! Son sigle n'avait plus de sens. De surcroît, il était habilement détourné par Marine Le Pen qui avait fait de l'UMPS son slogan mensonger, mais qui marqua les esprits. Dès que Nicolas Sarkozy est revenu sur le devant de la scène politique, il a parlé à juste titre du FNPS, révélant au grand jour la stratégie de la gauche qui tendait à faire monter le Front National, pour finalement bénéficier du fameux « front républicain ». *« A chaque fois que vous votez pour un candidat du FN, vous aurez un élu PS de plus. »* Malgré les dires – ou les espoirs – des médias, ce message a été clairement compris par les Français, preuve en est que nous avons gagné les élections départementales en mars 2015 et que toutes les élections partielles depuis la fondation des républicains ont été remportées. Mais, comme l'a rappelé Nicolas Sarkozy, *les Républicains*, ce n'est pas seulement un nom. Ce sont des pratiques qui changent chaque jour davantage, comme par exemple, la démocratie interne avec des élections dans les fédérations et l'application consultative des militants « Direct citoyen ».

Je vous propose donc de relire le discours fondateur des Républicains, le 30 mai 2015.

« Mes Chers Amis,

Ce jour est un jour de refondation.
Un jour de renouveau, un jour de renaissance.

Toutes les familles politiques qui se trouvent représentées aujourd'hui au sein de cette immense foule pour regarder ensemble vers l'avenir sont de vieilles familles enracinées dans l'Histoire de France.

Oh, certes, elles n'ont pas le monopole de la République. Mais les autres encore moins. Les Gaullistes, les Libéraux, les Radicaux, les Démocrates-chrétiens, l'ont sauvée tant de fois, la République. Que serait-elle devenue, la République, si elle n'avait eu pour le que le parti socialiste ? Poser la question c'est déjà y répondre…

Il y a dans l'Histoire une gauche qui s'est battue pour que la République soit sociale et ce fut son honneur. Les Gaullistes, les Libéraux, les Radicaux, les Démocrates-chrétiens, se sont battus pour que la République soit la République, pour que la Nation soit indépendante, pour que le peuple soit souverain. Et ce fut leur grandeur.

Depuis deux cents ans, ils ont été de toutes les luttes et de toutes les résistances qui ont permis à la République de rester vivante malgré les épreuves et les trahisons. *Ils ont tendu fraternellement la main à tous les combattants de la liberté quand celle-ci se trouvait menacée du dedans ou du dehors. Nous qui sommes leurs héritiers, de quel droit et surtout qui pourrait nous refuser le nom de « Républicains » ?*

Nous n'avons jamais prétendu que d'autres n'étaient pas dignes de se nommer ainsi. **Nous nous souvenons qu'autour de la table du Conseil National de la Résistance, Jean Moulin avait réuni tous les partis qui avaient refusé la Collaboration.**

Nous savons que nous ne sommes pas les seuls héritiers de cette histoire. **Mais nous nous souvenons aussi, et les Français avec nous, qu'en 1958 et en 1968, ce n'est pas le parti socialiste qui a sauvé la République, c'est le Général de Gaulle.**

Aujourd'hui nous tendons à tous ceux pour lesquels le nom de « Républicains » garde une profonde signification morale et politique, *la même main fraternelle qui fut tendue jadis à ceux qui croyaient à la lutte des classes par des hommes qui la récusaient, parce qu'à leur yeux la cause de la République était plus grande.*

Et à ceux qui nous accusent de vouloir confisquer la République, nous répondons que s'ils ne l'avaient pas trahie, s'ils ne l'avaient pas abandonnée, s'ils ne l'avaient pas abaissée, nous n'aurions pas besoin aujourd'hui de la relever.

A la gauche qui ne veut pas que nous soyons « Républicains » parce qu'elle prétend avoir le monopole des valeurs de la République, nous sommes en droit de demander pourquoi elle fait preuve de tant de complaisance vis-à-vis du communautarisme qui est le contraire de la République ? **Depuis 2012, le gouvernement ne parle pas aux Français mais aux communautés qu'il croit pouvoir utiliser et manipuler.**

Pourquoi elle montre, la gauche, si peu de fermeté dans la défense de la laïcité dont nous n'avons jamais eu autant besoin pour fixer la même règle pour tous ?

Pourquoi elle met tant d'acharnement à détruire l'école de la République qui a toujours été fondée sur le mérite, sur l'effort et sur l'excellence ?

Pourquoi elle persiste à encourager le culte des origines, la guerre des mémoires, la repentance insupportable qui opposent les Français les uns aux autres alors que la République doit rassembler parce qu'elle est indivisible ?

Pourquoi la gauche agite-t-elle, réclame-t-elle le droit de vote des étrangers contre le principe même de la citoyenneté républicaine qui est indissociable de la Nation ?

Pourquoi elle appelle à remplacer le scrutin majoritaire par la proportionnelle qui rendrait la République ingouvernable et confisquerait la souveraineté du peuple au profit des partis ?

Pourquoi cherche-t-elle à discréditer la famille dans ses multiples composantes, institution de base de notre société, refuge intime pour chacun de nous, protection contre les épreuves de la vie.

Pourquoi tant de mépris pour les héritages de notre nation dans lesquels nous puisons le sentiment d'une destinée commune ?

Pourquoi se livrer à tant de démagogie contre le travail, contre la réussite, contre le mérite aux antipodes des vertus républicaines les plus ancrées et les plus anciennes ?

A cette gauche qui, se croyant tout permis, voudrait nous dénier le droit de nous appeler « Républicains », je dis :

Qu'avez-vous fait de la République de Carnot, de Gambetta, de Jules Ferry, de Jaurès, de Péguy, de Clemenceau, du Général de Gaulle, de Jean Moulin, du Conseil National de la Résistance ? Elle n'est pas votre propriété, elle ne vous appartient pas!

Je dis : Vous faites entrer quatre héros au Panthéon : Germaine Tillion, Geneviève de Gaulle, Pierre Brossolette et Jean Zay.

Mais quelles leçons tirez-vous de ce qu'ils ont accompli, et de ce qu'ils ont incarné ? Aucune, car vous aimez donner des leçons, faire la leçon, mais vous êtes incapables de vous appliquer les règles auxquelles vous aimeriez soumettre les autres.

Vous ne défendez pas la République, vous la caricaturez avec la théorie du genre, avec le pédagogisme, avec le « il est interdit d'interdire », avec le nivellement, avec l'égalitarisme, avec la jalousie, avec votre méfiance pour tous ceux qui entreprennent, innovent, créent, pour tout ce qui est libre et indomptable. Vous êtes devenu des conservateurs frileux, attachés aux statuts, à la norme, à un monde figé qui n'existe plus.

Vous ne protégez pas la République, vous la livrez aux minorités agissantes et aux clientèles électorales successives que vous servez après vous en être servies.

Vous ne respectez pas la République, vous la trahissez par le coup de force permanent parce que vous pensez qu'avoir la majorité vous donne tous les droits.

Vous ne respectez pas l'opposition parce que vous ne respectez même pas votre majorité.
Vous avez menti aux Français et trahi vos électeurs car seul compte à vos yeux la victoire. La victoire à n'importe quel prix. La victoire n'importe comment. La victoire avec n'importe qui.

Vous abandonnez à une autorité indépendante les nominations des dirigeants du service public de l'audiovisuel, mais c'est pour mieux organiser les procédures dans les coulisses et obtenir ce que vous voulez sans en assumer la responsabilité. On voit le résultat !

La République, ce ne sont pas des basses manœuvres que l'on cherche à dissimuler. Dans la

République en combat, on s'affronte à la loyale. On ne cherche pas à gagner dans les prétoires ce que l'on a perdu devant le peuple.

La République n'est pas menacée par la force mais par la faiblesse, le renoncement, le reniement.

Le République, c'est la responsabilité politique assumée au grand jour.

Nous serons « Les Républicains » malgré vous.
Nous serons « Les Républicains » contre votre volonté.
Nous le serons avec toutes celles et avec tous ceux qui pensent que la Nation, ce n'est pas fini !
Que la République, ce n'est pas fini !
Que la France ce n'est pas fini !
Que la politique peut encore quelque chose !

Nous le serons avec toutes celles et tous ceux pour lesquels l'héritage de la civilisation chrétienne et l'héritage des Lumières ne sont pas des options ! Mais la fidélité à des racines que nous n'avons pas l'intention de renier.

Nous le serons parce que ce nom de « Républicains » exprime pour nous la volonté d'opposer toutes les forces de l'intelligence et de la conscience humaines à la terrible crise de confiance qui menace la démocratie et la civilisation.

« Confiance », c'est le mot peut-être le plus important. Lorsqu'elle est là, personne n'y accorde d'importance. Lorsqu'elle vient à manquer tout s'effondre. Et nous ne sommes pas si éloignés du grand effondrement. C'est pour cela que nous voulons rassembler le plus grand nombre de Français, d'où qu'ils viennent et quels qu'ils soient.

Au cœur de toutes les grandes crises que nous traversons, il y a la perte de la confiance.

Un grand Pape, Jean Paul II, a dit aux Hommes « N'ayez pas peur ! ».

C'est le manque de confiance, de confiance en soi, de confiance dans les autres, de confiance dans la vie qui crée la peur : la peur de l'autre, la peur de l'avenir, la peur qui inhibe, la peur qui paralyse, la peur qui est une souffrance, la peur qui nourrit le rejet, l'agressivité, la violence.

La peur que nous devons combattre parce qu'elle détruit la République.

Quand la méfiance et la peur, qui vont par deux, sont partout, la seule politique qui vaille c'est la politique qui veut redonner la confiance. C'est l'objectif premier que je veux nous assigner.

Nous avons reconstruit la confiance entre nous. Ce ne fut pas facile mais nous y sommes arrivés. Que chacun de ceux qui ont pris part à cet effort en soit remercié. Nous devons maintenant redonner confiance aux Français dans la politique.

Ils ne croient plus dans la politique.
Et cette défiance doit tous nous interpeller.
Elle les a trop souvent déçus, et je prends toute ma part dans cette déception.
Elle leur a trop souvent menti.

Prenons bien garde à ce que nous promettons demain pour être absolument certain de pouvoir le tenir après-demain.

Nous devons redonner confiance aux Français dans les Institutions de la République.
Ils ne se reconnaissent plus dans les Institutions.

Elles sont sourdes à leurs cris, indifférentes à leurs difficultés. Elles ne les protègent pas.

Nous devons redonner confiance aux Français dans la connaissance, dans la science, dans la raison, dans le progrès. Depuis l'époque des Lumières, ils n'ont jamais eu à affronter une remise en cause aussi radicale. **Le progrès n'est pas un risque, il est une grande partie de la solution. Tourner le dos au progrès, à la recherche, à l'université, aux chercheurs, c'est s'interdire toute possibilité d'avenir dans le monde de compétition qui est le nôtre.** *S'interdire d'agir au nom de la précaution c'est être certain pour notre pays d'échouer d'abord, de disparaître ensuite.*

Nous devons redonner confiance dans l'école, dans l'économie, dans la société, dans la famille, dans la Justice.

Voilà le but que nous nous assignons en choisissant le nom de « Républicains ». Voilà le devoir que nous nous imposons.

Rendre la confiance à tous ceux qui l'ont perdue, c'est le plus grand, le plus beau défi, le plus exigeant qu'un mouvement politique puisse se lancer à lui-même. C'est celui que nous avons choisi de relever quand ceux auxquels les Français ont accordé leur confiance la trahissent tous les jours.

Mes Chers Amis,

Je ne vous propose pas seulement de redonner à tous les Français confiance dans la République.

Je vous propose de construire la République de la confiance, une République où de nouveau chacun pourra faire confiance à l'autre parce que les droits et les devoirs de chacun seront connus et respectés, parce que chacun sera sûr de son identité, parce que chacun trouvera dans la France une protection et une espérance.

Une République où nos enfants sauront que pour réussir ils n'auront pas besoin de prendre le chemin de l'exil. Je ne peux me résoudre à voir tant de jeunes imaginer que la réussite n'est plus possible dans leur propre pays.

où chacun saura qu'il peut s'élever par son talent, s'enrichir par son travail, devenir propriétaire sans avoir à s'en excuser, avoir un patrimoine sans avoir à en être accusé.

où l'on ne renoncera pas à récompenser celui qui travaille bien à l'école au prétexte fallacieux de ne pas traumatiser le mauvais élève,

où le professeur sera à sa place et l'enfant à la sienne,

où l'administration sera au service des citoyens et non les citoyens au service de l'administration. **Il faut en finir avec cette culture de la suspicion, de la méfiance, de la mise en cause systématique.**

où les droits de chacun seront respectés à la différence de ce qu'a vécu Eric Woerth, après 5 années d'insultes et de procès médiatiques,

où la victime ne vivra plus l'humiliation d'avoir moins de considération que le voyou, où les décisions des tribunaux ne seront pas imprévisibles.

La République de la confiance sera la République où le travail ne sera pas moins payé que l'assistanat, où le chef d'entreprise ne sera pas sans cesse suspecté d'être un délinquant, où il n'y aura plus de boucs émissaires, livrés en pâture à l'actualité du jour, où l'on ne s'en prendra pas un jour aux notaires, le lendemain aux pharmaciens, le jour suivant aux médecins, le jour d'après aux cadres, comme s'ils avaient une responsabilité dans les malheurs du pays, comme si en les punissant on allait assurer le salut de la Nation.

Nous allons construire la République de la confiance où les Français ne seront pas à la merci de l'arbitraire fiscal parce que l'arbitraire tue la confiance autant que le mensonge la tue.

La République de la confiance, c'est celle dans laquelle l'électeur a confiance dans l'élu, l'élève dans le maître, l'ouvrier dans le patron, le citoyen dans la police et la justice de son pays, où le peuple a confiance dans sa culture et dans ses valeurs, où la Nation a confiance en elle-même.

Nous la bâtirons contre la société du doute et de la suspicion,
Nous la bâtirons contre la pensée du relativisme et du nihilisme.
Comment créer la confiance si rien ne vaut rien ou si tout se vaut ?

La République de la confiance, elle commence par la première institution de la société : la famille. Battre en brèche l'autorité parentale, diminuer les allocations familiales, culpabiliser systématiquement la majorité silencieuse, c'est préparer une sourde colère chez tous ceux qui n'en peuvent plus d'être accusés de vouloir simplement être ce qu'ils sont depuis toujours.

La République de la confiance,
c'est celle qui respecte la famille, qui la soutient, qui l'accompagne,
Celle qui dit à l'enfant « tu n'es pas seul au monde »,

Celle qui dit à l'instituteur comme Jules Ferry :

« vous êtes l'auxiliaire et, à certains égards, le suppléant du père de famille : parlez donc à son enfant comme vous voudriez que l'on parlât au vôtre : avec force et autorité ; toutes les fois qu'il s'agit d'une vérité incontestée, d'un principe de la morale commune, avec la plus grande réserve, dès que vous risquerez d'effleurer un sentiment religieux dont vous n'êtes pas juge (...) Au moment de proposer aux élèves un principe, une maxime quelconque, demandez-vous si un père de famille, je dis un seul, présent à votre classe et vous écoutant, pourrait de bonne foi refuser son assentiment à ce qu'il vous entendrait dire. »

A mon avis ceux qui nous gouvernent n'ont pas lu Jules Ferry !

La République de la confiance, c'est la République qui donne à la famille les moyens d'élever ses enfants, qui lui reconnaît le rôle éminent qui est le sien dans la solidarité des générations, dans la transmission, dans l'éveil de la conscience.

C'est la République qui ne cherche pas à opposer l'école à la famille mais à compléter l'une par l'autre.

Honneur aux grands Républicains qui ont fait de la politique familiale l'un des piliers de la République. Honte à ceux qui s'acharnent à la détruire.

La République de la confiance, c'est celle qui dit à l'enfant « respecte tes parents et respecte tes maîtres ». C'est celle qui offre à l'enfant le solide repère de l'autorité, qui ne le livre pas à lui-même, qui lui donne les moyens par lesquels un jour il se libérera de toutes les tutelles, il s'émancipera de toutes les soumissions pour devenir un citoyen. Sans autorité, il n'y a pas d'Etat de droit digne de ce nom.

Sans autorité républicaine, il n'y a que la loi du plus fort, la loi de la jungle, la loi de la

brute contre le faible. La République, c'est l'autorité mise au service de la loi.

L'enfant-roi des pédagogues qui ont tout fait pour affaiblir l'autorité parentale et l'autorité des maîtres ont détruit chez l'enfant la confiance dont il a besoin pour entrer dans la vie d'un pas assuré.

Ils l'ont rendu plus perméable, plus manipulable, plus vulnérable aux influences les plus nocives. Ils ont fortifié en lui, non l'estime de lui-même mais cette détestation de soi qui est le terreau le plus favorable à la haine de l'autre.

La confiance se construit avec la vérité, non avec le mensonge.

La République de la confiance ne ment pas aux enfants en leur faisant croire que tout leur est dû. Elle ne promet pas 80 % de réussite au Bac en abaissant le niveau d'exigence jusqu'à ce que ce chiffre soit atteint et que le Bac tellement dévalorisé ne vaille plus rien.

Elle ne promet pas de donner sa chance à chacun en tirant tout le monde vers le bas.
Elle ne promet pas de distribuer ce qui n'a pas été produit.
Elle ne promet pas de redresser le chômage en partageant le travail.
Elle ne promet pas l'impunité au voyou.
Elle ne promet pas d'en finir avec la délinquance en excusant le délinquant.
Elle ne promet pas la table rase et les lendemains qui chantent.

*C'est la République qui ne cherche pas à faire croire aux Français qu'en fermant les frontières, en refusant de voir le monde tel qu'il est on résoudra les problèmes de la France et qu'on mettra les Français à l'abri du chômage alors que ce serait tout le contraire. **Je déteste le repli sur soi, la rétractation, la frilosité, la fermeture… Au fond je déteste les extrêmes parce que je refuse les impasses.***

*Mais, c'est aussi la République qui protège les Français des concurrences déloyales, qui n'accepte pas d'ouvrir tous ses marchés sans réciprocité, qui n'accepte pas la disparition des appellations d'origine comme de ses grands groupes industriels. **Elles font partie de notre patrimoine, de notre culture. L'exception culturelle française n'est pas négociable. Nous ne voulons pas d'un monde aplati, avec une seule langue, une seule culture, une seule identité.***

Il faut dire la vérité aux Français.
Il faut dire la vérité aussi à nos partenaires !

La République de la confiance se construit avec la vérité, non avec le mensonge.

Elle apprend aux enfants que la réussite est la récompense du travail et de l'effort.
Elle dit au voyou : « tu seras puni ».
Elle dit au délinquant : « tu n'as pas d'excuse. »
Elle dit au citoyen : « pour avoir des droits, il faut remplir ses devoirs. »
Elle dit aux religions : « la République vous respecte mais vous devez respecter la République. » Ce n'est pas à la République de s'adapter à vous mais à vous de vous adapter à elle.

La République de la confiance, c'est la République qui donne confiance parce que l'on peut avoir confiance en elle.

Elle ne promet que ce qu'elle peut tenir et elle tient ses promesses. Les mensonges du pouvoir en place nous créent une immense obligation de vérité, de courage, de respect de la parole donnée.

La République de la confiance, c'est la République qui rejette la démagogie parce que la

*démagogie finit toujours par tuer la **République**.*

Elle promet à celui qui travaille qu'il pourra profiter du fruit de son travail.

*Elle est aux côtés de l'entrepreneur qui crée de l'emploi et qui crée des richesses et non pas contre lui. **Elle reconnait au Chef d'entreprise la responsabilité de décider ce qui est bon pour l'entreprise. Elle ne laisse pas ce pouvoir aux juges. Elle ne laisse pas ce pouvoir aux syndicats. Ce n'est pas aux syndicats de décider à la place du chef d'entreprise.***

La République de la confiance, c'est la République des réalités contre la République des illusions parce que toute illusion a une fin et que la fin de l'illusion se paye toujours très cher.

La République de la confiance, c'est la République qui paye ses dettes. C'est la République qui n'augmente pas tous les jours ce qu'elle exige du contribuable.

C'est la République qui n'ajoute pas chaque année 100 pages au code des impôts et 100 pages au code du travail en promettant tous les jours qu'elle va simplifier la vie des Français.

C'est la République qui ne met pas les collectivités locales en faillite pour boucher les trous qu'elle a creusés dans les finances de l'Etat.

C'est la République qui ne change pas les rythmes scolaires sans consulter les parents, les enseignants et les maires.

C'est la République qui ne redessine pas la carte de France des Régions sans associer le peuple français.

C'est la République qui considère l'habitant du département rural comme un citoyen à part entière et non comme un laissé pour compte. Quel Français peut-il avoir confiance dans la République si la République fait comme s'il n'existait pas ?

C'est la République qui ne tolère aucune zone de non-droit sur toute l'étendue de son territoire.

Quel Français peut-il avoir confiance dans la République si la République le laisse à la merci des voyous et des squatters, si elle laisse ses enfants à la merci des racketteurs, des trafiquants et des fanatiques, s'il a peur de laisser sa fille et son fils sortir dans la rue, s'il a peur de les envoyer à l'école parce que la République ne les protège pas !

C'est la République qui reste ouverte aux autres mais qui rappelle à celui qui vient d'arriver que c'est à lui de s'adapter à notre mode de vie pas à nous d'en changer !

La République de la confiance, c'est la République de la fermeté. Elle ne transige ni avec ses principes, ni avec ses lois, parce que le laxisme est le plus sûr moyen d'en finir avec la liberté, l'égalité et la fraternité.

Si le mauvais élève est traité comme le bon élève,
si le fraudeur n'est jamais sanctionné,
si le profiteur n'est jamais inquiété,
si le tricheur s'en tire toujours comment la République peut-elle survivre ?
Comment la citoyenneté peut-elle résister ?

La confiance se construit avec la vérité.
Elle se construit aussi avec la morale.
La République de la confiance, c'est la République de la morale partagée.

Je ne peux avoir confiance dans les autres que si je sais ce que je peux attendre d'eux.

On n'est pas citoyen de la République française seulement parce que l'on a une adresse en France. On n'est pas citoyen de la République française seulement parce que l'on habite en France et parce que l'on a un emploi en France.

On est citoyen de la République française parce qu'en plus d'habiter et d'avoir un emploi en France, on partage avec le peuple français une langue, une culture, une morale commune, un mode de vie.

Parce que l'on partage une idée commune de ce qui est bien et de ce qui ne l'est pas, de ce qui est digne et de ce qui ne l'est pas, parce que l'on partage une même conception de l'honneur et du devoir,

Parce que l'on partage un même mode de vie,
Parce que l'on partage une même politesse.
La politesse, c'est une marque de considération et de respect pour les autres.

On est citoyen français parce que l'on partage avec le peuple français les valeurs et les principes de la civilisation française !

Ce partage s'appelle l'assimilation et c'est le programme de la République depuis 200 ans.

C'est pour cela que l'Ecole est si importante pour la République.

C'est pour cela que la culture est si importante pour la République. C'est pourquoi, nous devons mettre au cœur de notre projet les artistes, les créateurs, les écrivains qui forment le cœur de notre identité nationale. Il y a littéralement quelque chose d'effrayant à voir la destruction de notre politique culturelle.

C'est pour cela que la laïcité est si importante pour la République.

C'est pour cela qu'il est si important pour la République que la nationalité française ne puisse en aucun cas être acquise sans une manifestation de la volonté, que l'on ne puisse en aucun cas devenir Français sans l'avoir voulu.

C'est pour cela qu'il est important pour la République que l'on devienne Français, parce que l'on veut partager les valeurs de la République française, les valeurs de la Nation Française, les valeurs de la civilisation française, parce que l'on aime et parce que l'on respecte la France, parce que sans renier son histoire personnelle, on veut partager l'histoire de la France et son destin.

C'est à cette condition que nous pourrons espérer avoir, de nouveau, confiance les uns dans les autres !

Mes Chers Amis,

Plus le monde est ouvert, plus la mondialisation progresse,
et plus nous avons besoin d'avoir confiance dans ce que nous sommes, dans la vocation
singulière de notre Nation, dans la force de nos idéaux, dans notre capacité à décider
dans quelle société, dans quelle civilisation nous voulons vivre, et dans
notre capacité à peser sur le destin du monde.

Non, la France, ce n'est pas fini ! Elle a encore tant de choses à dire au monde.
La Nation, ce n'est pas fini !

Si la voix de la France est si affaiblie, ce n'est pas parce que la France n'a plus rien à dire mais parce que ceux qui la dirigent ne veulent plus rien dire.

C'est parce que ceux qui doivent parler au nom de la France, ceux qui doivent agir au nom de la France n'ont pas confiance dans la France, n'ont pas de vision de la France.

Dans les désordres effrayants du monde, alors que la barbarie et le fanatisme gagnent tous les jours du terrain et désignent ouvertement l'occident comme leur ennemi mortel, l'absence d'une voix et d'une volonté françaises se fait terriblement sentir.

Quel Français aimant passionnément son pays n'a pas éprouvé un sentiment mêlé de honte et de tristesse à voir les plus hautes autorités françaises préférer aller serrer la main de Fidel Castro au lieu d'aller rendre hommage au peuple russe pour les terribles épreuves qu'il a endurées lors de la seconde guerre mondiale et dont le courage a joué un si grand rôle dans la défaite du nazisme ?

On ne doit pas confondre notre amitié avec le peuple russe et les divergences légitimes avec son gouvernement.

On tue les Chrétiens d'Orient qui sont nos frères de culture.
On assassine des enfants,
des milliers de pauvres gens terrorisés se noient à quelques centaines de kilomètres de nos côtes,
des crimes immenses sont en train d'être commis.
Que fait la France ?
Rien !
Que fait l'Europe ?
Des quotas supplémentaires ! Comme si l'urgence était de faire croire que nous pouvons accueillir plus de malheureux alors même que déjà nous n'arrivons pas à intégrer ceux qui sont là.

L'Europe !
Cette Europe à laquelle je croirai jusqu'au bout. J'ai envie de lui crier mais réveille toi.
Elle a failli en Ukraine.
Elle a failli au Moyen-Orient.

Qui dans le monde attend encore quelque chose d'elle ?
Avons-nous fait l'Europe pour en arriver là ? Non, Non et Non.
Avons-nous fait l'Europe pour que l'Europe et la civilisation européenne disparaissent ? Certainement pas.

Jusqu'à quel degré d'impuissance politique, diplomatique, militaire, économique, faudra-t-il arriver pour que l'Europe change ? J'affirme qu'il va nous falloir littéralement la refonder.

Jusqu'où les populismes, les extrémismes, devront-ils monter pour que l'Europe bouge ?
Il n'y a plus une seconde à perdre. C'est maintenant, tout de suite qu'il faut agir.

Jusqu'où devra aller la perte de confiance des peuples européens dans l'Europe pour qu'un sursaut se produise et que naisse une autre Europe ?

Qui, sinon la France, prendra l'initiative de cette refondation ?

Qui sinon la France rappellera à l'Europe, comme elle a tenté de le faire avec l'Union pour la Méditerranée, que son destin se joue au sud avec le Moyen-Orient et avec l'Afrique ?
Et à l'Est, avec la Russie ?

Mais seule une France réconciliée avec elle-même,
seule une France soudée par la confiance,

Sécurité

Toute sa carrière, Nicolas Sarkozy n'a cessé de dire que la sécurité était un sujet sur lequel on ne devait pas faire de politique. La sécurité, c'est le combat de toute sa vie. Déjà, lorsqu'il était jeune maire de Neuilly-sur-Seine, il participait aux rondes de police. Puis, il s'est engagé comme jamais pendant dix ans pour garantir la protection des Français. D'abord en tant que ministre de l'Intérieur, puis en tant que

Président de la République. Enchaîner les déplacements sur le terrain lui a permis de savoir les attentes et les craintes des fonctionnaires de police, et de nouer un lien de contact direct avec les Français qui l'interpellaient. Les résultats furent au rendez-vous. En effet, sur la période de 2002 à 2012, la baisse générale de la délinquance était de près de 18%. Terrain, annonces, résultat ; voilà les trois maillons de la chaîne du fonctionnement efficace de Nicolas Sarkozy.

En 2010, Nicolas Sarkozy fit le célèbre discours de Grenoble, qui fut si souvent caricaturé. C'est un discours de fermeté qui peut être source de rupture pour certains, de réactivité pour d'autres. Me plaçant dans la seconde catégorie, je ne garantis pas mon objectivité, néanmoins il est nécessaire de replacer cette allocution dans son contexte. Tout d'abord, quels sont les faits ? A la suite d'un braquage perpétré par des personnes issues de la communauté des gens du voyage où un agent de sécurité avait été blessé, la brigade anti-criminalité est intervenue tuant l'un des braqueurs qui avaient ouverts le feu en premier. Puis, tentant de forcer un barrage, un homme issu de cette même communauté décède. S'en suivit une nuit d'émeutes durant laquelle des gens du voyages ont saccagé tout un village, particulièrement dégradé les locaux et véhicules de la gendarmerie. De tels faits exigeaient une réponse ferme, une « guerre » contre la délinquance, comme l'avait très justement dit Nicolas Sarkozy. Il y a un détail sur la forme du discours que l'on peut évoquer : il ne se termine pas par le traditionnel *« vive la République, et vive la France! »* ce qui démontre bien qu'il ne s'agissait pas d'un discours fait de protocole et de convenance, mais d'une réaction d'autorité de la part de la France envers ceux qui la déshonorent. En effet, il s'agit de déshonneur, car l'on n'est pas digne d'être Français si l'on ne respecte pas la France. C'est tout simplement de cela dont il s'agit. Dans cette affaire, les rôles ont été inversés. N'oublions pas qu'il n'y a qu'une seule victime, c'est la France !

« Mesdames et Messieurs, [...]

Grenoble vient de connaître une flambée de violence sans précédent, qui a profondément choqué nos concitoyens. Les actes qui ont été commis ici, je n'irai pas par quatre chemins, je les qualifierai d'une extrême gravité et ils méritent une condamnation sans réserve. Les forces de l'ordre ont été prises à partie par des assaillants qui se sont permis de leur tirer dessus à balles réelles avec l'intention de tuer. Ce sont des tentatives de meurtre, tous les moyens seront mis en oeuvre pour que les auteurs soient retrouvés et châtiés. Et je le dis aux Français, nous les retrouverons tous. Des policiers de la BAC de Grenoble ont fait l'objet de menaces de mort. C'est inacceptable. Je veux les assurer de notre soutien, de ma confiance, de ma reconnaissance et leur dire que nous n'aurons aucune complaisance, aucune faiblesse vis-à-vis des délinquants et des criminels qui seront mis hors d'état de nuire et dont la seule place est en prison. Une enquête est engagée pour trouver ceux qui sont à l'origine de ces menaces, tous seront retrouvés et déférés devant la justice, je ne peux naturellement pas en dire plus mais vous verrez que les résultats ne vont pas tarder.

L'homme qui est tombé sous le tir d'un policier venait de commettre un braquage. Non content d'avoir commis un braquage, il a ouvert le feu avec une arme automatique, une arme de guerre, contre les policiers. Ceux-ci ont riposté en état de légitime défense. **En tant que chef de l'État, je veux dire que les policiers n'ont fait que leur devoir. Les policiers ont fait leur devoir et j'appelle chacun à ne pas confondre les délinquants, les victimes et les forces de l'ordre.** *Les policiers ont bien agi, il n'y a rien à leur reprocher. Il y a à les soutenir totalement. Si on ne veut pas d'ennui avec la police, on ne tire pas à l'arme de guerre sur la police dans un pays qui est un Etat de droit comme la France. La réponse policière et judiciaire a été ferme : 26 placements en garde à vue, 11 comparutions immédiates, 5 personnes écrouées et 10 convoquées devant un juge.*

Les violences qui ont frappé la ville de Grenoble sont le fait d'une petite minorité, certes d'une minorité qui a voulu marquer son allégeance envers les truands. C'est trop facile de dire qu'il y a d'un côté la grande délinquance et de l'autre la petite délinquance. *En l'occurrence la petite délinquance a été instrumentalisée par la grande délinquance. Nous ne laisserons pas des caïds s'installer dans les quartiers de Grenoble, devenus à la fois leurs proies et leurs repaires. Parce que ces deux individus, une fois le braquage commis, sont revenus à dessein dans ce quartier, espérant bénéficier de l'impunité du quartier.*

C'est donc une guerre que nous avons décidé d'engager contre les trafiquants et les délinquants. *Comme nous l'avons fait en Seine-Saint-Denis, nous avons décidé de nous occuper particulièrement de certains territoires qui ont besoin d'une action ciblée pour que les conditions de l'ordre républicain y soient rétablies. Tel est le cas de cette ville et de ce département, il n'y a aucune volonté de stigmatisation. Tous les élus sont concernés, ce n'est pas une affaire d'opposition, de majorité, de gauche ou de droite, c'est une affaire d'intérêt général. Qui peut bien avoir intérêt à ce qu'on tolère, qu'on tire à l'arme automatique contre des fonctionnaires de police, personne.*
Avec le Ministre de l'intérieur, nous avons donc décidé la nomination d'un nouveau préfet, Eric Le Douaron. [...]

Alors il y a eu un grand débat pour savoir si un policier pouvait être préfet. Quand on est policier, on a le sens de l'État et le préfet représente l'État. Et je n'ai pas à choisir avec le Ministre de l'intérieur les préfets uniquement en fonction de leur rang de sortie dans une grande école de la République mais en fonction de leur expérience, de leur connaissance, de leur capacité humaine et de leur envie de travailler. *Et je le dis aux élus, qui ont déjà eu un contact avec Éric Le Douaron, vous vous féliciterez d'avoir un préfet de cette qualité. Cela ne veut pas dire qu'il convient de condamner l'action de son prédécesseur qui est un homme de qualité. Simplement face à certaines situations, il est de mon devoir de trouver la meilleure personne à la meilleure place. Éric Le Douaron, comme Christian Lambert, sera cette personne.*

Par ailleurs, je vous annonce que notre volonté de déloger les trafiquants de leurs repaires, va nous amener à créer à Grenoble et dans l'Isère un GIR départemental qui pourra porter l'effort d'investigation judiciaire au plus près des besoins du terrain. Depuis 3 jours, un inspecteur du fisc est installé dans les services de police et nous allons nous intéresser au patrimoine des délinquants à Grenoble comme dans l'Isère de façon extrêmement approfondie, extrêmement approfondie.

Alors j'entends bien le discours qui parfois est tenu et je n'en veux à personne. Mais je voudrais que vous me compreniez. Si devant des évènements de cette gravité, je n'étais pas *venu, on m'aurait à juste titre, à juste titre, reproché de ne pas avoir pris la mesure de la gravité du problème. Je viens, on me dit : il ne faut pas stigmatiser. Il faut savoir. Bien sûr qu'il y a des choses formidables à Grenoble et dans l'Isère qui pourrait le contester. Et j'ai été suffisamment à Crolles, le Président Vallini le sait bien, pour dire combien je me félicite de l'imagination de la population de ce département et de cette ville qui a accueilli il y a quelques années des Jeux Olympiques qui font date et qui a tellement de chercheurs, d'étudiants, de personnes de qualité. Mais en même temps, je dois voir la réalité telle qu'elle est, ce qui s'est passé n'est pas acceptable. **Je vous le dis pas un seul policier ne s'en ira. Ce sont les délinquants qui reculeront.***

*J'ajoute que l'on m'a proposé, je l'ai vu, un « Grenelle de la sécurité » « des états généraux de la sécurité » Pourquoi pas ? Mais réfléchissez, si j'étais venu ici pour vous dire : on a tiré à balle réelle sur des policiers, j'organise un colloque, qui m'aurait pris au sérieux. **Ce n'est pas un problème social, ce qui s'est passé, c'est un problème de truands, ce sont des valeurs qui sont en train de disparaître. Il faut marquer un coup d'arrêt.** Alors je sais que dans le cadre du débat républicain, il peut y avoir des échanges entre les forces politiques, ce qui est normal. Mais qui peut penser que ce sont quelques îlotiers supplémentaires qui permettront d'éradiquer les caïds, les trafiquants et les trafics. Nous avons besoin de nous rassembler pour montrer à cette minorité qu'elle n'a aucun espoir et que nous allons agir. Et il ne peut pas y avoir de naïveté et d'angélisme en la matière.*

***Je souhaite d'ailleurs qu'au-delà des divergences entre nous, nous nous rassemblions, la vidéosurveillance, la vidéo-protection. On en a besoin. Il n'y a pas les caméras de gauche et les caméras de droite.** Il y a le fait que les délinquants grands ou petits craignent par-dessus tout d'être pris dans les images parce que ce sont des preuves judiciaires. Et par ailleurs, c'est la meilleure façon de protéger la police et la gendarmerie de toute polémique.*

*Je souhaite d'ailleurs qu'on tente dans ce département une expérience en dotant un certain nombre de véhicules de police et de gendarmerie de nuit, de caméras embarquées. Il ne s'agit pas du tout d'interférer dans la vie privée des habitants de Grenoble ou du département de l'Isère. Il s'agit que nous soyons le plus efficace possible. 60 000 caméras seront installées d'ici 2012. **Je laisserai ceux qui le veulent crier à l'atteinte aux libertés individuelles. Moi je pense que la liberté individuelle est gravement atteinte lorsque que les voyous font régner la terreur devant des immeubles d'habitation.***

La loi anti-bandes adoptée par le Parlement en mars dernier prévoit une peine d'un an de prison pour quiconque appartient à une bande violente. Des procédures sont en cours, et je demande à votre préfet d'être particulièrement attentif avec Madame le Procureur Général et Monsieur le Procureur de la République, que je remercie de leur présence, pour l'utilisation de cette nouvelle loi.

Nous allons aussi développer les « polices d'agglomération ». C'est le cas depuis l'an dernier en région parisienne. Lille, Lyon, Marseille seront bientôt concernées pour une raison simple et vous le savez bien, les délinquants ignorent les frontières administratives de nos communes, de nos départements et même de nos régions.

***Depuis 2002, je suis en première ligne dans la lutte contre l'insécurité. Le nombre des crimes et délits a diminué de 17,54%.** Parallèlement, le « taux d'élucidation », qui reflète l'efficacité des forces de l'ordre, a augmenté d'un tiers. En 2001, les forces de police et de gendarmerie trouvaient 25% des coupables, en 2010 ils trouvent 38% des coupables. J'ai fixé au ministre un objectif de 40%.*

Par ailleurs, je vous annonce que dès le 7 septembre prochain, les peines planchers qui fonctionnent bien mais qui ne s'appliquent aux multirécidivistes, **24 000 peines planchers ont été prononcées, seront désormais étendues à toutes les formes de violences aggravées,** *c'est-à-dire notamment les violences sur des personnes dépositaires d'une autorité publique.*

L'instauration d'une peine de prison incompressible de 30 ans pour les assassins de policiers ou de gendarmes sera également discutée au Parlement dès la rentrée. ***Et là je veux que les choses soient claires en tant que chef de l'État, mon devoir est de travailler avec tout le monde.*** *Je n'ai pas à voir si Grenoble est une ville qui a choisi un maire de gauche ou un maire de droite. Je dois travailler avec les élus, comme les élus doivent travailler avec le chef de l'État. Mais chacun d'entre nous, nous serons mis face à nos responsabilités. Sur une peine incompressible de 30 ans, je demanderai au Parlement d'en débattre. Et je demanderai à chacun de faire abstraction de ses appartenances partisanes pour voter des textes non pas en fonction du ministre qui le présente mais de l'utilité de ce texte.* **Les policiers nous regardent, les gendarmes nous regardent, la population nous regarde. Les postures politiciennes d'un côté comme de l'autre ne sont pas à la hauteur de la situation. Il ne s'agit pas de savoir ce que pensera tel ou tel parti, c'est son droit, il s'agit de savoir ce qu'il faut faire face à cette situation.**

Je vous demanderai également, je le dis aux parlementaires, de débattre du champ d'application du bracelet électronique. Je souhaite notamment que les magistrats puissent condamner automatiquement les multirécidivistes au port du bracelet électronique pendant quelques années après l'exécution de leur peine. Je parle des multirécidivistes. Je faisais le point avec le ministre de l'Intérieur : imaginez que nous avons 19 000 délinquants en France qui sont plus de 50 fois mis en cause dans nos fichiers. Est-ce que l'on va continuer à les amener de tribunaux à tribunaux ?

De même nous allons réévaluer les motifs pouvant donner lieu à la déchéance de la nationalité française. **Je prends mes responsabilités. La nationalité française doit pouvoir être retirée à toute personne d'origine étrangère qui aurait volontairement porté atteinte à la vie d'un fonctionnaire de police ou d'un militaire de la gendarmerie ou de toute autre personne dépositaire de l'autorité publique. La nationalité française se mérite et il faut pouvoir s'en montrer digne. Quand on tire sur un agent chargé des forces de l'ordre on n'est plus digne d'être français. Je souhaite également que l'acquisition de la nationalité française par un mineur délinquant au moment de sa majorité ne soit plus automatique.**

Au fond, la principale cause de la violence, Mesdames et Messieurs, c'est la permissivité et c'est la démission. J'ai demandé à Michèle Alliot-Marie de préparer une réforme profonde du droit pénal applicable aux mineurs et je souhaite que nous examinions sans tabou toutes les pistes envisageables. Je n'ai pas la vérité. Mais convenons que l'ordonnance de 1945 n'est plus adaptée aux mineurs d'aujourd'hui. Ou est-ce que l'on doit considérer que ce texte, qui a plus de 60 ans, ne peut pas être touché, ne peut pas évoluer. Là aussi, ce n'est pas une question partisane, une question de réflexion.

La délinquance actuelle ne provient pas d'un mal être comme je l'entends dire trop souvent : elle résulte d'un mépris pour les valeurs fondamentales de notre société. *La question de la responsabilité des parents est clairement posée. Je souhaite que la responsabilité des parents soit mise en cause lorsque des mineurs commettent des infractions. Les parents manifestement négligents pourront voir leur responsabilité engagée sur le plan pénal. Quand je regarde les rapports de police, et je vois qu'un mineur de 12 ans ou de 13 ans, à une heure du matin, dans le quartier d'une ville lance des cocktails Molotov* *sur un bus qui passe, n'y a-t-il pas un problème de responsabilités des parents ? Il ne s'agit pas de sanctionner. Il s'agit de faire réagir. De même la question des allocations familiales.* **Quand une famille ne signale pas que son enfant ne va plus à l'école. Est-ce que cette famille peut continuer à aller au bureau de la Caisse d'Allocations Familiales pour percevoir les allocations, comme s'il ne s'était rien passé ?**

Je comprends parfaitement que telle ou telle mère de famille, notamment dans les familles monoparentales, soit dépassée. C'est si difficile d'élever des enfants. Mais je ne comprends pas qu'on ne le signale pas au chef d'établissement. Et quand la famille réagira, les allocations familiales qui ne lui auront pas été versées lui seront reversées quand l'enfant ira de nouveau à l'école.

J'ajoute que nous ne pouvons pas non plus tolérer le comportement de certains jeunes qui empêchent les autres d'étudier. **Nous allons donc ouvrir à la rentrée prochaine une vingtaine d'établissements que j'appelle de réinsertion scolaire, qui disposeront d'un encadrement renforcé et adapté.** *Je souhaite avec les élus du département en en discutant que l'on puisse en ouvrir un à Grenoble ou dans l'Isère dans les meilleurs délais.*
Il s'agit, vous savez, de ces jeunes collégiens qui ont été déjà renvoyés deux ou trois fois des autres établissements, que l'on se repasse d'établissement en établissement parce que l'on ne sait plus quoi en faire. Et qui empêchent les autres d'étudier et de vivre tranquillement. Ce n'est pas non plus une question de droite ou de gauche, mais une question de bons sens. Qu'est-ce que l'on en fait et comment on réagit ? La menace de l'exclusion est une plaisanterie face à des collégiens ou des lycéens qui, de toute manière, ne vont plus à l'école.

Nous devons nous poser les questions sans tabou, sans excès c'est vrai, sans stigmatisation, sans amalgame c'est vrai. Mais sans faiblesse non plus. Ce qu'attendent de nous les Français ce n'est pas que nous nous réfugions derrière une posture : « A moi le grand coeur, ou à moi le grand bâton ». *Non, il ne s'agit pas d'opposer ceux qui ont un coeur et ceux qui sont fermes. Il s'agit d'être à la hauteur des responsabilités que nous ont confiées les Français, qu'elles soient locales, départementales, régionales ou nationales. Et de nous hisser au niveau de ces responsabilités. Le monde change. Beaucoup de nos jeunes ont changé. Des valeurs ont été détruites, il nous faut proposer des réponses adaptées à la situation. Et ne pas décliner comme les autres un catéchisme qui serait frappé par la plus grande inefficacité.*

J'ajoute que beaucoup de jeunes qui sortent de l'école à 16 ans n'ont aucune qualification et disparaissent totalement de la situation. Chacun d'entre eux, nous leur proposerons une formation ou un travail jusqu'à leur majorité, parce qu'on ne peut plus laisser les décrocheurs sortir de nos systèmes comme cela. On me dit « vous allez faire un fichier » ? Oui. Mais si on ne fait pas le fichier, les jeunes qui sortent de l'école à 16 ans et qui disparaissent jusqu'à 18 ans, vous croyez que ça leur fait du bien de rester comme ça pendant 2 ans ? Sans rien. Il ne peut pas y avoir un seul de ces décrocheurs sans qu'il n'y ait une réponse adaptée.

Enfin, il faut le reconnaître, je me dois de le dire, nous subissons les conséquences de 50 années d'immigration insuffisamment régulée qui ont abouti à un échec de l'intégration. Nous sommes si fiers de notre système d'intégration. Peut-être faut-il se réveiller ? Pour voir ce qu'il a produit. Il a marché. Il ne marche plus. Je ne me suis jamais laissé intimider par la pensée unique. *Il est quand même invraisemblable que des jeunes gens de la deuxième, voire de la troisième génération, se sentent moins Français que leurs parents* *ou leurs grands-parents. Tous ici vous pourriez en porter témoignage. Tous. Tous vous avez des exemples. Pourquoi ne le dit-on pas ? On a peur ? Moi ce n'est pas de faire le constat qui me fait peur, c'est la réalité. Nous n'avons pas le droit à la complaisance en la matière.*

Pour réussir ce processus d'intégration, il faut impérativement maîtriser le flux migratoire. Avec un taux de chômage des étrangers non communautaires qui a atteint 24% en 2009.

Je ne reprendrai pas la célèbre phrase de Michel ROCARD dans laquelle je me retrouve : « La France ne peut accueillir toute la misère du monde ». *Je dis simplement, c'est un constat lucide.*

Nous allons donc évaluer les droits et les prestations auxquelles ont aujourd'hui accès les étrangers en situation irrégulière. Je ne parle pas des étrangers en régulière qui ont naturellement le droit à des prestations, ça serait un comble qu'il en soit autrement ! Je parle des étrangers en situation irrégulière. Mesdames et Messieurs, mes chers compatriotes. Une situation irrégulière ne peut conférer plus de droits qu'une situation régulière et légale ! Là aussi, ce n'est pas une affaire de majorité, de gauche ou de droite, de président de la République ou de maire.

Je demande à Eric le Douaron, qui connaît bien le sujet en tant qu'ancien directeur de la PAF, de faire preuve d'une fermeté absolue dans la lutte contre l'immigration illégale. La règle générale est claire : les clandestins doivent être reconduits dans leur pays.

Et c'est dans cet esprit d'ailleurs que j'ai demandé au ministre de l'Intérieur de mettre un terme aux implantations sauvages de campements de Roms. Ce sont des zones de non-droit qu'on ne peut pas tolérer en France. Il ne s'agit pas de stigmatiser les Roms, en aucun cas. Nous avons fait depuis la loi Besson de grands progrès pour les aires mises à leur disposition. Lorsque je suis devenu ministre de l'Intérieur en 2002, moins de 20% des aires de stationnement étaient prévues. J'ai fait le point avec le ministre. Aujourd'hui plus de 60% des aires de stationnement légales sont prévues. Les Roms qui viendraient en France pour s'installer sur des emplacements légaux sont les bienvenus. Mais en tant que chef de l'Etat, puis-je accepter qu'il y ait 539 campements illégaux en 2010 en France ? Qui peut l'accepter ? J'ai vu que tel ou tel responsable politique disait : « mais pourquoi vous vous occupez de cela, le problème ne se pose pas ». Il ne se pose pas pour un responsable politique dont le domicile ne se trouve pas à côté d'un campement. Peut-être son opinion serait-elle différente s'il était lui-même concerné ? Nous allons procéder d'ici fin septembre au démantèlement de l'ensemble des camps qui font l'objet d'une décision de justice. Là où cette décision de justice n'a pas encore été prise, nous engagerons des démarches pour qu'elle intervienne le plus rapidement possible. Dans les trois mois, la moitié de ces implantations sauvages auront disparu du territoire français.

Je souhaite également que dès l'automne prochain, nous réformions la loi applicable à ce type de situations. La décision d'évacuer les campements sera prise sous la seule responsabilité des préfets et leur destruction interviendra par référé du tribunal de grande instance, dans un délai bref. Nos compatriotes attendent que nous assumions nos responsabilités.

Parallèlement, je souhaite que nous engagions une importante réforme pour améliorer la lutte contre l'immigration irrégulière. Chaque année, une dizaine de milliers de migrants en situation irrégulière, dont des Roms, repartent volontairement avec une aide de l'Etat. Et l'année suivante, après avoir quitté le territoire avec une aide de l'Etat, ils reviennent en toute illégalité pour demander une autre aide de l'Etat pour repartir. Cela s'appelle « un abus du droit à la libre circulation ».

Enfin, la politique de la ville. Nous lui consacrons 15 milliards d'euros depuis 2005. Ce sont des moyens considérables apportés par l'Etat. Y compris en Isère. Mais nous sommes en droit d'attendre en échange le respect d'un certain nombre de règles.

Les moyens ne sont pas tout. Il faut d'ailleurs que nous posions ensemble, élus comme ministres et président, le problème de l'attribution à certains quartiers. Ces aides doivent être attribuées aux quartiers qui en ont le plus besoin. Aujourd'hui, tous les quartiers les demandent. Il faut bien reconnaître les choses, le zonage géographique n'est plus adapté à la situation.

Autre chose, il n'y a pas d'évaluation. On refait des quartiers, on refait des immeubles mais si on y met les mêmes personnes dans les mêmes conditions, qu'est-ce qu'on va changer ? Je ne remets pas en cause la politique de la ville, qui est un progrès. Et nous allons continuer. Mais nos compatriotes, qui payent pour cette politique de la ville, sont en droit d'attendre de nous autre chose. Et je le dis parce que ce qui se passe dans ces quartiers est extraordinaire. Il y a des gens qui ne demandent qu'à s'en sortir. Il y a des résultats considérables. Et tout ceci peut être mis par terre parce qu'une minorité met la pagaille sous le regard des médias qui font leur travail, attachés qu'ils sont au spectaculaire. Et c'est ainsi des années de travail de militants associatifs, d'élus locaux, de gouvernements qui se trouvent réduites à néant et on est parti pour la stigmatisation. J'appelle à ce que nous repensions nos procédures. L'évaluation n'est pas un gros mot. Et puis par ailleurs, réfléchissons à la diversité sociale aussi. Parce que si on met toujours les mêmes dans les mêmes quartiers, ne nous plaignons pas ensuite qu'ils deviennent des ghettos. Des quartiers, y compris de la ville de Grenoble, étaient il y a quelques années des quartiers où il y avait une diversité. Diversité sociale et diversité d'origine. Il est certains collèges, j'en parlais avec le président, où malgré les efforts que vous faites tous, il n'y a plus une famille qui veut mettre ses enfants. Ca ne fait pas bien de le dire et pourtant c'est la vérité. Pourquoi ? Parce qu'on ferme les yeux. Et parce qu'on ne remet pas en cause. Alors évidemment à moi on me dit : « des policiers supplémentaires ! » On en mettra à Grenoble et dans l'Isère. Mais ce n'est pas tout. Des moyens supplémentaires bien sûr mais l'Etat ça ne peut pas être donné toujours plus et attendre toujours moins. La société ne peut pas fonctionner comme ça. Vos propres familles ne fonctionnent pas comme ça. Dans notre vie professionnelle ou personnelle, on ne fonctionne pas comme ça. Les événements que Grenoble vient de connaître et leur gravité imposent de notre part une réponse ferme mais c'est peut-être une opportunité de sortir de la pensée unique sur la politique de la ville, sur la politique de l'immigration et sur la politique de la sécurité.

Grenoble ne mérite pas l'image qui en a été donnée la semaine dernière. L'Isère pas davantage. On n'a pas le droit de gâcher nos atouts par la faute d'une poignée de délinquants. Et je voudrais vous dire en terminant que nous sommes décidés à travailler avec tous ceux qui de bonne foi et de bonne volonté veulent travailler avec nous pour résoudre ce problème.

La guerre que j'ai décidé d'engager contre les trafiquants, contre les voyous, cette guerre-là vaut pour plusieurs années. Elle dépasse de beaucoup la situation d'un gouvernement, d'une majorité ou d'un parti. Et je suis sûr que dans toutes les formations politiques, il se trouve des femmes et des hommes de bonne volonté qui sont décidés à réagir et à apporter leur soutien dans cette action au gouvernement de la République.

Je vous remercie de votre attention. »

Nicolas Sarkozy, discours de Grenoble, le 30 juillet 2010

Travail

Ce jour était Historique. C'était le jour de la fête du travail. Le ciel était plus que bleu, le soleil au rendez-vous, comme pour accompagner notre espérance à cinq jours du deuxième tour de la présidentielle de 2012. C'était un jour historique car, pour une fois, la droite ne s'était pas fait volée cette fête qui honore le travail. Le 1er mai 2012, au Trocadéro, nous étions 200 000 personnes venues des quatre coins de la France pour écouter Nicolas Sarkozy. Il parlait en face de la statue du maréchal Foch et avait derrière lui en arrière-plan, la Tour Eiffel. De l'autre côté, les syndicats défilaient. Ce jour-là, la Seine nous séparait. Bien plus, elle séparait deux visions de l'engagement. Alors qu'ils défilaient sous le drapeau rouge, nous défilions sous celui de la France, en témoignent les milliers de drapeaux tricolores tous levés plus hauts les uns que les autres ! *« Ils ont choisi de défiler avec le drapeau rouge ! Nous avons choisi de nous rassembler sous le drapeau tricolore ! [...] Le drapeau rouge, c'est le drapeau d'un parti. Le*

drapeau tricolore, c'est le drapeau de la France. »
A l'époque, la gauche avait choisi son parti avant la France. Aujourd'hui, force est de constater qu'elle n'a pas changé !

C'est d'ailleurs l'une des raisons de l'existence des *Républicains* ; la gauche parle de la République alors que nous la faisons vivre...

« Mes chers concitoyens,

Écoutez le Général de Gaulle. C'était le 1er mai 1950 devant la foule des Français de toutes conditions réunie sur la pelouse de Bagatelle !
« A la bonne heure ! Nous sommes bien vivants ! Il n'est que de nous voir pour être sûr que notre peuple n'est aucunement disposé à terminer sa carrière. Il n'est que de nous voir pour discerner où les travailleurs mettent aujourd'hui leur espérance. La masse immense que voilà prouve aux insulteurs que rien n'est perdu pour la France. »

Avec le Général de Gaulle ils écrivaient l'Histoire.
Nous aussi !

Face aux insulteurs qui nous ont dénié le droit de parler aux Français le 1er mai comme s'ils en étaient les propriétaires, le Général De Gaulle nous a montré la voie.
Regardez les cortèges !

Ils ont choisi de défiler avec le drapeau rouge !
Nous avons choisi de nous rassembler sous le drapeau tricolore !

Ce drapeau tricolore c'est celui de Lamartine quand il disait :
« Le drapeau tricolore a fait le tour du monde avec nos libertés et nos gloires alors que le drapeau rouge n'a fait que le tour du Champ-de-Mars, traîné dans le sang du peuple ! »
Je n'accepterai jamais de recevoir des leçons de morale de la part de ceux qui brandissent le drapeau qui a été l'étendard de tant de tyrannies et qui a enveloppé dans ses plis parmi les plus grands crimes de l'Histoire.

Le drapeau rouge, c'est le drapeau d'un parti.
Le drapeau tricolore, c'est le drapeau de la France.

A ceux qui préfèrent leur parti à la France, nous opposerons toujours ceux qui préfèrent la France à
leur parti.

Si nous sommes réunis ici en ce 1er mai, jour de la Fête du travail, c'est bien parce que nous assumons la France dans toute sa diversité, parce que nous assumons toute son histoire, toutes ses familles spirituelles, toutes ses sensibilités.

Il n'y a pas pour nous un peuple de droite et un peuple de gauche.
Il n'y a pas pour nous une histoire de droite et une histoire de gauche.
Il n'y a pas aujourd'hui, dans la rue, d'un côté les héritiers des Canuts lyonnais, des mineurs de Germinal, des défenseurs de Dreyfus et de l'autre côté, les héritiers des maîtres de forges et des antidreyfusards.
Il n'y a pas d'un côté les héritiers de la Révolution, du Front Populaire et du Conseil National de la Résistance, et de l'autre côté les héritiers de ce qu'il y a eu de pire dans l'histoire de France.

Je n'ai pas entendu monter des cortèges où l'on brandissait des drapeaux rouges la grande voix de Jaurès défendant les mineurs de Carmaux, ni la grande voix de Léon Blum réclamant les congés payés, ni celle de Jean Moulin devant le CNR, ni celle de Zola demandant justice pour Dreyfus.
Je n'ai pas entendu plaider la grande cause des travailleurs.
J'ai entendu surtout des slogans politiques.

Mais je veux le dire à tous ceux qui nous contestent le droit de nous rassembler aujourd'hui : nous nous considérons comme les héritiers de ceux qui ont lutté pour le droit de grève, pour la liberté syndicale et pour les congés payés.

Nous nous considérons comme les héritiers de ceux qui ont défendu Dreyfus et de ceux qui ont créé la sécurité sociale.

Je veux le dire à tous ceux qui ont défilé aujourd'hui, non pas pour le travail mais contre nous : nous nous considérons comme acteurs du progrès social autant que vous et sans doute plus que vous.

Vous avez abîmé le travail en prétendant le défendre.
Vous avez appauvri les travailleurs en prétendant les protéger.
Vous avez fait les 35 heures.
Vous avez avancé l'âge de la retraite à 60 ans sans en avoir le 1er centime.
Vous avez alourdi le coût du travail.

Je le dis aux partis de la gauche et aux syndicalistes qui se sont fourvoyés dans la politique : nous sommes tous les héritiers de ceux qui se sont battus pour nos droits, pour notre dignité et pour notre liberté. Mais ce que vous avez fait ne vous donne aucun titre à vous en arroger le monopole.

Les 35 heures ont non seulement affaibli nos entreprises mais elles ont aussi détruit des centaines de milliers d'emplois.
La retraite à 60 ans a mis notre système de répartition au bord de la faillite.
L'alourdissement du coût du travail accélère les délocalisations et pèse sur le pouvoir d'achat.

Vous voulez continuer à faire financer la protection sociale par le travail. C'est une erreur économique qui met en danger les emplois de ceux qui sont exposés à la concurrence étrangère.
Vous essayez de faire croire que nous pouvons sortir de la crise sans effort. Vous mentez aux

travailleurs parce que si l'on ne s'en sort pas par le travail, c'est le pouvoir d'achat que vous remettez
en danger.
Vous refusez le partage des bénéfices entre les actionnaires et les salariés comme vous avez refusé la participation au Général De Gaulle parce qu'au fond vous n'avez pas abandonné la lutte des classes qui dresse les uns contre les autres les ouvriers et les patrons. **Je veux m'adresser aux syndicats.**

Je veux leur dire qu'il n'y a pas de démocratie sans liberté syndicale.
Je veux leur dire que dans une société comme la nôtre où les tensions sont si vives, où la difficulté à s'écouter et à se parler est si grande, le dialogue social est à mes yeux indispensable.

Tout le monde a quelque chose à gagner à la discussion.
Tout le monde a quelque chose à apprendre de celui qui a un point de vue différent, une expérience différente.
Tout le monde a quelque chose à gagner à l'effort pour trouver un accord.

Sans doute faut-il réfléchir à d'autres formes de négociation collective, à d'autres manières de travailler ensemble comme cela se faisait jadis quand Jean Monnet et le Général De Gaulle mettaient
en avant l'ardente obligation du Plan. Je n'oublie pas quel rôle décisif ont joué les partenaires sociaux
dans la reconstruction de l'après-guerre et dans les Trente Glorieuses.

Pour affronter la mondialisation, pour faire face aux bouleversements incessants du monde et aux crises gigantesques qui ébranlent les nations et les continents, pour inventer le nouveau modèle social qui permettra à la France de rééditer au XXIe siècle l'exploit des Trente Glorieuses, toutes les forces vives de la nation doivent être mobilisées. Pour faire face, la France doit être soudée, la France doit être unie, la France doit se rassembler.

Alors, je le dis aux syndicats : posez le drapeau rouge et servez la France, servez les travailleurs qui vous font confiance. Car il n'y aura pas d'avenir pour les salariés, il n'y aura pas d'avenir pour le travail, il n'y aura pas d'avenir pour notre protection sociale si la France s'affaiblit, si la France s'appauvrit, si la France décroche.

On ne peut pas séparer le destin de chacun du destin de tous. Il n'y a pas d'un côté des destins individuels et de l'autre, le destin de la France. Les deux sont liés.

Laissez les partis ! Ceux que vous soutenez ne vous le rendront pas.
Laissez les partis ! Votre rôle n'est pas de faire de la politique.
Laissez les partis ! Votre rôle n'est pas de défendre une idéologie. Votre rôle est de défendre les salariés, de défendre le travail.
Laissez les partis ! Dans la République, ce ne sont pas les syndicats qui gouvernent. C'est le
gouvernement. Ce ne sont pas les syndicats qui font la loi. C'est le Parlement.

Dans la République, c'est le peuple qui décide.
Dans la République, quand il y a blocage, on donne la parole au peuple. C'est cela la République !

Laissez le drapeau rouge et laissez les partis !

Remplissez la mission qui est la vôtre dans une démocratie !
Remplissez la mission qui est la vôtre dans la République !

En regardant le monde tel qu'il est,
En construisant l'avenir sur les réalités,
En comprenant que dans un monde qui bouge autant, il n'est pas possible de rester immobiles.

Si nous voulons que rien ne change quand tout change autour de nous, nous perdrons tout.

C'est tromper les salariés. C'est mentir aux salariés que de leur faire croire que l'on peut faire l'économie du changement. Et c'est leur faire prendre un risque énorme. Regardez ce qui arrive aux pays qui n'ont pas fait à temps les changements nécessaires, qui n'ont pas pris à temps les décisions qui s'imposaient.

Regardez ce qui se passe en Grèce et en Espagne ! A la fin, c'est toujours le travail qui paye.
Regardez l'explosion du chômage, la baisse des salaires, la baisse des retraites !

Qui veut cela pour la France ?
Qui veut cela pour les salariés français ?
Qui veut cela pour les retraités qui ont travaillé toute leur vie ?

Je veux un nouveau modèle social où les syndicats, au lieu d'être une force de conservation, seront une force de transformation sociale, mais où la négociation collective descendra jusque dans l'entreprise, où il sera possible, avec l'accord de tous, de déroger aux règles générales quand le carnet de commandes de l'entreprise l'exigera.
Je veux un nouveau modèle français où chacun prendra ses responsabilités, où l'entreprise ne sera plus mise en difficulté simplement parce que les règles générales seront inadaptées à son cas particulier.
Je veux un nouveau modèle Français où les rapports sociaux dans l'entreprise seront différents, où le rôle des syndicats dans l'économie sera différent, où il y aura davantage de souplesse mais une souplesse négociée qui permettra d'éviter bien des faillites, bien des licenciements, bien des conflits,
bien des souffrances.

Mes chers concitoyens,

Si nous avons voulu nous rassembler aujourd'hui, ce n'est pas pour manifester contre quiconque.
Si nous avons voulu nous rassembler aujourd'hui, c'est parce que pour nous, dans les choix que nous allons devoir faire pour l'avenir, la question du travail est centrale.

C'est par le travail que nous sortirons de la crise.
C'est par le travail que nous rembourserons nos dettes.
C'est par le travail que nous retrouverons le chemin de la croissance.
C'est par le travail que nous garantirons le pouvoir d'achat.
C'est par le travail et par le mérite que nous pourrons reprendre la maîtrise de notre

destin individuel et collectif.

Je veux un nouveau modèle social français où le travail sera reconnu comme valeur, où l'on ne découragera pas le travail, où l'on n'empêchera pas ceux qui veulent travailler de travailler, où l'on ne partagera pas le travail parce que c'est le travail qui crée le travail, où le travail ne sera plus abîmé par les dumpings et les concurrences déloyales, où le travail sera protégé.

Si j'ai mis les frontières au centre de mon projet c'est parce que les frontières expriment ce refus du laisser-faire et du laisser-aller.
Si il n'y a plus de frontières entre l'Europe et le reste du monde,
Si tout est ouvert,
Si le rapport aux autres n'est plus maîtrisé,
Si entre chez nous et chez les autres, entre le dedans et le dehors, il n'y a plus rien,
Si le travail français avec toutes ses charges, avec toutes ses règles est mis en concurrence avec le travail de pays qui ne respectent aucune règle, qui pratiquent des dumpings monétaires, sociaux, environnementaux, où les salaires sont très bas, où il n'y a pas de sécurité sociale, pas de droit du travail, où l'on fait travailler les enfants, les prisonniers, comment le travailleur français et Européen pourront-ils résister ?

Comment demander à un ouvrier de l'industrie de travailler davantage, de faire des efforts de
productivité s'il doit vivre toujours dans l'angoisse de la délocalisation parce qu'il sait que tous les efforts qu'il pourra faire ne compenseront jamais l'iniquité de la concurrence ?

Se résigner à l'effacement des frontières, c'est le premier acte par lequel une nation renonce à maîtriser son avenir.

Il faut des frontières à l'Europe. Il faut des frontières à la France.

Non pour s'enfermer, mais pour s'affirmer dans le monde. Pour clarifier les rapports avec les autres.

La frontière, c'est le droit opposé à la force.

C'est la règle opposée au désordre. C'est la régulation au lieu du laisser-faire.

Les frontières, cela peut paraître loin des préoccupations quotidiennes de ceux qui se lèvent tôt et
qui travaillent dur.

Pourtant, ce sont bien les conditions de la concurrence qui rendent la vie si dure et c'est notre capacité à nous protéger qui la rendra moins dure.

Si l'euro est trop fort, si l'immigration n'est pas maîtrisée aux frontières de l'Europe, si nos marchés publics sont ouverts alors que les autres ne le sont pas, si nous ne pouvons pas en réserver une part à nos PME, s'il n'y a pas de traçabilité des produits que nous importons, alors la vie pour ceux qui travaillent continuera d'être difficile, alors tous ceux qui travaillent continueront de percevoir l'avenir non comme une promesse mais comme une menace.

Je veux un nouveau modèle social français où tous les secteurs se sentiront solidaires les uns des autres, où tout le monde aura conscience que c'est en faisant front ensemble que l'on pourra relever le défi de la mondialisation, que la compétitivité de la Nation se fabriquera tout autant dans le secteur exposé à la concurrence que dans le secteur abrité et que l'on peut ni les séparer ni les opposer, même si les premiers ont davantage besoin d'être protégés que les seconds parce que lorsque l'entreprise ferme, ils perdent tout.

Je veux un nouveau modèle social français où le travail sera enrichi par la formation, par l'innovation, par l'investissement, où chaque jeune pourra choisir l'alternance comme une filière d'excellence, où chacun pourra obtenir un stage dans une entreprise où le mur qui se dresse entre l'entreprise et le jeune apprenti qui n'a pas de relations sera abattu.

Je veux un nouveau modèle français où plus aucun enfant n'entrera au collège sans savoir lire, écrire et compter, où l'école sera attentive aux fragilités de chacun, où les professeurs seront davantage présents au collège et au lycée pour que les élèves puissent s'appuyer sur eux.

Je veux un nouveau modèle français où l'État ne sera plus un État bureaucratique mais un État entrepreneur servant d'appui à tous les entrepreneurs et à tous les créateurs.

Je veux un nouveau modèle français où parce que le travail sera plus créatif, plus productif, il sera plus compétitif, plus fort face à la concurrence.

Je veux un nouveau modèle français où le coût du travail sera allégé, où tout le monde aura compris que plus le travail coûte cher, plus il a vocation à être délocalisé. Que plus le travail coûte cher, moins il supporte la concurrence.

Je veux un nouveau modèle français où le poids des normes et des règles qui pèsent si lourdement sur le travail sera allégé parce qu'au lieu de protéger le travail, l'excès de normes finit par le détruire.

Je veux un nouveau modèle français où l'on ne cherchera pas à diminuer le coût du travail en abaissant les salaires parce qu'en France, le salaire n'est pas trop haut, il est trop bas. Parce que la baisse des salaires, c'est entrer dans le cercle vicieux de la déflation et de la dépression.

Il faut augmenter les salaires et il faut diminuer le coût du travail.

Voilà le défi !

Augmenter les salaires, cela se fera grâce à la suppression de la prime pour l'emploi.

Diminuer le coût du travail, cela se fera en finançant une réduction des cotisations familiales par la TVA. Ainsi les importations seront taxées et elles contribueront au financement et de la protection sociale. Les exportations ne seront pas taxées et elles seront plus compétitives.

La TVA anti délocalisation, c'est une TVA pour freiner les délocalisations, pour protéger l'emploi français.

Ils étaient nombreux à gauche avant la campagne présidentielle à approuver cette idée. Où sont-ils ?

On ne les entend plus !

La gauche, celle que l'on entend, a crié à l'injustice parce qu'il s'agit de faire payer le consommateur.

Mais les délocalisations, ce n'est pas injuste ?

Le chômage, ce n'est pas injuste ?

Celui qui n'a plus de travail que peut-il consommer ?

Et puis, il y a l'autre voie, celle de la participation que le Général De Gaulle a ouverte contre la gauche, contre les syndicats, contre toutes les forces du conservatisme.

Nous avons fait la prime dividende parce que le dialogue social n'avait débouché sur rien, parce que personne ne voulait bouger ni le patronat, ni les syndicats.

Je veux un nouveau modèle français où le capitalisme des entrepreneurs aura remplacé le capitalisme financier, où l'entreprise sera redevenue une communauté humaine consciente de partager une destinée commune, où chacun sera récompensé de ses efforts, où les profits seront partagés, où la participation aura suffisamment progressé pour faire oublier ce reste de lutte des classes qui empoisonne encore nos relations sociales.
Je veux un nouveau modèle français où la réussite ne sera plus regardée avec suspicion mais comme un exemple, où le talent et le mérite seront récompensés, où chacun pourra conserver assez du fruit de ses efforts pour pouvoir se constituer un patrimoine et le transmettre un jour à ses enfants, où le travail engendrera le patrimoine, où le patrimoine sera la récompense du travail.
Je veux dire à tous ceux qui ne connaissent pas la France du travail que lorsque la France du travail considère son patrimoine elle ne le regarde pas comme une valeur pécuniaire mais comme des dizaines d'années de labeur, de sueur et d'effort. Elle y voit toutes les peines, tous les sacrifices quelle y a mis. Elle le regarde avec émotion car lorsque l'on se retourne ainsi sur sa vie on est ému en pensant à ce que l'on a réussi à construire.
Je veux dire à cette France du travail qu'elle n'a pas à s'excuser pour son patrimoine, qu'elle n'a pas à s'excuser pour ses efforts, qu'elle n'a pas à s'excuser pour son mérite, et que ce qu'elle possède elle l'a gagné. Son patrimoine c'est le sien, ce n'est pas le patrimoine de l'Etat. C'est le patrimoine de la
Nation, c'est le patrimoine de tout un peuple de travailleurs. On n'a pas le droit de le lui prendre, on n'a pas le droit de le lui confisquer.

Revenir sur l'exonération des droits de succession, durcir les conditions des donations, remettre en cause le quotient familial, matraquer fiscalement les classes moyennes pour payer une folie dépensière, ce serait briser pour longtemps le rêve de la France du travail.

A tous ceux qui ne connaissent pas cette France du travail je veux leur dire que c'est une France qui n'est pas avide, qui n'est pas cupide, qui n'est pas malhonnête, qui n'est pas immorale et c'est justement pour cela qu'elle ne supporte plus les mises en cause de la France. La France est un des pays les plus accueillants et les plus généreux du monde. Elle ne mérite pas qu'on la critique sans arrêt, elle ne mérite pas qu'on la stigmatise. Elle mérite qu'on la respecte.
Je veux un nouveau modèle français où chacun aura sa chance, où ceux qui auront été brisés par les accidents de la vie auront droit à un nouveau départ, où la deuxième chance sera généralisée, où les familles de bonne foi qui seront surendettées pourront bénéficier de la faillite civile comme les entreprises. Le retour de l'égalitarisme, du nivellement par le bas briserait ce rêve d'égalité des chances.
Je veux un nouveau modèle français où la spéculation et l'assistanat ne rapportent pas plus que le travail, où celui qui ne travaille pas ne vit pas mieux que celui qui travaille dur, où celui qui a travaillé et cotisé toute sa vie n'a pas moins de droits que celui qui n'a jamais travaillé et jamais cotisé, parce que c'est décourageant et parce que c'est immoral.
Je veux un nouveau modèle français où ceux qui ont travaillé toute leur vie peuvent vivre sans être à la charge de leurs enfants, où ils peuvent se soigner.

Il n'est pas juste que les aides soient trop souvent réservées à ceux qui n'ont pas travaillé et que ceux qui ont travaillé soient moins aidés.
Il n'est pas juste que le petit retraité qui vit avec le minimum vieillesse, on ne l'aide pas pour qu'il puisse se soigner.

Je veux réparer cette injustice.

C'est pour respecter ceux qui ont travaillé que j'ai préféré reculer l'âge de départ à la retraite plutôt que de diminuer les pensions.
C'est pour respecter ceux qui ont travaillé que j'ai conservé l'indexation intégrale des retraites sur les prix.
C'est pour réparer une autre injustice qui attendait d'être réparée depuis 60 ans que je me suis engagé à faire payer les retraites le 1er de chaque mois parce qu'il était profondément injuste que l'État fasse sa trésorerie sur le dos des retraités et parce que cela plongeait beaucoup de petits retraités dans des difficultés inextricables quand toutes les échéances tombaient au début du mois.

Je veux un nouveau modèle français où l'école sera une école de l'exigence qui apprendra aux enfants à tracer la frontière entre le bien et le mal, entre ce qui se fait et ce qui ne se fait pas, entre la vérité et le mensonge, entre le beau et le laid, et qui leur inculquera le goût de l'effort et le respect du travail, qui leur fera éprouver la joie de la connaissance comme la récompense du travail de la pensée. Parce que c'est sur le socle des valeurs que la famille et l'école transmettent aux enfants que se construit un modèle social.

Françaises, Français, mes chers compatriotes,

C'est ce projet que je veux construire avec vous.
Ce projet n'est rien d'autre que le rêve d'une nation Française rassemblée, fière de ses valeurs, de son identité, confortée en son idéal de mode de vie, rassurée dans sa volonté de rester différente.

Oui, peuple de France, nous sommes différents et nous voulons le rester.

Nous sommes la République et pas seulement la démocratie.
Nous ne voulons à aucun prix du communautarisme parce que nous sommes républicains.
Nous sommes les héritiers d'une grande culture, les enfants de Voltaire, de Chateaubriand, de Victor Hugo, de Maupassant.
Nous ne voulons pas de l'aplatissement culturel du monde. Nous voulons garder notre langue, notre littérature, notre musique, notre cinéma.
Nous sommes les héritiers d'une grande histoire. Les héritiers de Jeanne d'Arc, de Bonaparte, du Général de Gaulle, les héritiers de la Renaissance, de la Résistance, des Trentes Glorieuses.
Nous ne voulons pas d'une petite ambition, nous voulons de grands projets, de grands rêves.
Nous sommes le peuple de France.
Nous avons reçu de nos parents et de nos grands-parents en héritage, comme un trésor, la réconciliation Franco-allemande, la paix en Europe, des territoires où se dressent partout des cathédrales et des églises, des valeurs, un art de vivre, une éducation. Cet héritage nous n'y renoncerons jamais. Nous sommes la France. C'est tout le sens de mon projet.

Ce projet je veux l'accomplir avec tous ceux qui travaillent, avec tous ceux qui ont travaillé toute leur vie et qui connaissent la valeur du travail.

Je veux rendre hommage à tous ceux qui contribuent à faire de la France un grand pays.
Je veux rendre hommage à ceux de nos compatriotes issus de l'immigration qui ont fait des efforts pour s'intégrer, qui veulent devenir des Français comme les autres, qui travaillent dur, qui transmettent à leurs enfants des valeurs élevées, qui les éduquent avec une grande exigence morale et dans l'amour de la France.
Je veux le dire aussi : c'est pour que la République puisse tenir sa promesse à leur égard qu'il faut ralentir les flux migratoires, c'est pour que le creuset français continue de fonctionner qu'il faut diminuer les entrées. Nous le devons à ceux qui sont là et qui ont fait tant d'efforts.

Nous avons traversé bien des épreuves depuis cinq ans, côtoyé bien des précipices, mais nous avons réussi à ne pas être emportés.

Après avoir été si absorbés par le présent, voici le moment de nous tourner vers l'avenir. Nous avons commencé à le préparer. Nous avons fait des réformes qui attendaient depuis si longtemps d'être accomplies.

Maintenant, cet avenir nous devons le construire.

Vous l'aurez compris, le nouveau modèle français que je vous propose n'est pas celui de la jalousie, ce n'est pas celui de l'amertume, qui conduise toujours à rabaisser celui qui s'élève.

Ce que je vous propose, ce n'est pas la fermeture, le repliement sur soi, la frilosité, ce n'est pas la haine de soi et la haine des autres.
Ce que je vous propose, ce sont des frontières qui nous protègent pour ne plus subir et pour agir.
Ce que je vous propose, c'est le contraire du laissez-faire, de l'abandon qui nous ont conduits à toutes les crises que nous avons connues depuis quatre ans.
Ce que je vous propose, c'est de refonder la République du mérite, celle de Jules Ferry et du Général De Gaulle.

En face, une gauche rattrapée par ses vieux démons. Une gauche dont une partie en appelle déjà à la rue pour faire pression sur l'autre partie sommée d'obtempérer. A quelle revendication le candidat socialiste cédera t-il ? Après avoir vendu les ouvriers du nucléaire pour un accord électoral avec les verts, que vendra t-il d'autre ? Prendra t-il le SMIC à 1700€ ou bien l'interdiction des licenciements ?

C'est parce que tout cela est en cause que je vous appelle à un sursaut national.

Écoutons encore le Général de Gaulle :
« Travailleurs ! C'est avec vous, d'abord, que je veux bâtir la France nouvelle. Quand encore une fois, ensemble, nous aurons gagné la partie, en dépit des excitations des destructeurs et des intrigues des diviseurs, on apercevra tout à coup une nation joyeuse et rassemblée où, je vous en réponds, vous aurez votre digne place. Alors, on verra sortir, des voiles qui le cache encore, le visage radieux de la
France ! »
C'était le 1er mai 1950 à Bagatelle. Je n'ai pas trouvé qui exprimait mieux ma pensée en cet instant où se joue le destin de la France.

Il reste trois jours !

Trois jours pour expliquer ! Trois jours pour convaincre ! Trois jours pour entraîner ! Trois jours pour que chacun comprenne que dimanche il ne votera pas pour un candidat mais pour lui-même, pour son avenir et pour celui de ses enfants !
Trois jours pour gagner !

Vive la République !

Vive la France ! »

Nicolas Sarkozy, discours du Trocadéro, le 1er mai 2012.

Unité

Parce que la France mérite que nous la placions au-dessus de toute considération, les moments d'unité où toute la nation s'unit sont le signe de sa grandeur. La France n'est pas n'importe quel pays ! Elle fait rayonner un idéal à travers le monde, sa parole compte tout comme sa voix à l'ONU. Des milliers de soldats s'engagent chaque jour sur le terrain pour faire vivre ces principes démocratiques, et lorsque l'un d'entre eux meurt dans l'exercice de ses fonctions, c'est toute la nation qui s'incline devant lui.

Pour illustrer l'un de ces moments d'unité, et pour rendre par la même occasion, un hommage à nos forces armées qui oeuvrent chaque jour pour la démocratie, je vous propose de lire cette déclaration de Nicolas Sarkozy dans la cour des

Invalides en 2011. Sous une pluie battante, sept soldats tombés au combat étaient honorés à titre posthume.

« [...] Une fois encore dans cette cour des Invalides retentit le son de la marche funèbre qui accompagne à leur dernière demeure ceux que la France veut honorer de l'avoir si bien servie.

Devant ces sept cercueils recouverts du drapeau tricolore sur lequel j'accrocherai dans un instant la médaille de la Légion d'Honneur, je m'incline au nom de la Nation tout entière avec la reconnaissance et le respect dus à ceux qui ont fait le sacrifice de leur vie pour leur pays.

Je pense à leur famille, à leurs enfants dont la douleur touche le cœur de tous les Français. Je pense à leurs frères d'armes qui les ont vus tomber à côté d'eux et qui continuent de risquer leur vie.

Capitaine Thomas Gauvin, Adjudant-chef Jean-Marc Guéniat, Adjudant-chef Laurent, Marsol, Adjudant-chef Emmanuel Techer, Maître Benjamin Bourdet, Sergent Sébastien Vermeille, Brigadier-chef Clément Kovac,

Vous vouliez servir votre pays. Vous aviez choisi le beau métier de soldat. Vous en connaissiez les exigences et les risques. Vous n'avez pas hésité. Vous n'avez pas reculé. Vous êtes allés jusqu'au bout de votre engagement. Vous avez accompli votre devoir selon la haute idée que vous vous en faisiez. Vous avez fait vôtres les vertus militaires de discipline, de fidélité, de courage et d'honneur. Vous êtes tombés dans une guerre où des assassins fanatiques et sans honneur cherchent à asservir par la terreur des hommes, des femmes et des enfants désarmés que vous aviez mission de protéger contre cette violence aveugle et meurtrière.

C'était une noble mission. Vous l'avez accomplie noblement. Vous avez pris de grands risques, en partageant la vie quotidienne de ceux que vous deviez défendre parce que vous saviez que vous ne pouviez pas les défendre de loin et que vous ne pourriez pas les protéger en vous protégeant vous-même.

Vous avez mis votre vie en danger pour sauver d'autres vies, des vies innocentes.
Aucune vie ne peut s'échanger contre une autre vie.

La perte d'un être cher est irréparable et rien ne peut sécher les larmes d'un père, d'une mère, d'une épouse, d'un fils, d'une fille.
Mais vos pères, vos mères, vos épouses, vos enfants peuvent être fiers de vous comme vous pouvez être fiers de leur courage et de leur dignité.
Vous n'êtes pas morts pour rien.
Car vous vous êtes sacrifiés pour une grande cause.

Vous avez défendu les plus belles valeurs de notre pays. Vous avez combattu dans une guerre juste engagée contre une tyrannie qui emprisonnait tout un peuple, qui opprimait les femmes, qui maintenait les enfants dans l'ignorance et qui avait transformé tout un pays en

base arrière du terrorisme et de l'obscurantisme.
Vous n'êtes pas morts pour rien.
Vous êtes morts pour la grande cause des peuples libres qui ont payé leur liberté avec le sang de leurs soldats.
On ne devient esclave que lorsque l'on n'a plus la volonté de se défendre.

L'armée française, c'est l'affirmation par le peuple français de sa volonté de demeurer libre et de ne jamais devenir l'esclave de quiconque.
L'armée française, ce n'est pas seulement un instrument parmi d'autres d'une politique.
L'armée française, c'est l'expression la plus achevée de la continuité de la Nation française dans l'Histoire
L'armée française, c'est l'expression de la détermination constamment renouvelée de la France à défendre l'idée qu'elle se fait d'elle-même, de sa vocation dans le monde et d'une certaine idée de l'Homme profondément ancrée en elle.
Si la France a passé avec la liberté du monde « un pacte multiséculaire » elle le doit d'abord à son armée. L'armée française n'est pas séparée du reste de la Nation française car l'armée française fait corps avec la Nation française.

Soldats qui êtes morts pour la France, pour accomplir la mission qu'elle vous avait confiée, soldats qui avez rejoint par-delà la mort la longue cohorte de tous ceux qui sont tombés un jour au champ d'honneur, vous êtes à votre tour aujourd'hui comme le furent ceux qui vous ont précédés, vous êtes le visage meurtri de la France, le visage dans lequel la France reconnaît ses plus belles valeurs humaines.
Soldats, vous êtes partis en pleine jeunesse en emportant avec vous les promesses d'une vie heureuse. Mais nul ne vous a volé votre destin. Soldats, vous avez vécu et vous êtes morts en hommes libres. Pour vos proches, pour vos frères d'armes, pour tous les Français qui aiment profondément leur pays, soldats, vous resterez à jamais des exemples dont la France se souviendra et dont chacun d'entre nous se souviendra au milieu des épreuves de la vie.
[...]

« Honneur et Patrie »
Vous connaissiez mieux que quiconque le sens de ces deux mots.
Vous les avez fait vivre.

Puissent-ils toujours se trouver de jeunes Français qui vous ressemblent pour que les générations futures comprennent encore leur signification.

« Honneur et Patrie »
La France tout entière s'incline sur vos cercueils.

Vive la République !
Vive la France ! »

Vérité

Avec les difficultés dues à la crise économique et financière, Nicolas Sarkozy aurait pu faire le

choix de dissimuler une partie de la violence avec laquelle elle s'abattit sur notre pays.

Il aurait pu rivaliser d'euphémismes – comme le gouvernement sait si bien le faire pour justifier les chiffres du chômage – afin de nous rassurer et, au fond, nous dire ce que tout le monde voulait entendre. Pourtant, Nicolas Sarkozy a fait le choix d'oser dire la vérité. C'est ainsi qu'à Toulon, en 2008, il se livra à un discours vérité sur la réalité de la crise. « *Si j'ai voulu m'adresser ce soir aux Français, c'est parce que la situation de notre pays l'exige. Je mesure la responsabilité qui est la mienne dans les circonstances exceptionnelles où nous nous trouvons. [...] La vérité, les Français la veulent, ils sont prêts à l'entendre. S'ils ont le sentiment qu'on leur cache quelque chose, le doute grandira. S'ils ont la conviction qu'on ne leur cache rien, ils puiseront en eux-mêmes la force de surmonter la crise.* »

Pour surmonter cette crise, Nicolas Sarkozy s'est donné comme jamais. Tout n'a pas été réussi, mais beaucoup a été tenté ! Il y a peut-être même eu des déçus, mais s'il est une chose dont on ne peut valablement pas l'accuser, c'est d'avoir menti aux Français !

« [...] Si j'ai voulu m'adresser ce soir aux Français, c'est parce que la situation de notre pays l'exige. Je mesure la responsabilité qui est la mienne dans les circonstances exceptionnelles où nous nous trouvons.

Une crise de confiance sans précédent ébranle l'économie mondiale. De grandes institutions financières sont menacées, des millions de petits épargnants dans le monde qui ont placé leurs économies à la Bourse voient jour après jour fondre leur patrimoine, des millions de retraités qui ont cotisé à des fonds de pension craignent pour leurs retraites, des millions de foyers modestes sont mis en difficulté par la hausse des prix.

Comme partout dans le monde, les Français ont peur pour leurs économies, pour leur emploi, pour leur pouvoir d'achat.

La peur est une souffrance.

La peur empêche d'entreprendre, de s'engager.

Quand on a peur, on n'a pas de rêve, on ne se projette pas dans l'avenir.

La peur est la principale menace qui pèse aujourd'hui sur l'économie.

Il faut vaincre cette peur. C'est la tâche la plus urgente. On ne la vaincra pas, on ne rétablira pas la confiance en mentant mais en disant la vérité.

La vérité, les Français la veulent, ils sont prêts à l'entendre. S'ils ont le sentiment qu'on leur cache quelque chose, le doute grandira. S'ils ont la conviction qu'on ne leur cache rien, ils puiseront en eux-mêmes la force de surmonter la crise.

Dire la vérité aux Français, c'est leur dire que la crise n'est pas finie, que ses conséquences seront durables, que la France est trop engagée dans l'économie mondiale pour que l'on puisse penser un instant qu'elle pourrait être à l'abri des évènements qui sont en train de bouleverser le monde. Dire la vérité aux Français, c'est leur dire que la crise actuelle aura des conséquences dans les mois qui viennent sur la croissance, sur le chômage, sur le pouvoir d'achat.

Dire la vérité aux Français, c'est leur dire d'abord la vérité sur la crise financière. Parce que cette crise, sans équivalent depuis les années 30, marque la fin d'un monde qui s'était construit sur la chute du Mur de Berlin et la fin de la guerre froide. Il avait été porté par un grand rêve de liberté et de prospérité.

La génération qui avait vaincu le communisme avait rêvé d'un monde, où la Démocratie et le marché résoudraient tous les problèmes de l'humanité. Elle avait rêvé d'une mondialisation heureuse qui vaincrait la pauvreté et la guerre.

Ce rêve a commencé à devenir réalité: les frontières se sont ouvertes, des millions d'hommes ont été arrachés à la misère, mais le rêve s'est brisé sur le retour des fondamentalismes religieux, des nationalismes, des revendications identitaires, sur le terrorisme, les dumpings, les délocalisations, les dérives de la finance globale, les risques écologiques, l'épuisement annoncé des ressources naturelles, les émeutes de la faim.

Une certaine idée de la mondialisation s'achève avec la fin d'un capitalisme financier qui avait imposé sa logique à toute l'économie et avait contribué à la pervertir.

L'idée de la toute puissance du marché qui ne devait être contrarié par aucune règle, par aucune intervention politique, était une idée folle.

L'idée que les marchés ont toujours raison était une idée folle.

Pendant plusieurs décennies on a créé les conditions dans lesquelles l'industrie se trouvait soumise à la logique de la rentabilité financière à court terme.

On a caché les risques toujours plus grands qu'on était obligé de prendre pour obtenir des rendements de plus en plus exorbitants.

On a mis en place des systèmes de rémunération qui poussaient les opérateurs à prendre de plus en plus de risques inconsidérés.

On a fait semblant de croire qu'en mutualisant les risques on les faisait disparaître.

On a laissé les banques spéculer sur les marchés au lieu de faire leur métier qui est de mobiliser l'épargne au profit du développement économique et d'analyser le risque du crédit.

On a financé le spéculateur plutôt que l'entrepreneur.

On a laissé sans aucun contrôle les agences de notation et les fonds spéculatifs.

On a obligé les entreprises, les banques, les compagnies d'assurance à inscrire leurs actifs dans leurs comptes aux prix du marché qui montent et qui descendent au gré de la spéculation.

On a soumis les banques à des règles comptables qui ne fournissent aucune garantie sur la bonne gestion des risques mais qui, en cas de crise, contribuent à aggraver la situation au lieu d'amortir le choc.

C'était une folie dont le prix se paie aujourd'hui!

Ce système où celui qui est responsable d'un désastre peut partir avec un parachute doré, où un trader peut faire perdre cinq milliards d'Euro à sa banque sans que personne s'en aperçoive, où l'on exige des entreprises des rendements trois ou quatre fois plus élevés que la croissance de l'économie réelle, ce système a creusé les inégalités, il a démoralisé les classes moyennes et alimenté la spéculation sur les marchés de l'immobilier, des matières premières et des produits agricoles.

Mais ce système, il faut le dire parce que c'est la vérité, ce n'est pas l'économie de marché, ce n'est pas le capitalisme.

L'économie de marché c'est le marché régulé, le marché mis au service du développement, au service de la société, au service de tous. Ce n'est pas la loi de la jungle, ce n'est pas des profits exorbitants pour quelques-uns et des sacrifices pour tous les autres. L'économie de marché c'est la concurrence qui réduit les prix, qui élimine les rentes et qui profite à tous les consommateurs.

Le capitalisme ce n'est pas le court terme, c'est la longue durée, l'accumulation du capital, la croissance à long terme.

Le capitalisme ce n'est pas la primauté donnée au spéculateur. C'est la primauté donnée à l'entrepreneur, la récompense du travail, de l'effort, de l'initiative.

Le capitalisme ce n'est pas la dilution de la propriété, l'irresponsabilité généralisée. Le capitalisme c'est la propriété privée, la responsabilité individuelle, l'engagement personnel, c'est une éthique, une morale, des institutions.

Le capitalisme c'est ce qui a permis l'essor extraordinaire de la civilisation occidentale depuis sept siècles.

La crise financière n'est pas la crise du capitalisme. C'est la crise d'un système qui s'est éloigné des valeurs les plus fondamentales du capitalisme, qui a trahi l'esprit du capitalisme.

Je veux le dire aux Français: l'anticapitalisme n'offre aucune solution à la crise actuelle. Renouer avec le collectivisme qui a provoqué dans le passé tant de désastres serait une erreur historique.

Mais ne rien faire, ne rien changer, se contenter de mettre toutes les pertes à la charge du contribuable et faire comme s'il ne s'était rien passé serait aussi une erreur historique.

Nous pouvons sortir plus forts de cette crise. Si nous acceptons de changer nos manières de penser et nos comportements. Si nous faisons l'effort nécessaire pour nous adapter aux réalités nouvelles qui s'imposent à nous. Si nous agissons au lieu de subir.

La crise actuelle doit nous inciter à refonder le capitalisme sur une éthique de l'effort et du travail, à retrouver un équilibre entre la liberté et la règle, entre la responsabilité collective et la responsabilité individuelle.

Il faut un nouvel équilibre entre l'Etat et le marché, alors que partout dans le monde les pouvoirs publics sont obligés d'intervenir pour sauver le système bancaire de l'effondrement. Un nouveau rapport doit s'instaurer entre l'économie et la politique à travers la mise en chantier de nouvelles réglementations.

L'autorégulation pour régler tous les problèmes, c'est fini.

Le laissez-faire, c'est fini.

Le marché qui a toujours raison, c'est fini.

Il faut tirer les leçons de la crise pour qu'elle ne se reproduise pas. Nous venons de passer à deux doigts de la catastrophe, on ne peut pas prendre le risque de recommencer.

Si l'on veut reconstruire un système financier viable, la moralisation du capitalisme financier demeure la priorité.

Je n'hésite pas à dire que les modes de rémunération des dirigeants et des opérateurs doivent être encadrés. Il y a eu trop d'abus, trop de scandales.

Alors ou bien les professionnels se mettent d'accord sur des pratiques acceptables, ou bien nous réglerons le problème par la loi avant la fin de l'année.

Les dirigeants ne doivent pas avoir le statut de mandataire social et bénéficier en même temps des garanties liées à un contrat de travail. Ils ne doivent pas recevoir d'actions gratuites. Leur rémunération doit être indexée sur les performances économiques réelles de l'entreprise. Ils ne doivent pas pouvoir prétendre à un parachute doré lorsqu'ils ont commis des fautes ou mis leur entreprise en difficulté. Et si les dirigeants sont intéressés au résultat, les autres salariés doivent l'être aussi. S'ils ont des stocks options, les autres salariés doivent en avoir aussi ou à défaut bénéficier d'un système d'intéressement.

Voilà quelques principes simples qui relèvent du bon sens et de la morale élémentaire sur lesquels je ne céderai pas.

Les dirigeants perçoivent des rémunérations élevées parce qu'ils ont de lourdes responsabilités. Mais on ne peut pas vouloir être très bien payé et ne pas vouloir assumer ses responsabilités.

C'est encore plus vrai dans la finance que partout ailleurs. Comment admettre que tant d'opérateurs financiers s'en tirent à bon compte alors que pendant des années ils se sont enrichis en menant tout le système financier à la faillite?

Les responsabilités doivent être recherchées et les responsables de ce naufrage au moins sanctionnés financièrement. L'impunité serait immorale. On ne peut pas se contenter de faire payer les actionnaires, les clients et les salariés les plus modestes en exonérant les principaux responsables. Qui pourrait accepter une telle injustice?

Il faut ensuite réglementer les banques pour réguler le système. Car les banques sont au coeur du système.

Il faut cesser d'imposer aux banques des règles de prudence qui sont d'abord une incitation à la créativité comptable plutôt qu'à une gestion rigoureuse des risques. Ce qu'il faudra dans l'avenir, c'est contrôler beaucoup mieux la façon dont elles font leur métier, la manière dont elles évaluent et dont elles gèrent leurs risques, l'efficacité de leurs contrôles internes...

Il faudra imposer aux banques de financer le développement économique plutôt que la spéculation.

La crise devrait amener à une restructuration de grande ampleur de tout le secteur bancaire mondial. Compte tenu de ce qui vient de se passer et de l'importance de l'enjeu pour l'avenir de notre économie, il va de soi qu'en France l'Etat y jouera un rôle actif.

Il va falloir s'attaquer au problème de la complexité des produits d'épargne et de l'opacité des transactions de façon à ce que chacun soit en mesure d'évaluer réellement les risques qu'il prend.

Mais il faudra bien aussi se poser des questions qui fâchent comme celle des paradis fiscaux, celle des conditions dans lesquelles s'effectuent les ventes à découvert qui permettent de spéculer en vendant des titres que l'on ne possède pas ou celle de la cotation en continu qui permet d'acheter et de vendre à tout moment des actifs et dont on sait le rôle qu'elle joue dans les emballements du marché et les bulles spéculatives.

Il va falloir s'interroger sur l'obligation de comptabiliser les actifs aux prix du marché qui se révèlent si déstabilisant en cas de crise.

Enfin, il va falloir se décider à contrôler les agences de notation qui ont été défaillantes, et faire en sorte que plus aucune institution financière, et plus aucun fonds ne soit en mesure d'échapper au contrôle d'une autorité de régulation.

Mais la remise en ordre du système financier ne serait pas complète si en même temps on ne cherchait pas à mettre un terme au désordre des monnaies.

La monnaie est au coeur de la crise financière comme elle est au coeur des distorsions qui affectent les échanges mondiaux. Et si l'on n'y prend pas garde le dumping monétaire finira par engendrer des guerres commerciales extrêmement violentes et ouvrira ainsi la voie au pire des protectionnismes. *Car le producteur français peut faire tous les gains de productivité qu'il veut, il peut à la rigueur concurrencer les bas salaires des ouvriers chinois, mais il ne peut pas compenser la sous-évaluation de la monnaie chinoise. Notre industrie aéronautique peut être aussi performante que possible, elle ne peut pas lutter contre l'avantage de compétitivité que la sous-évaluation du dollar donne aux constructeurs américains.*

Je redis donc, à quel point il me paraît nécessaire que les chefs d'Etat et de gouvernement des principaux pays concernés se réunissent avant la fin de l'année pour tirer les leçons de la crise financière et coordonner leurs efforts pour rétablir la confiance. J'ai fait cette proposition en plein accord avec la chancelière allemande, Madame Merkel, avec qui je m'en suis entretenu et qui partage les mêmes préoccupations à propos de la crise financière et sur les leçons qu'il va falloir en tirer.

*Je suis convaincu que le mal est profond et qu'il faut remettre à plat tout le système financier et monétaire mondial, comme on le fit à Bretton-Woods après la Seconde Guerre Mondiale, afin de créer les outils d'une régulation mondiale que la globalisation et la mondialisation des échanges rendent désormais nécessaires. **On ne peut pas continuer de gérer l'économie du XXIème siècle avec les instruments de l'économie du XXème. On ne peut pas davantage penser le monde de demain avec les idées d'hier.***

Quand les banques centrales font tous les jours toute la trésorerie des banques et quand le contribuable américain s'apprête à dépenser mille milliards de dollars pour éviter la faillite généralisée, il me semble que la question de la légitimité des pouvoirs publics à intervenir dans le fonctionnement du système financier ne se pose plus!

Oui, il arrive que l'autorégulation soit insuffisante. Oui, il arrive que le marché se trompe.

Oui, il arrive que la concurrence soit inefficace ou déloyale. Alors il faut bien que l'Etat intervienne, qu'il impose des règles, qu'il investisse, qu'il prenne des participations, pourvu qu'il sache se retirer quand son intervention n'est plus nécessaire.

Rien ne serait pire qu'un Etat prisonnier de dogmes, enfermé dans une doctrine qui aurait la rigidité d'une religion. Imaginons où en serait le monde si le gouvernement américain était resté sans rien faire face à la crise financière sous prétexte de respecter je ne sais quelle orthodoxie en matière de concurrence, de budget ou de monnaie?

En ces circonstances exceptionnelles où la nécessité d'agir s'impose à tous, j'appelle l'Europe à réfléchir sur sa capacité à faire face à l'urgence, à repenser ses règles, ses principes, en tirant les leçons de ce qui se passe dans le monde. Elle doit se donner les moyens d'agir quand la situation l'exige et non se condamner à subir.

Si l'Europe veut préserver ses intérêts.

Si elle veut avoir son mot à dire dans la réorganisation de l'économie mondiale.

Si elle veut se donner les moyens de sortir renforcée et non pas affaiblie de la crise actuelle, elle doit engager une réflexion collective sur sa doctrine de la concurrence qui n'est, à mes yeux, qu'un moyen et non une fin en soi, sur sa capacité à mobiliser des ressources pour préparer l'avenir, sur les instruments de sa politique économique, sur les objectifs assignés à la politique monétaire. Je sais que c'est difficile parce que l'Europe c'est 27 pays, mais quand le monde change, l'Europe doit changer aussi. Elle doit être capable de bousculer ses propres dogmes. Elle ne peut pas se trouver condamnée à être la variable d'ajustement de toutes les autres politiques dans le monde parce qu'elle ne se serait pas donnée les moyens d'agir. Si ce qui s'est passé aux Etats-Unis s'était passé en Europe, avec quelle rapidité, avec quelle force, avec quelle détermination l'Europe aurait-elle fait face à la crise? Pour tous les Européens il est entendu que la meilleure réponse à la crise devrait être européenne. En tant que Président de l'Union, je proposerai des initiatives en ce sens dès le prochain conseil européen.

S'agissant de notre pays, je le dis aux Français qui craignent pour leurs économies déposées dans les banques et les établissements financiers: les banques françaises paraissent en mesure de surmonter les difficultés actuelles, mais si elles devaient êtres mises en difficulté par la spéculation, je n'accepterais pas qu'un seul déposant perde un seul euro parce qu'un établissement financier se révèlerait dans l'incapacité de faire face à ses engagements. Les épargnants qui ont eu confiance dans les banques, dans les compagnies d'assurance, dans les institutions financières de notre pays ne verront pas leur confiance trahie. Ils ne payeront pas pour les erreurs des dirigeants et l'imprudence des actionnaires.

C'est un engagement solennel que je prends ce soir: quoi qu'il arrive, l'Etat garantira la sécurité et la continuité du système bancaire et financier français.

Je le dis avec la même détermination: si les difficultés actuelles devaient entraîner une restriction du crédit qui priverait les Français et les entreprises, en particulier les PME, des moyens de financer leurs investissements ou d'assurer leur trésorerie, l'Etat interviendrait pour que ces financements puissent être assurés. Il le ferait par des cautions, par des garanties, par des apports en capital ou par une modification de la réglementation bancaire, mais il le ferait pour éviter que par un engrenage fatal l'économie privée de financements s'enfonce durablement dans la récession.

Bien que les ménages français soient en moyenne beaucoup moins endettés que dans la plupart des autres pays développés, l'accès au logement et à la propriété risquent d'être rendus plus difficile du fait de la contraction du crédit, de la hausse des taux d'intérêt et de la diminution d'une offre déjà insuffisante pour répondre aux besoins. La loi de mobilisation pour le logement sera adoptée en urgence. J'y ajouterai des mesures fortes pour que les programmes immobiliers en cours puissent être menés à bien et pour que des terrains appartenant au secteur public soient libérés pour y construire de nouveaux logements, ce qui contribuera à la baisse des prix qui avaient atteint des niveaux excessifs.

Face au ralentissement de l'activité se pose naturellement la question de la relance de notre économie. Cette relance nous l'avons engagée bien avant tous les autres avec les mesures prises il y a un an sur les heures supplémentaires, les intérêts d'emprunt immobilier, les droits de succession, le crédit d'impôt recherche, auxquels se sont ajoutées d'autres mesures importantes comme le déblocage de la participation.

Ce soutien apporté à l'activité nous a permis de mieux résister à la crise.

Mais si l'activité venait à reculer fortement et durablement, je n'hésiterais pas à prendre les mesures nécessaires pour la soutenir. Aujourd'hui il faut du sang froid. Se garder de réactions précipitées mais en même temps être prêt à la réactivité.

La crise actuelle est une crise structurelle. Les changements qu'elle annonce sont profonds. A cette crise structurelle doit répondre une politique structurelle. Le monde change. Nous devons changer avec lui. Nous devons même autant que faire se peut, anticiper le changement. La crise appelle à accélérer le rythme des réformes non à le ralentir.

Je veux dire aux Français qu'il n'existe aucune solution miracle qui permettrait à notre pays de se dispenser des efforts nécessaires pour surmonter la crise.

Il faut bien sûr d'abord penser aux plus vulnérables dont la vie devient trop dure et qui souffrent. C'est dans les moments de crise que la solidarité avec ceux qui sont en difficulté doit être la plus forte. C'est la raison pour laquelle, j'ai pris la décision de créer le RSA, d'augmenter le minimum vieillesse, les pensions de réversion les plus modestes et pour les titulaires de minima sociaux, dont le pouvoir d'achat n'est pas garanti contrairement aux allocations familiales et aux retraites, d'accorder une prime exceptionnelle pour compenser le retard sur l'évolution réelle des prix.

Quand on veut dire la vérité aux Français, il faut la leur dire jusqu'au bout et la vérité c'est que l'Etat ne peut pas indéfiniment financer ses dépenses courantes et ses dépenses de solidarité par l'emprunt. Il faut bien un jour payer ses dettes.

L'argent de l'Etat c'est l'argent des Français. Ils ont travaillé trop dur pour le gagner pour que l'on ait le droit de le gaspiller.

Pour retrouver des marges de manoeuvre pour préparer l'avenir, les dépenses de fonctionnement de l'Etat doivent diminuer. L'année prochaine c'est un total sans précédent de 30 600 emplois qui seront supprimés dans la fonction publique. La révision générale des politiques publiques continuera à produire ses effets. La réforme de l'hôpital permettra d'améliorer l'accès aux soins et leur qualité tout en supprimant des dépenses inutiles. Les agents hospitaliers seront intéressés à l'équilibre de leur budget et partout les fonctionnaires seront associés aux gains de productivité dans la fonction publique. C'est une véritable révolution culturelle qui se met ainsi en place et qui va modifier en profondeur les comportements.

Après la remise à plat de la carte judiciaire et les restructurations militaires, il faut aller plus loin dans la réorganisation de nos administrations et de nos services publics. Nous allons engager la deuxième étape de la réforme de l'Etat dès l'année prochaine.

Le grand chantier de la réforme de nos administrations locales sera ouvert dès le mois de janvier. Le moment est venu de poser la question des échelons de collectivités locales dont le nombre et l'enchevêtrement des compétences est une source d'inefficacité et de dépenses supplémentaires. La compétitivité de notre économie est capitale. Elle ne peut supporter un poids excessif de dépenses publiques.

Mais dans la situation où se trouve l'économie je ne conduirai pas une politique d'austérité qui aggraverait la récession. Je n'accepterai pas des hausses des impôts et des taxes qui réduiraient le pouvoir d'achat des Français. Mon objectif est de rendre du pouvoir d'achat aux Français non de leur en prendre.

Je n'accepterai pas d'augmenter les charges qui pèsent sur les entreprises parce que ce serait affaiblir leur compétitivité quand, au contraire, il faudrait la renforcer. Faire payer les entreprises sous prétexte que ce serait indolore, ce serait commettre une lourde erreur économique du type de celle qui fut faite au milieu des années 70 lors du premier choc pétrolier, avec les résultats désastreux que l'on sait.

La France ne s'en sortira pas en investissant moins mais en investissant plus. C'est la raison pour laquelle désormais de nouveaux investissements seront exonérés de la taxe professionnelle qui les pénalise. Une grande concertation sera organisée avec les collectivités locales pour que soient trouvée une ressource de remplacement qui ait moins d'effets nocifs sur l'économie. Mais cette réforme indispensable ne sera pas différée.

La France s'en sortira non en travaillant moins mais en travaillant plus. Tout doit être fait pour encourager le travail que depuis des décennies on s'efforce par tous les moyens de décourager.

Avec la réforme des 35 heures, avec la détaxation des heures supplémentaires, le maintien des exonérations de charges sur les bas salaires, l'instauration du RSA, la relance à venir de la participation et de l'intéressement, c'est toujours le même but qui est poursuivi: faire en sorte que le travail coûte moins cher à l'entreprise, que le travail paye, que le travail soit libéré.

La crise doit nous inciter à aller plus loin et plus vite dans les réformes qui contribuent à réhabiliter la valeur travail au moment même où le modèle d'une finance spéculative s'effondre.

La loi à venir sur la participation et l'intéressement s'inscrit exactement dans cette perspective de rééquilibrage entre le capital et le travail. Ne pas donner tous les bénéfices aux dirigeants et aux actionnaires, en destiner une part plus grande à ceux qui par leur travail créent la richesse, redonner du pouvoir d'achat aux travailleurs sans alourdir les charges fixes de l'entreprise et ainsi remettre le capitalisme à l'endroit, voilà à côté du RSA l'autre révolution qu'il nous faut entreprendre.

Est-il besoin d'ajouter que dans la situation actuelle de l'économie mondiale, tout ce qui pourrait contribuer à alourdir le coût du travail serait suicidaire?

Réduire les exonérations de charges sur les salaires ce ne serait pas reprendre un cadeau fait aux entreprises, ce serait contribuer à détruire de l'emploi au moment même où le ralentissement de la croissance fait repartir le chômage à la hausse et où la concurrence des pays à bas salaire ne cesse de s'intensifier.

Financer le RSA en taxant le travail aurait eu le même effet.

J'assume donc la décision de financer le RSA en taxant légèrement les revenus financiers qui depuis des années augmentent plus vite que les revenus du travail. C'est une décision juste et raisonnable. Elle ne remet pas en cause l'objectif de baisse globale des prélèvements, puisque les diminutions d'impôts et de charges décidées depuis 15 mois l'emportent de plus de 10 milliards sur les hausses.

Et au fur et à mesure qu'un nombre croissant de ceux qui jusqu'à présent étaient piégés par l'assistance sera incité à reprendre un travail, la taxe sur les revenus de l'épargne sera diminuée.

***L'autre figure du capitalisme qu'il faut réhabiliter c'est celle de l'entrepreneur.** Au capitalisme financier il faut opposer le capitalisme des entrepreneurs. A côté de la valeur travail, il faut remettre l'esprit d'entreprise au coeur du système de valeur de l'économie. C'est toute la philosophie de la loi de modernisation de l'économie et ce sera l'autre priorité de la politique économique dans l'avenir.*

Si nous manquons d'entrepreneurs capables d'inventer l'économie de demain, ce n'est pas parce que les Français seraient plus dépourvus que les autres d'esprit d'entreprise mais parce que tout a été fait pour empêcher les Français d'entreprendre comme tout a été fait pour les empêcher de travailler.

Opposer l'effort du travailleur à l'argent facile de la spéculation, opposer l'engagement de l'entrepreneur qui risque tout dans son entreprise à l'anonymat des marchés financiers, opposer un capitalisme de production à un capitalisme de court terme, accorder une priorité à l'industrie au moment où l'étau de la finance se desserre, voilà tout le sens de la politique économique que je veux conduire.

Dire la vérité aux Français, c'est leur dire que nous passons d'un monde d'abondance à un monde de rareté. C'est-à-dire d'un monde où l'on utilisait les ressources naturelles comme si elles étaient inépuisables à un monde où l'épuisement à venir des ressources naturelles sera une préoccupation de tous les jours.

Dans le monde de la rareté, il va falloir payer plus cher le pétrole, le gaz, les matières premières.

Les Français devront produire autrement, consommer différemment. Ils devront apprendre à faire constamment des efforts pour économiser les ressources rares qui ne peuvent plus être gaspillées.

La pollution et le réchauffement climatique menacent l'avenir de la planète. Chacun va devoir faire des efforts, changer de comportement pour polluer moins.

Si l'on ne veut pas que des catastrophes écologiques débouchent sur des déplacements massifs de populations et des catastrophes humaines et politiques, si l'on veut éviter la violence qu'engendrerait fatalement le manque d'eau et de terres cultivables, alors il faut que chacun assume les conséquences de ses choix, il faut que chacun supporte les coûts de ses décisions et paye le juste prix de ce qu'il consomme.

Dans le monde de demain le principe pollueur-payeur devra s'appliquer partout si nous ne voulons pas léguer aux générations futures un monde invivable.

S'il faut moins taxer l'investissement, moins taxer le travail, moins pénaliser l'effort et la réussite, moins taxer les produits propres, il faut en revanche davantage taxer la pollution.

Utiliser la fiscalité pour relever le défi écologique, c'est indispensable si l'on veut inciter à un changement profond des comportements.

Si dans la situation actuelle où tant de Français se trouvent confrontés à une baisse de leur pouvoir d'achat, il est exclu de renchérir les produits de grande consommation, je veux dire à quel point je crois que le système du bonus-malus est un bon système. L'expérience sur l'automobile a été particulièrement concluante avec 500 000 bonus distribués en 8 mois, déplaçant massivement la demande vers des véhicules plus écologiques. Ce système extrêmement incitatif du bonus-malus qui permet de gagner des années dans le changement des modes de consommation sera étendu à d'autres produits. Cette extension se fera dans la concertation. Elle se fera progressivement. Mais elle se fera. J'en prends l'engagement. Comme je prends l'engagement solennel que toutes les conclusions du Grenelle de l'environnement seront mises en oeuvre parce qu'elles permettront à notre pays de prendre de l'avance dans la mutation inéluctable qu'imposera dans les années qui viennent à tous les pays du monde la prise de conscience du risque écologique et de l'épuisement du pétrole et des ressources non renouvelables.

Je crois à la croissance durable.

Ce que nous avons décidé de faire est très ambitieux. L'effort qui va être engagé en matière de fiscalité incitative, de règles nouvelles et d'investissement est gigantesque. C'est une véritable transformation de notre modèle économique et social et de notre cadre de vie qui va s'accomplir dans les années qui viennent.

La mise en oeuvre du Grenelle de l'environnement c'est la multiplication par 4 de nos capacités de transports en commun en sites propres, la construction de 2000 kilomètres de lignes à grande vitesse supplémentaires, les autoroutes ferroviaires, les autoroutes maritimes, un milliard d'euros dans la recherche en matière de développement durable à l'horizon 2012, la rénovation de tout le parc des logements sociaux et des bâtiments publics pour les adapter aux exigences d'économie d'énergie.

Toutes ces dépenses nouvelles seront gagées sur les futures économies d'énergie et elles exerceront sur notre activité un formidable effet d'entraînement. *Il ne s'agira pas cette fois-ci de sacrifier l'avenir au présent, mais au contraire de mettre notre pays dans la meilleure situation possible pour affronter l'avenir.*

Nous allons développer massivement les programmes de recherche dans les nouvelles sources d'énergie, les technologies propres, les nouveaux systèmes de transport comme la voiture électrique. Le remplacement de nos centrales nucléaires par les centrales de la nouvelle génération sera accéléré. Tout sera mis en oeuvre pour que le programme des infrastructures de transport collectif soit effectivement engagé le plus rapidement possible.

Je veux que soit mis à l'étude un grand plan de rénovation des infrastructures des transports collectifs dans les grandes villes où la situation est devenue souvent critique. L'Etat est prêt à y jouer son rôle à côté des collectivités locales, en prenant sa part dans le financement.

Dire la vérité aux Français, c'est leur dire que pour entrer dans l'économie de la connaissance qui sera l'économie du XXIème siècle. Nous ne pouvons plus attendre pour investir dans la formation, dans la recherche, dans l'innovation. Nous ne pouvons plus attendre pour accomplir la révolution numérique.

C'est la raison pour laquelle j'ai voulu que notre système de formation professionnelle soit entièrement repensé. Cette réforme de la formation professionnelle qui fait l'objet d'une négociation entre les partenaires sociaux, je veux qu'elle soit ambitieuse et surtout qu'elle soit rapidement mise en oeuvre. Le diagnostic est connu de tous. Je veux que des décisions soient prises avant la fin de l'année.

C'est la raison pour laquelle j'ai voulu que nos universités soient autonomes et qu'une partie du capital d'EDF a été vendue pour financer la rénovation de nos campus. C'est également la raison pour laquelle nous allons donner aux universités la propriété intellectuelle de leurs découvertes et leur donner les moyens de les valoriser.

C'est la raison pour laquelle le crédit d'impôt recherche a été porté à 30%, notre appareil de recherche va être réformé et une stratégie nationale de recherche va être définie.

Les priorités budgétaires traduisent cet engagement vis-à-vis de l'enseignement et de la recherche: plus un milliard par an pour l'enseignement et plus de 800 millions par an pour la recherche.

Tous ces défis sont immenses.

Mais notre pays peut les relever. J'ai confiance dans les Français. J'ai confiance dans les atouts de la France. J'ai la certitude que nos réformes en porteront leurs fruits. J'ai la certitude que par notre travail, nous saurons faire notre place dans le monde du XXIème siècle. J'ai confiance dans notre capacité à refonder le capitalisme.

Jamais depuis 1958 autant de changements n'ont été accomplis en si peu de temps. *Quand la situation économique mondiale redeviendra meilleure nous en verrons tous les fruits sur l'équilibre de nos finances, sur l'emploi, sur le pouvoir d'achat et sur le bien-être de chacun.*

Je suis déterminé à poursuivre la modernisation de notre économie et de notre société quelles que soient les difficultés parce que nous n'avons plus le choix parce que nous ne pouvons pas attendre.

Alors que les vieilles idées et les vieilles structures sont balayées, nous devons être imaginatifs et audacieux.

Nous avons le choix de subir ce changement ou d'en prendre la tête. Mon choix est fait.

Françaises, Français, au milieu des difficultés nous devons précéder la marche du monde et non la suivre.

Vive la République!

Vive la France!»

Nicolas Sarkozy, Toulon 2008

Wesminster

Comme le discours de Wesminster...

Après une rencontre qui fut tant attendue avec sa Majesté la reine d'Angleterre, Nicolas Sarkozy célébra l'amitié entre la France et le Royaume-Uni au Palais de Wesminster devant les deux chambres réunies, que sont la Chambre des communes et la Chambre des Lords. *« C'est dans ces murs, dans vos murs, que la vie politique moderne est née. Sans votre Parlement, la démocratie parlementaire n'aurait pas existé sous cette forme dans le monde. »*

Là encore, signe de la constance dans ses convictions, Nicolas Sarkozy a réaffirmé sa volonté d'élargir le G8 vers un G20, représentant les 19 pays les plus puissants afin de mieux refléter l'état du monde. *« Je me battrai pour que le G8 s'ouvre progressivement pour devenir un G13 ou un G14 pour mieux refléter le nouvel équilibre du monde. »*

«Madame le Speaker de la Chambre des Lords,
Monsieur le Speaker de la Chambre des Communes,
Monsieur le Premier ministre,
Mesdames et Messieurs les membres du Parlement,

Pour le Président de la République française, c'est un honneur exceptionnel que de parler aux deux chambres réunies du Parlement britannique.

C'est dans ces murs, dans vos murs, que la vie politique moderne est née. Sans votre Parlement, la démocratie parlementaire n'aurait pas existé sous cette forme dans le monde. Et c'est grâce à la pratique parlementaire née dans ces lieux, que vous avez imposé la démocratie parlementaire comme la meilleure garantie contre la tyrannie.

L'histoire de votre institution, de votre Parlement influence aujourd'hui encore la plupart de nos régimes politiques contemporains. **L'affirmation de votre Parlement s'est faite au service de la protection des libertés individuelles, c'est une leçon que vous, les Britanniques, vous avez donnée au monde.** *Ce Parlement, le vôtre, a été le premier au monde à obtenir les résultats de la démocratie parlementaire qui font que vous êtes et vous représentez la pierre angulaire de toutes nos démocraties. C'est ici que des parlementaires ont peu à peu inventé ce qu'est un parti, un programme électoral et finalement une majorité.*

Et c'est par cette institution que la grandeur du Royaume-Uni s'est affirmée. Et si je suis si honoré de m'adresser à vous, c'est parce que le coeur politique du Royaume-Uni bat sous ce toit.

Voyez-vous, je crois profondément en la force du mot politique. Je crois profondément en la capacité du politique à améliorer et à peser sur le destin des peuples.

Les institutions, aussi perfectionnées soient elles, n'existent que pour autant qu'elles sont au service d'un peuple. Et la force du peuple britannique est celle d'un peuple libre qui se détermine par lui-même et qui est prêt aux plus grands sacrifices pour défendre sa liberté.

Combien votre Nation a-t-elle vaincu d'invincibles armadas ? Combien votre Nation a-t-elle gagné de batailles que tout le monde croyait perdues ? *Et si votre Nation a su relever tant de défis qui semblaient hors de portée, c'est parce que vous aviez la conviction que votre cause était juste, parce que vous aviez confiance en vous, en vos valeurs, et parce qu'en toutes circonstances, la Nation britannique a fait preuve d'une détermination et d'un courage qui a fait l'admiration du monde entier. La bataille d'Angleterre en fut un accomplissement magnifique.*

Et dans l'esprit et dans le coeur même de ceux qui vous ont combattus, la Nation britannique s'est imposée par son respect de l'autre, par votre tolérance, par votre art de vivre, par votre liberté d'esprit que vous vous êtes forgés tout au long d'une histoire pleine de bruit et pleine de fureur. *En toutes circonstances, vous, les Britanniques, vous avez su rester vous-mêmes, vous avez su penser par vous-mêmes, et cela a suffis pour que vous incarniez aux yeux de beaucoup d'hommes un idéal humain et un idéal politique.*

Alors, s'il est un peuple avec lequel vous avez tissé des liens exceptionnels, c'est bien le peuple français. Les destins de nos deux pays se mêlent étroitement depuis près de 1000 ans. *Depuis que Guillaume le Conquérant a débarqué de Normandie pour s'emparer du trône d'Edouard le Confesseur, jusqu'au chemin inverse que firent des centaines de milliers de jeunes Britanniques pour participer à la libération de l'Europe, nos destins, français et britanniques, se sont croisés sans cesse. Alors, c'est vrai, la France et l'Angleterre, nous nous sommes affrontés pendant des siècles, affirmant chacune sa personnalité en l'opposant à l'autre, nous nous sommes combattus non parce que nous étions trop différents, mais parce que, sans doute, nous nous ressemblions trop.*

Et nous avons jeté ensemble, chacun à notre façon, les bases de l'union entre l'Etat et la

Nation, que la France et le Royaume-Uni ont le mieux incarnées en Europe.

Oui, nos nations se sont longtemps combattues, jusqu'au jour magique où enfin, les Britanniques et les Français ont compris que ce qui nous réunissait était plus important que ce qui nous séparait, *que nous avions des intérêts à défendre et, plus encore, que nous avions des valeurs communes à incarner et à proposer au monde.*

Cette alliance eut un nom : l'« Entente cordiale ». Honnêtement, depuis le temps qu'on ne se bat plus, on devrait parler de l' « Entente amicale ». Après des siècles d'hostilité, de défiance, qui nous conduisirent à nous affronter dans les plus terribles épreuves, des souffrances et des malheurs partagés dans la fraternité des armes naquit entre nous une estime profonde. Essayons de faire de cette estime, une amitié sincère.

A ceux qui veulent opposer les cultures et les traditions des mondes germanique, latin et anglo-saxon, je veux dire que nous partageons l'essentiel : le même humanisme, la même idée de l'Homme et que ce que nous appelons la civilisation occidentale, ce que nous appelons le progrès, la démocratie, la liberté sont, par-delà toutes les vicissitudes de l'Histoire, le fruit de siècles de dialogue ininterrompu entre nos philosophes, les vôtres et les nôtres, entre nos responsables politiques et entre nos deux peuples.

Il nous faut rappeler sans cesse ce qui nous unit plutôt que ce qui nous divise.

Et je veux dire une chose au nom du peuple français, la France n'oubliera pas, la France n'oubliera jamais que lorsqu'elle était au bord de l'anéantissement, c'est l'Angleterre qui était aux côtés de la France.

Au nom du peuple français, je suis venu vous dire un merci éternel. Nous n'avons pas oublié parce que nous n'avons pas le droit d'oublier ce que de jeunes Britanniques ont fait pour la liberté du peuple français.

La France n'oubliera jamais parce qu'elle n'en a pas le droit, le sang anglais, le sang écossais, le sang gallois, le sang irlandais mêlés au sang français dans la boue des tranchées de la première guerre mondiale.

La France n'oubliera jamais l'accueil que le peuple britannique fit au Général de Gaulle et à la France Libre.

La France n'oubliera jamais l'héroïque résistance du peuple britannique sans laquelle tout aurait été perdu.

La France n'oubliera jamais que la Reine, alors que Londres était bombardée, a choisi avec sa famille d'y demeurer en signe de solidarité avec son peuple.

La France n'oubliera jamais la belle jeunesse venue de tout l'Empire britannique pour se sacrifier sur les plages et dans les bocages de Normandie.

Les guerres du siècle passé l'ont montré : comme deux frères, ce que le peuple français et le peuple britannique peuvent accomplir ensemble est beaucoup plus grand que ce qu'ils peuvent réaliser séparément. Ensemble, nous sommes plus forts que seuls l'un à côté de l'autre ou que seuls l'un contre l'autre. C'est le message politique que je voulais vous

faire partager cet après-midi.

Et peu importe que nos ressemblances prennent le pas sur nos différences. Un Français restera toujours un Français et un Anglais toujours un Anglais. Alors, bien sûr, chacun gardait son originalité. Vous êtes restés une monarchie alors que nous devenions une République. Nous restons attachés à l'harmonie du droit romain, à la vitalité de nos terroirs, tout ce que tant de Britanniques aiment en France. Et vous avez toujours privilégié la liberté du contrat, le dynamisme des métropoles, la tradition qui trouve toute sa place dans le présent, tout ce que tant de Français aiment dans votre pays.

Mais l'essentiel n'est plus là. Nous devons faire de nos différences des complémentarités. Jamais la France et le Royaume-Uni n'ont été aussi proches, aussi liés l'un à l'autre. *Et qu'il me soit permis de saluer Londres devenue la 7e ville française ! Aujourd'hui, le nombre de citoyens britanniques qui ont choisi de s'installer en France n'a jamais été aussi élevé.*

Nous avons appris à nous comprendre dans de nombreux domaines. Je vais vous dire une chose : vous, les Britanniques, vous êtes devenus pour nous un modèle, une référence. Et nous devons nous inspirer de ce que vous avez su faire quelle que soit la couleur politique de vos gouvernements, ces vingt ou trente dernières années.

Ce que nous admirons peut-être le plus chez vous, c'est cette capacité qu'a toujours eue votre peuple de changer pour épouser et parfois pour précéder la marche du monde, tout en restant fidèle à lui-même.

Et c'est ainsi que le Royaume-Uni a accompli, sans hésiter, bien des révolutions auxquelles tant d'autres peuples ne se sont résolus que lorsqu'ils y furent contraints. Et pour autant, jamais vous n'avez cédé à la tentation de la table rase. Jamais vous n'avez renié votre passé, ni votre identité. Et si vous avez changé tout au long de votre histoire, c'est pour pouvoir rester vous-mêmes.

Le Royaume-Uni a montré que dans l'économie globale, il existait une voie pour atteindre une croissance forte, le plein emploi et la solidarité.

Cette voie, c'est celle des réformes.

Eh bien, les principes qui permettent avec succès d'affronter la mondialisation d'un côté de la Manche doivent permettre de l'affronter avec le même succès de l'autre côté. *Et je ne suis pas venu pour dire : voilà ce que la France peut vous apporter. Je suis venu vous dire que la France doit apprendre aussi à regarder chez ses voisins ce qu'ils ont réussi à faire de mieux, plus fort et avant elle. Ce n'est pas un pays faible qui dit cela, c'est un pays fort que celui qui est capable de reconnaître que d'autres ont fait mieux sur le chemin des réformes que soi-même.*

L'enjeu pour nous, c'est de nous inspirer des leçons d'une expérience réussie, la vôtre.

La France s'est remise en marche. Et je puis vous dire une chose, c'est que les réformes, je les mènerai à leur terme. Parce qu'une conviction a inspiré toute ma vie politique, parce qu'une conviction m'anime depuis que les Français m'ont confié la première charge de l'Etat : je n'ai pas été élu pour m'incliner devant les fatalités. *Et si la politique a un sens, au Royaume-Uni comme en France, c'est que nos peuples attendent que nous ne* *nous inclinions pas devant les fatalités. J'ai été élu pour créer des opportunités, pour changer la France à travers un processus continu de réformes profondes.*

Je dis oui à la mondialisation et en même temps oui à une meilleure protection des travailleurs. Je dis oui au libre échange et en même temps oui à la défense de nos intérêts en souhaitant qu'en Europe on comprenne le sens du mot réciprocité. Je dis oui au marché et oui à une politique intelligente au profit de secteurs stratégiques, oui, aux politiques communes qui ne remettent pas en cause l'identité de nos nations.

Alors, en l'espace d'une génération, la mondialisation a pris une tournure nouvelle.

Hier condamnés par toute une école de pensée, les Nations et les États - le mot Nation ne me fait pas peur - les Nations et les Etats doivent trouver une réponse aux inquiétudes et aux angoisses de nos concitoyens. Le monde traverse des changements considérables et les nations ont besoin de passeurs d'une époque à une autre. Nous vivons le XXIème siècle avec les règles du XXème. C'est le rôle que doivent se fixer nos deux pays.

La mondialisation qui avait apporté tant de réponses, ouvert tant d'espérances a fait naître d'autres questions, suscité d'autres souffrances qui appellent des remèdes radicalement nouveaux.

Ces formes nouvelles, il nous appartient, ensemble, de les inventer.

Face à tous les problèmes inédits qu'il va nous falloir résoudre, le Royaume-Uni et la France ont un rôle majeur à jouer.

En additionnant nos forces, nous pouvons contribuer à faire émerger une nouvelle mondialisation, plus libre, plus équitable, plus responsable et plus juste.

La vérité, c'est que pour être à la hauteur de nos responsabilités, nos deux pays ont aujourd'hui besoin l'un de l'autre.

Au nom du peuple français, je suis venu proposer au peuple britannique qu'ensemble nous écrivions une nouvelle page de notre histoire commune, celle d'une nouvelle fraternité franco-britannique. Une fraternité franco-britannique pour le XXIème siècle.

Nous souhaitons plus d'entente, plus de coopération entre nous.

Tout le justifie : nous avons le statut de membre permanent du Conseil de Sécurité, nous sommes des puissances nucléaires, vous et nous, l'influence que nous exerçons chacun dans une partie du monde, notre appartenance commune à l'Union Européenne, notre attachement viscéral à la démocratie et à la liberté.

Nos deux pays sont comparables en influence et en atouts. La France et le Royaume-Uni nous avons la même population, un PNB quasi identique et les mêmes priorités en matière de défense. Nous avons 15000 soldats français sur tous les théâtres de monde, vous avez 15000 soldats britanniques déployés sur tous les théâtres d'opérations. Nos deux pays doivent faire entendre leurs idées dans le monde entier. Nos deux pays peuvent, s'ils le veulent, être complémentaires.

Pour conjurer le danger du choc des civilisations, le monde a besoin de nos deux vieilles nations parce qu'elles connaissent la profondeur de l'Histoire, qu'elles savent l'importance de la longue durée pour comprendre les sentiments des peuples.

Mesdames et Messieurs,

Si le Royaume-Uni et la France veulent plus de justice ensemble, alors le monde sera plus juste.

Si le Royaume-Uni et la France luttent ensemble pour la paix, alors le monde sera plus pacifique.

Si le Royaume-Uni et la France s'unissent pour affronter la tempête économique qui se lève et proposer ensemble les réformes nécessaires, alors le monde sera moins incertain et plus prospère.

Si le Royaume-Uni et la France réfléchissent ensemble à l'avenir du capitalisme financier qui doit être réformé pour que l'entrepreneur prenne le pas sur le spéculateur, pour que l'économie mondiale ne continue pas de reposer sur une montagne de dettes, si le Royaume-Uni la France et parlent d'une même voix, qui pourra refuser de nous entendre ?

Si le Royaume-Uni et la France parlent d'une même voix contre le réchauffement climatique, cette voix sera entendue même par ceux qui doutent de gravité de la menace qui pèse sur notre planète. Je pense d'abord aux Etats-Unis, car pour prévenir une catastrophe écologique le monde a besoin de l'Amérique. Et qui mieux que les amis les plus sincères de l'Amérique peuvent les convaincre, lui rappeler les responsabilités mondiales qui sont les siennes, au nom des valeurs qui nous sont communes et pour lesquelles nous avons partagé tant de sacrifices ?

Si le Royaume-Uni et la France, qui ont tous deux fait résolument le choix de l'énergie nucléaire, affirment ensemble les avantages incomparables de cette énergie pour lutter contre le changement climatique alors cet argument aura une portée et une force nouvelles.

Si le Royaume-Uni et la France expriment ensemble leur refus que le monde du XXIème siècle soit gouverné avec les institutions du XXème, en laissant à l'écart les principales puissances émergentes et leurs deux milliards et demi d'habitants, alors la voix du Royaume-Uni et celle de la France additionnée sera entendue dans le monde entier.

Mesdames et Messieurs les Membres du Parlement,

Ce que nous ferons ensemble n'aura son sens que si nous l'accomplissons d'abord au sein de l'Europe, qui est le nom que nous donnons depuis toujours à notre destinée commune.

Chaque fois que le sort de l'Angleterre s'est joué, il s'est joué en Europe. Chaque fois que le sort de la France s'est joué, il s'est joué en Europe. Je sais, c'est un sujet sensible. Il est bien que la politique ait le courage de parler des sujets sensibles car à force pour nous, les responsables politiques, de refuser de parler des sujets sensibles, c'est les peuples qui nous rappellent à notre devoir. Ce sujet de l'Europe est sensible au Royaume-Uni. Voyez-vous, je viens d'un pays où il est sensible aussi. Parce qu'il y a quelques années, la France a dit non. Et je sais bien ce qu'il en est, moi qui ai voté oui.

L'Union européenne - je veux le dire parce que c'est ma conviction la plus profonde - est notre oeuvre commune à vous et à nous. C'est une oeuvre de paix, c'est une oeuvre de démocratie et de prospérité. *C'est une aventure sans précédent dans l'histoire de l'humanité, sans précédent après des siècles de guerres, de morts et de souffrances auxquelles l'Angleterre et la France ont pris une si grande part. Les peuples d'Europe ont décidé souverainement - sans que personne ne les y oblige, seules leur raison et leur intelligence - de bâtir ensemble leur avenir.*

Nul n'oubliera jamais que la première grande voix qui s'éleva après la guerre pour appeler les peuples d'Europe à s'unir fut celle de l'homme d'État qui avait incarné à lui seul la résistance farouche de la Nation britannique. Je veux dire Winston Churchill.

Il y a 35 ans, le Royaume-Uni a fait le choix de l'Europe.

Je suis venu vous dire, chers amis britanniques, que l'Europe a besoin du Royaume-Uni et j'ai une certaine crédibilité à le dire car, mes amis britanniques le savent, j'ai toujours pensé cela depuis bien longtemps : nous ne pouvons pas construire une Europe prospère, démocratique, efficace, sans le Royaume-Uni. *Et j'ai la faiblesse de penser que, quelles que soient les convictions, que je respecte, que le Royaume-Uni, comme la France, nous avons besoin de l'Europe. Qui peut penser que l'Europe serait plus forte sans le dynamisme britannique ? Qui peut penser que le Royaume-Uni aurait plus d'influence dans le monde s'il revenait au splendide isolement ? Qui peut penser que les défis qui se posent à nos nations aujourd'hui pourraient être mieux résolus dans un cadre strictement national ?*

Alors je vais aller encore plus loin, nul ne demande au Royaume-Uni de renoncer aux liens si fraternels et si profonds qui l'unissent depuis trois siècles à l'Amérique, nul ne demande au Royaume-Uni d'abandonner les relations si particulières qu'il entretient avec le Commonwealth.

Ce serait vous demander de renoncer à être vous-mêmes. Ce serait stupide car ce serait surtout priver l'Europe de ce que le Royaume-Uni peut lui apporter de plus précieux : cette ouverture au monde, ce rayonnement exceptionnel, cette culture de la diversité dont l'Europe a besoin. Nous avons besoin en Europe des Britanniques, des vrais Britanniques, pas de Britanniques différents.

Et la position de l'Europe dans le monde ne tient pas seulement au nombre de ses habitants et à la quantité de ses ressources. Cela tient à notre capacité à rayonner sur tous les continents. Et je l'ai dit pour les britanniques, mais je le dis pour la France. Que serait l'Europe sans les liens de la France avec la Francophonie ? Que serait l'Europe sans les liens l'Espagne avec le monde hispanique ? Que serait l'Europe sans les liens du Portugal avec la lusophonie, et bien sûr du Royaume-Uni avec le monde anglo-saxon ? Il n'y a pas de contradiction. L'Europe doit se construire sur des nations qui n'ont pas peur de défendre leur identité.

Mais nos vieilles nations européennes ne peuvent espérer jouer un rôle qui soit digne d'elles que si elles décident d'agir ensemble.

L'Europe est ce que nos nations ont construit de plus remarquable au cours du demi-siècle écoulé.

Nos deux pays veulent une Europe respectueuse des identités nationales. Je n'ai pas eu peur pendant ma campagne électorale de dire que l'identité n'était pas une pathologie. D'ailleurs, à ceux qui plaident pour la diversité j'aimerais qu'ils m'expliquent ce qu'il adviendrait de la diversité si on supprimait les identités. Pour qu'il y ait de la diversité, faut-il encore qu'on ait respecté les identités. Nous voulons une Europe qui refuse la tentation bureaucratique, qui ne cherche pas à imposer les mêmes normes partout. Nous voulons une Europe qui soit capable d'agir.

Mes chers amis britanniques, si nous voulons changer l'Europe, et nous le voulons, nous les Français, alors nous avons besoin de vous à l'intérieur de l'Europe, pas à l'extérieur, car qui peut espérer peser sur l'évolution de l'Europe s'il se met à l'extérieur de l'Europe alors que l'Europe a besoin que, de l'intérieur, on la change. Voilà le message que les Français m'ont demandé de porter, eux qui ont voté à 55% non lors d'un consultation.

Trop longtemps, nous les Européens, c'est vrai nous avons fait des erreurs, nous avons consacré notre énergie à des débats institutionnels qui nous divisaient au lieu de nous réunir, et qui ennuyaient profondément nos peuples et, il faut bien le dire, nous-mêmes. Alors, le Traité de Lisbonne est imparfait mais il met fin, pour longtemps à ces affrontements du passé.

Et maintenant il nous faut consacrer notre énergie à des projets concrets : la lutte contre le changement climatique, l'énergie, l'immigration, le développement, la sécurité, la défense. Sur ces sujets, qui seront au coeur de la Présidence française à partir du 1er juillet, le Royaume-Uni et la France doivent agir dans la même direction.

Et qu'il me soit permis de prendre quelques exemples.

Le Royaume-Uni, cher Gordon BROWN, veut une Europe exemplaire dans la lutte contre le changement climatique et dans la protection de l'environnement. La France le veut aussi. L'avenir de la planète dépend de notre réponse à nous Européens. A nous d'entraîner tous les autres, les Etats-Unis, la Chine, l'Inde. A nous d'inventer une croissance nouvelle, forte et durable. Et l'Europe a un rôle essentiel à jouer pour parvenir à un accord universel qui succédera au protocole de Kyoto. Mais pour être crédible, l'Europe doit montrer, l'exemple, doit montrer le chemin, et qui peut convaincre l'Europe d'aller dans ce chemin ? Le Royaume-Uni et la France.

Le Royaume-Uni veut une Europe qui soit capable de maîtriser l'immigration. Et je crois avoir bien travaillé avec nos amis anglais sur la question de l'immigration et de Sangatte. Mais la France le veut aussi. Il serait totalement illusoire de croire que nous pouvons avoir encore 27 politiques nationales de l'immigration, à l'heure du grand marché européen. La France et le Royaume-Uni le savent bien, nous avons développé une coopération bilatérale exemplaire. Je considère essentiel que nous nous dotions d'un pacte européen de l'immigration. Comment pouvez-vous résoudre les problème d'immigration qui sont les vôtres si la France ne résout pas les siens ? Et comment la France pourrait-elle résoudre les siens si, entre le Royaume-Uni et la France, il n'y a pas une même volonté politique ? Et à quoi servirait pour nous qui sommes dans l'espace Schengen d'avoir fait l'espace Schengen et de ne pas en tirer les conclusions en terme d'immigration commune ?

Je sais bien que le Royaume-Uni veut que la politique agricole soit réformée. La France y est prête. Une première étape sera franchie d'ici la fin de l'année. Je souhaite qu'elle soit l'occasion d'un débat apaisé, constructif, qui permette de nous réunir autour de quelques grands principes : la sécurité sanitaire, que vont manger demain les consommateurs britanniques, les consommateurs français, les consommateurs européens, si on continue à importer dans n'importe qu'elle condition, des produits dont on ne sait pas s'ils répondent aux conditions sanitaires que sont en droit d'exiger nos consommateurs ? Je suis sûr que, sur la qualité des produits, la protection du consommateur, la sécurité sanitaire, on peut en parler, on peut trouver un chemin commun. Bien sûr, il y aura des débats financiers, on les aura, mais parlons-en.

Mesdames et Messieurs les Membres du Parlement,

La France et le Royaume-Uni font face ensemble aux défis de la paix dans le monde. Nous sommes engagés ensemble dans les Balkans, Nous sommes engagés ensemble en Afghanistan. La France et le Royaume-Uni, à nous deux, nous représentons les deux tiers de l'effort de défense de nos 25 partenaires européens et le double de leurs efforts de recherche. Alors je vous en prie, laissons de coté les querelles théoriques, j'allais dire théologique sur l'Alliance Atlantique et l'Europe de la défense. Notre intérêt, et celui de nos alliés, est de renforcer les deux en développant, en Europe, les moyens militaires indispensables à notre sécurité dans le monde actuel.

On dit que le Royaume-Uni et la France ont des conceptions opposées de l'Europe et que l'affrontement entre nos deux pays est une donnée structurelle de la construction européenne. Je ne suis pas d'accord, je pense profondément que nous pouvons là aussi nous allier. Je crois à la nécessité de l'OTAN. Je l'ai dit dans ma campagne électorale. Je crois à l'amitié historique avec les Etats-Unis d'Amérique et personne ne me fera renoncer à cette conviction. Et, dans le même temps, je pense que si l'Europe veut être digne de ce nom, elle doit être capable d'assurer sa sécurité. Elle ne peut pas simplement être capable d'assurer sa prospérité.

Bien sûr, pour nous Français, l'amitié franco-allemande, c'est la base de la réconciliation européenne. Mais je suis convaincu que dans l'Europe d'aujourd'hui, le moteur franco-allemand est indispensable. Mais il n'est pas suffisant. Et pour rassembler les 27 nous avons besoin d'abord de cette nouvelle entente franco-britannique.

Mesdames et Messieurs les membres du Parlement,

*Nos deux pays occupent une place éminente dans les institutions issues de la Seconde Guerre Mondiale : Nations Unies, Fonds Monétaire International, Banque Mondiale. Je pense, comme Gordon BROWN, que ces institutions doivent être réformées parce qu'elles ont vieilli, qu'elles ne sont pas assez fortes, qu'elles ne sont pas assez justes, qu'elles ne sont plus assez légitimes. **Je me battrai pour que le G8 s'ouvre progressivement pour devenir un G13 ou un G14 pour mieux refléter le nouvel équilibre du monde. Franchement, est-ce que vous croyez qu'il est raisonnable de nous réunir à huit pour parler des grands problèmes du monde et d'inviter pour le déjeuner du dernier jour deux milliards six cent cinquante millions d'habitants ? Est-ce qu'il est raisonnable, que l'on soit conservateur, libéral ou travailliste, d'imaginer qu'on peut être efficace sur le réchauffement climatique*** *sans avoir à la table la Chine, le Brésil, l'Inde ? Est-ce qu'on peut ignorer le G5 ? Mais, un jour, si nous n'y prenons garde, c'est le G5 qui n'invitera plus le G8 et c'est le G8 qui aura vieilli sans même s'en apercevoir. Eh bien, c'est au Royaume-Uni et à la France de porter ce message qui est un message de justice, de lucidité et de bon sens. Le monde du XXIème siècle doit être dirigé avec les institutions du XXIème siècle et non pas du Xxème.*

*Ensemble, nos deux pays sont déterminés à rester engagés, côte à côte, avec tous nos alliés, en Afghanistan, et je n'ai pas peur de le dire, en Afghanistan se joue une partie essentielle. La France a proposé à ses alliés de l'Alliance Atlantique une stratégie pour permettre au peuple afghan et à son gouvernement légitime de construire la paix. Si ces propositions sont acceptées, la France proposera lors du Sommet de Bucarest, de renforcer sa présence militaire. Nous ne pouvons pas accepter un retour des talibans et d'Al-Qaïda à Kaboul. **La défaite nous est interdite même si la victoire est difficile.***

Ensemble, nos deux pays doivent apporter une contribution majeure à la paix entre Israéliens et Palestiniens. Nous ne pouvons pas accepter qu'au Liban la démocratie et la paix soient bafouées. Le Liban doit être un pays libre. Et chacun doit le comprendre. Et d'abord la Syrie.

Ensemble, nos deux pays sont déterminés à arrêter les ambitions nucléaires militaires de l'Iran. Nous refusons le piège de l'alternative entre la bombe iranienne ou le bombardement de l'Iran.

Ensemble, nous sommes déterminés à tout faire pour que cesse la tragédie et le scandale du Darfour. Nous ne pouvons pas accepter ce qui se passe là-bas.

Ensemble, nous resterons les avocats les plus déterminés de l'Afrique et de son développement. Ensemble, nous devons nous battre pour le respect des droits de l'Homme, le respect des identités culturelles, le respect des identités religieuses. C'est le message que le Royaume-Uni et la France doivent porter auprès des autorités chinoises à propos du Tibet, en soulignant qu'il n'y aura de solution, dans le cadre de la souveraineté chinoise, qu'à travers un dialogue entre le Dalaï Lama et le gouvernement de Pékin.

Sur tous ces sujets, nous devons agir ensemble !

Voici Mesdames et Messieurs les membres du Parlement, nous avons la même vision de l'avenir, nous avons la même volonté d'agir. Nos deux peuples sont aussi complexes à diriger et à conduire.

Nous voulons les mêmes réformes des organisations internationales, nous voulons nous engager au service de la paix et de la sécurité.

Les défis ont changé de nature mais ce qui n'a pas changé, je voudrais vous le dire du plus profond de mon coeur, c'est la nécessité pour nos deux vieilles nations, nos deux grandes nations, d'être côte à côte pour porter le même message de civilisation.

Le temps pour les peuples français et britannique est venu d'accomplir un acte profondément politique : dépasser nos rivalités anciennes et construire un avenir ensemble où nous serons plus forts parce que nous serons ensemble.

Qu'il soit permis à un Président français dont la grandeur anglaise a souvent nourri les rêves de jeunesse d'adresser le salut fraternel du peuple français au peuple britannique et de l'accueil chaleureux qu'il nous a réservé à la délégation que j'ai l'honneur de conduire et à mon épouse. Croyez-bien que votre accueil restera gravé dans ma mémoire et dans mon coeur.

Alors, oui, du fond du coeur,
Vive l'amitié franco-britannique !
Vive le Royaume-Uni !
Vive la France !»

Nicolas Sarkozy devant le Parlement britannique au Palais de Westminster, le 26 mars 2008

XXIe siècle

Nicolas Sarkozy a été le premier Président du XXIe siècle !

Ce monde dans lequel tout va vite, où l'instantané est plus que jamais présent, permet d'accomplir les plus belles, les plus grandes réalisations auxquelles l'homme aspire. Il suffit, en effet de prendre son iPhone dès que l'on remarque un évènement inhabituel et de le partager sur les réseaux sociaux pour faire vivre l'actualité ou susciter un débat. Mais à chaque décor son envers ! Cette course effrénée vers l'immédiat entraîne également un manque de vision à long terme. C'est là un des maux de notre temps. A peine un an après son élection, Nicolas Sarkozy dut affronter la crise et constater chaque jour ses effets sur l'emploi, particulièrement dans le secteur industriel.

Chaque jour, trouver un moyen de panser les plaies du chômage, notamment grâce au plan de relance qui permit d'atténuer les effets de la crise. Chaque jour, trouver un moyen de redonner du capital aux banques pour qu'elles puissent investir et garantir aux Français qu'ils pourront continuer à épargner. Ces obligations pouvaient entraver l'action à long terme, néanmoins Nicolas Sarkozy a lancé en 2010 les « *Investissements d'avenir* » (Grand emprunt) qui a mobilisé 35 milliards d'euros répartis dans différents secteurs d'activités comme la recherche, le numérique, l'éducation, l'innovation, l'écologie ou encore la santé, tel que l'institut « *Imagine* » Hospitalo-universitaire à l'Hôpital Necker que Nicolas Sarkozy est revenu visiter en février 2015.

Toutes ces mesures mettent du temps à porter leurs fruits car elles n'obéissent pas au rythme de notre temps, c'est d'ailleurs pourquoi elles sont complexes à être captées par l'opinion, qui en partie à cause des médias, est « *droguée à l'actualité* ». C'est pour cela que nous, soutiens de Nicolas Sarkozy, avons le devoir de rappeler son bilan ! Il est aussi nécessaire de rappeler que François Hollande avait tant critiqué les investissements d'avenir lorsque Nicolas Sarkozy les proposait en 2009, mais lorsqu'il arriva au pouvoir il y ajouta 12 milliards pour poursuivre leur mise en œuvre. C'est que ça ne devait pas être si mal que cela...

Autre sujet qui illustre l'esprit visionnaire propre au Président Sarkozy : le *« Grand Paris »*. Alors qu'il aurait pu, comme bon nombre de ses prédécesseurs, construire un monument pour que l'on se souvienne de lui, Nicolas Sarkozy a souhaité penser aux Français. Aux franciliens d'abord, pour leur permettre de vivre dans une ville plus moderne, plus propre et écologique, puis aux Français dans leur totalité en redéfinissant les modes de transports, assurant ainsi une meilleure égalité territoriale entre Paris et la province. François Hollande avait un temps émis l'éventualité de suspendre ce grand projet digne du XXIe siècle, il le poursuivra finalement, car là encore, ce n'était peut-être pas si mal !

Je vous propose donc de lire le discours de Nicolas Sarkozy sur le Grand Paris, à la Cité de l'Architecture et du Patrimoine, le 29 avril 2009.

« [...] Il y a un an et demi, j'inaugurais cette Cité de l'Architecture et du Patrimoine dans laquelle nous nous retrouvons aujourd'hui.

A ceux d'entre vous qui étaient présents à cette inauguration j'avais dit : « Je veux que cette inauguration soit l'occasion de remettre l'architecture au coeur de nos choix politiques ».

*Bousculant les habitudes de pensée et les comportements qui depuis des décennies plaçaient l'architecture et l'urbanisme au second plan dans les grandes opérations d'aménagement urbain, **j'ai souhaité que la réflexion des architectes et des urbanistes constitue le point de*** *départ de l'élaboration du projet si symbolique du Grand Paris.*

Il ne s'agit pas d'opposer l'art et la technique.
Il ne s'agit pas d'opposer les architectes aux ingénieurs.
Il s'agit que le financier ne décide pas tout seul en se contentant d'une approche quantitative.
Il s'agit que l'architecte ne se laisse pas emporter par le rêve fou d'une cité idéale qui le conduirait à faire table rase de la réalité.
Il s'agit de rompre avec la détestable habitude de tenir l'Art pour du superflu alors qu'il répond à un très profond besoin humain.
Il s'agit de rompre avec un rationalisme si excessif et si glaçant qu'il finit par être à l'opposé même de la vie.
Il s'agit de rompre avec le fonctionnalisme qui a fait tant de dégâts dans nos villes en spécialisant et en séparant là où il aurait fallu au contraire mélanger et réunir.
Il s'agit de rompre avec tout ce qui a conduit au cours des décennies passées à déshumaniser nos villes.

Le point de vue de l'Homme est le seul point de vue qui vaille pour penser la ville.
La ville est faite pour l'Homme et non pas l'Homme pour la ville.
La ville est faite pour donner de la qualité de vie non pour étouffer la vie, non pour la contraindre.
La ville est faite pour rendre la vie plus facile, non pour la rendre plus difficile.

Dans l'histoire, il n'y a pas de villes réussies qui ne soient construites à partir de l'homme et pour lui. C'est l'oubli de ce principe qui a conduit nos grandes villes à cette sorte de démesure qui rend la vie si dure à tant de leurs habitants. Ceux-là subissent tous les jours les nouvelles formes de servitude et d'aliénation qui accompagnent les plus grands progrès de la puissance humaine.

On sait voyager vite et loin mais on a les plus grandes difficultés à aller tous les jours de son domicile à son lieu de travail. On sait communiquer instantanément avec n'importe qui à l'autre bout du monde mais on ne sait pas vivre ensemble d'un quartier à un autre.

On fait des agglomérations gigantesques qui ne sont pas des villes non parce qu'elles sont trop grandes mais parce qu'elles n'ont pas d'âme, parce qu'un nombre de plus en plus grand de leurs habitants ne s'y sent ni en sécurité, ni en mesure d'y accomplir ses rêves.

Comment refaire de la ville, de la citoyenneté, du lien civique, du lien social, de la convivialité, de la solidarité ?
Comment faire pour que nos grandes métropoles redeviennent des lieux de progrès, de prospérité, de partage ?
Comment inventer la ville durable, la ville de l'après Kyoto, la ville écologique, la ville qui s'allie avec la nature au lieu de la combattre ?

Voilà le plus grand défi peut-être de la politique du XXIe siècle.
Ce défi, je veux que la France le relève.
Je veux que la France donne l'exemple.
C'est cela l'ambition du Grand Paris.

C'est pour cela qu'il y a un an et demi, ici-même, j'avais souhaité que dix équipes d'architectes, parmi les plus grands du monde, y réfléchissent, sans restriction, sans tabou. Ce n'était pas un concours. Le but n'était pas de faire gagner un projet et d'écarter les autres. Le but était que dix pensées s'emparent de l'un des problèmes les plus difficiles au monde. Le but était de laisser cheminer dix points de vue qui pourraient s'enrichir les uns les autres.

En même temps pour mobiliser l'Etat, les administrations, j'ai souhaité confier à Christian Blanc, homme d'expérience, de rigueur et d'audace, la responsabilité du Secrétariat d'État au développement de la Région Capitale.

C'est la première fois dans le monde qu'une réflexion de cette ampleur est engagée sur le phénomène de la grande métropole moderne.

Le travail accompli est sans précédent.
Sans précédent par sa profondeur.
Sans précédent par son audace.

Ce travail, nous en avons un premier résultat sous nos yeux à travers cette exposition qui s'ouvre aujourd'hui à tous les Franciliens. Dix regards sur le Grand Paris de l'avenir. Dix représentations de l'avenir possible de cette grande métropole dont Paris est le coeur.

Ce qui me frappe, c'est qu'elles ne sont pas antagonistes mais qu'elles se complètent.
Ce qui me frappe, c'est qu'elles ne sont pas chimériques mais réalistes.

Je veux rendre hommage à toutes les équipes qui ont tant travaillé, qui ont si bien travaillé. En visitant cette exposition, en promenant le regard sur ces maquettes, chacun pressent qu'un autre destin est possible pour Paris, que l'histoire n'est pas écrite d'avance, que l'on peut en imaginer bien d'autres.

Je veux rendre hommage aux architectes, aux urbanistes, aux ingénieurs, qui aujourd'hui ne nous font pas seulement rêver mais qui nous donnent aussi envie d'agir, d'entreprendre pour réaliser cette promesse qui soudainement prend corps sous nos yeux.

Certains d'entre vous se souviennent peut-être du beau texte de Victor Hugo qu'il écrivit sur Paris pendant son exil à Guernesey : il voyait en Paris la ville héritière de Jérusalem, d'Athènes et de Rome incarnant en elle : « le Vrai, le Beau, le Grand ».

C'est exactement ce à quoi nous invite cette exposition.
Le Vrai, le Beau, le Grand, c'est exactement ce que nous voulons faire avec le Grand Paris.

Le Vrai, parce qu'il n'y a pas de grande métropole qui ne soit pour la civilisation dont elle est le centre un foyer de savoir, de communion, de science, parce qu'il n'y a pas de grande métropole qui ait une personnalité, qui ait une identité, qui ait un rayonnement sans une dimension spirituelle et une dimension intellectuelle.

Le Beau, parce que la beauté, on l'a trop oublié, est une dimension essentielle de la qualité et de la dignité de la vie humaine et parce que parmi toutes les inégalités qui sont insupportables, l'inégalité d'accès à la beauté est l'une des plus désespérantes et des plus douloureuses.

La beauté d'une ville est une part indicible mais bien réelle du bonheur de ceux qui l'habitent. C'est un réconfort de l'âme et de l'esprit qui fait cruellement défaut à ceux qui sont condamnés à vivre dans un environnement triste et laid. Sans doute le Beau est-il subjectif, sans doute varie-t-il d'une personne à une autre, d'une époque à une autre. Ce n'est pas une raison pour éluder la question. Ce n'est pas une raison pour ne pas rechercher la Beauté dans ce que nous construisons, dans ce que nous accomplissons. Nous ferons le Grand Paris comme les générations passées ont fait jadis Paris, nous le ferons avec les ingénieurs, avec les entrepreneurs mais aussi avec les architectes, avec les artistes, avec les poètes, avec les musiciens. On peut construire haut, on peut construire bas, on peut construire petit ou construire grand pourvu que ce soit beau. Pourquoi s'interdire de bâtir des tours si elles sont belles, si elles s'inscrivent harmonieusement dans le paysage urbain ? Pourquoi s'interdire à priori une forme d'expression artistique, une forme architecturale ? La seule chose condamnable c'est la laideur.

La civilisation commence quand la politique et l'esthétique se lient l'une à l'autre. Non pour imposer un goût unique, une norme obligatoire, un art officiel mais parce qu'en se préoccupant de l'esthétique, la politique exprime son souci de toucher l'âme et le coeur humains, parce que c'est la condition certes non suffisante, mais nécessaire, pour que la politique puisse atteindre à l'universel. A travers le Parthénon la démocratie athénienne parle à tous les hommes.

Le Grand, c'est la troisième exigence.

Une ville n'a de rayonnement que si elle est grande aux yeux de tous les hommes et pas seulement de ses habitants.

Paris est une ville-monde dont le nom a une signification pour tous les peuples de la terre.

Paris est une ville-monde et une économie-monde. Elle n'est pas que la capitale de la France. Elle est aussi la rivale de Londres, de New York, de Tokyo ou de Shanghai. Elle appartient au grand réseau d'échanges et de communications planétaires. Elle a vocation à être au premier plan dans la civilisation et dans l'économie mondiale. Mais elle peut perdre son rang si nous n'y prenons pas garde.

Dans la partie qui se joue à l'échelle de la planète, rien n'est acquis. Pour rester au premier rang, il faut voir loin et il faut voir grand. Le Grand Paris, ce n'est pas seulement l'élargissement des frontières de Paris.

Le Grand Paris, c'est Paris qui veut jouer un rôle dans l'économie européenne et dans l'économie mondiale.

Le Grand Paris, c'est Paris qui veut être la carte maîtresse de la France en Europe et dans le monde.

Le Grand Paris, c'est la volonté de penser le développement de Paris dans une perspective beaucoup plus large que les limites du périphérique, que les limites de la Petite Couronne, beaucoup plus large que celles de l'Ile-de-France.

Le Grand Paris c'est la volonté de penser l'avenir de Paris dans le cadre d'une stratégie d'aménagement et de développement des territoires à l'échelle nationale.

Le Vrai, le Beau, le Grand... Il manque le Juste.

La ville ne doit pas exclure mais unir.
La ville brasse les âges et les conditions comme elle métisse les pensées et les cultures.
La ville doit être une protection pour les plus faibles, les plus démunis. Elle doit être
attentive aux malades et aux handicapés. Elle doit être accueillante aux enfants. Elle doit
permettre à ceux que la vie a usés, que l'âge a rendu plus fragiles, de ne pas se sentir
rejetés. Elle doit leur permettre de vivre dignement comme des citoyens à part entière.

La ville c'est un tout. La ville c'est un sentiment d'appartenance. La ville c'est une égale
dignité offerte à tous les citoyens. Une égale prise en compte de leurs problèmes, de leurs
difficultés, de leurs besoins, de leurs aspirations, un égal accès à la culture, à l'éducation, à
la santé, à l'emploi, à la mobilité. La ville c'est l'égalité des chances.

Le Grand Paris cessera d'être une agglomération pour devenir une ville quand on ne
parlera plus de banlieues, quand il n'y aura plus de zones urbaines sensibles, quand le
destin de chacun ne sera plus déterminé par le quartier où il habite, quand l'adresse
cessera d'être un facteur de discrimination sociale.

Le Vrai, le Beau, le Grand et le Juste. Voilà le programme du Grand Paris qui émerge de
toutes les réflexions, de toutes les pensées qui cheminent depuis plus d'un an.

Chacun l'a bien compris, nous n'allons pas raser la ville pour en construire une autre. Nous
n'allons pas remplacer la ville ancienne par une ville nouvelle. Nous allons édifier une
nouvelle ville à partir de l'ancienne.

Nous allons bâtir la ville sur la ville.

Le Grand Paris ce n'est pas un plan figé, un plan rigide qui fermerait l'avenir au lieu de
l'ouvrir. Le Grand Paris c'est un processus de transformation, c'est l'exploitation de tous les
possibles, de toutes les potentialités, c'est continuer une histoire qui a commencé bien
longtemps avant nous et à laquelle nous voulons donner un cours nouveau, imprimer une
nouvelle direction. Cette nouvelle page de l'histoire de Paris, nul ne peut l'écrire seul. Nous
devons l'écrire tous ensemble, avec le Gouvernement, avec tous les élus de l'Ile-de-France
et avec tous les Franciliens.

Entre la main invisible du marché, qui indexe tout le développement de l'agglomération sur
le niveau de la rente foncière, et la planification rigide qui a détruit tant de villes, il faut
trouver l'équilibre. Equilibre instable qui se modifie au fur et à mesure que l'histoire se fait.

Situation dérangeante pour les amateurs de catégories bien nettes et préétablies dont la
pensée a du mal à saisir l'inachevé, à appréhender ce qui est condamné à être toujours en
devenir.

Raison de plus pour faire passer l'émergence d'un projet collectif avant la réforme
institutionnelle et administrative. Raison de plus pour laisser de côté à ce stade tous les
enjeux de pouvoir. Ce qui compte c'est que les habitants se sentent de plus en plus
heureux d'y vivre. Ce qui compte c'est que pour de plus en plus de gens dans le monde,

Paris redevienne l'exemple d'une ville où il fait bon vivre.

L'une des équipes qui ont contribué à cette exposition a mis en exergue de son travail cette phrase qui pourrait être le point de ralliement de tout le monde : « ce qui serait extraordinaire serait d'améliorer l'ordinaire ». En réalité, ne nous y trompons pas, il n'existe pas d'ambition plus élevée.

Pour dessiner l'avenir du Grand Paris, commençons d'abord par regarder Paris de loin face à Londres et à Rotterdam.

L'axe principal du développement économique européen, de Londres à Milan, prend la France en écharpe par l'Est. Si nous laissons aller les choses le risque est de voir Paris décrocher et nos deux grands ports Le Havre et Marseille péricliter de façon irrémédiable.

Nous avons des atouts considérables et la crise rebat les cartes. C'est le moment où jamais de renverser la tendance et de créer une nouvelle dynamique territoriale dont le Grand Paris sera le foyer.

*Faisons enfin le choix stratégique que nous dicte la géographie : **Le Havre, c'est le port du Grand Paris et la Seine est l'axe nourricier autour duquel la métropole a vocation à s'ordonner.***

*Avec la décision de réaliser le canal Seine-Nord inscrite dans le Grenelle de l'environnement, le bassin de la Seine sera désenclavé dès 2015. **La grande vitesse sur l'axe le Havre-Paris qui mettra Le Havre à une heure de Paris et le développement d'un grand port de transformation à Achères à l'embranchement du réseau fluvial Nord Europe et de la Seine, s'imposent logiquement.** Pour tirer le centre de gravité de l'économie ouest européenne vers le Sud, nous voilà obligés de penser le développement de la métropole du Grand Paris sur la grande échelle de la vallée de la Seine jusqu'à la mer et d'inverser les flux d'échanges vers l'Europe du Nord.*

Ce raisonnement à grande échelle, c'est du reste j'en suis convaincu, la seule façon de relever le défi de l'après Kyoto : la ville durable ne peut se concevoir que dans cette perspective large où l'on peut inscrire une véritable révolution dans les modes de production et de transport.

Les architectes qui se sont promenés le long des cours d'eau, qui sont montés sur les hauteurs, ont arpenté les rues, longé les façades, suivi le tracé des routes et des voies de chemin de fer en ont fait le constat : dans le Grand Paris, le fond de scène devient le territoire de la région tout entière avec ses coteaux, ses vallées, ses parcs et ses forêts. Ils ont vu l'importance de l'eau et l'opportunité offerte par les espaces verts et les espaces agricoles pour construire à la fois une réserve de biomasse et des couloirs, des parcours entre elles qui relient les différentes parties de la métropole. Toutes les visions convergent vers un Grand Paris polycentrique, dense et poreux à la fois, perméable, traversé de corridors naturels, maillé de trames vertes qui pénètrent jusque dans Paris intra-muros, avec des jardins suspendus sur les toits, les berges de la Seine, de la Marne, du Canal de l'Ourcq reconquises, et, à la lisière de l'urbanisation, des jardins familiaux, des serres, une agriculture de proximité et sur les zones humides, inondables, des constructions sur pilotis.

La proposition de planter une nouvelle forêt d'un million d'arbres sur les 2500 hectares du cône de bruit de Roissy mérite que l'on s'y arrête. Elle permettrait à elle seule de capturer treize tonnes de carbone par an, soit un centième de l'impact actuel de la consommation et des déchets de la Ville de Paris.

L'augmentation de 30 % des forêts franciliennes ferait baisser un à deux degrés la température nocturne pendant un pic de chaleur au centre de Paris !

Tout cela est possible. Les propositions sont sur la table. Les cartes sont dessinées.

Avec le développement des énergies renouvelables, des transports propres, du recyclage, de l'agriculture de proximité, c'est à travers cette alliance nouvelle entre la ville et la nature que le Grand Paris relèvera le défi écologique de l'après Kyoto. Le Grand Paris dessine le modèle de la ville durable, le modèle de la ville-nature vivant en symbiose plutôt qu'en opposition avec son environnement. Opposition qui au fur et à mesure de l'étalement urbain a fini par devenir absurde.

Ce vaste espace métropolitain a besoin d'une nouvelle géographie culturelle, d'une nouvelle géographie de pouvoir, il a aussi besoin de repères, de monuments, de lieux symboliques et familiers à travers lesquels chaque territoire participe à l'identité commune. Le recensement de tous ces lieux magiques qui, de Montmartre à Versailles, des bords de la Marne à la Vallée aux Loups, du Mont Valérien au port de Gennevilliers, donne à la métropole une identité et une consistance particulières, dessine ce que l'une des équipes a joliment appelé le passage « de la ville du besoin à la ville du désir ». Ce désir sans lequel il ne peut y avoir ce sentiment d'attachement, ce sentiment d'appartenance qui fait que le citoyen se sent bien dans sa cité, qui fait qu'il aime et qu'il est heureux d'y vivre, d'y élever ses enfants.

Au coeur de la métropole il verra la vallée de la Seine se muer en vallée de la culture. Au centre, la Grande Bibliothèque, le Grand Louvre, Orsay, le Musée des Arts Premier, le Grand Palais rénové, la Cité de l'Architecture et une nouvelle institution autonome, emblématique, dédiée à l'art contemporain, installée au Palais de Tokyo.

A l'Ouest, dans les bois de Boulogne la Fondation Louis Vuitton pour la Création et l'Ile Seguin dédiée à tous les arts, dont la forme urbaine sera elle-même un monument.

A l'Est, le pôle « Image et Médias » autour de l'INA, de l'Ecole des Gobelins à Noisy-le-Grand, des universités de Marne-la-Vallée et de Créteil.

Au Nord, la Villette, avec l'installation de la Philharmonie de Paris à côté de la Cité de la Musique, du Conservatoire et de la Cité des Sciences.
Au Nord, encore, la Cité européenne du cinéma de Luc Besson.
Au Nord, toujours, un grand équipement culturel et scientifique prestigieux consacré à toutes les formes d'expression culturelle et artistique qui sera installé au Bourget.

Au Sud, le Mac Val de Vitry voué lui aussi à l'art contemporain.

Peu à peu le Grand Paris de la Culture prend corps. Celui de la connaissance et de la recherche aussi. Prenons conscience de ce fait majeur : c'est l'alliance de la recherche et de l'enseignement, de la culture et de la science, du savoir et du savoir-faire, qui joue le rôle le plus déterminant dans la dynamique des territoires de la métropole. *C'est le grand* *mérite des travaux conduits par Christian Blanc d'avoir mis en lumière ces potentialités. Au croisement de la nouvelle économie de la connaissance et du nouveau modèle de croissance durable, elles dessinent la géographie des emplois de demain et le rôle que pourra jouer le Grand Paris dans l'économie globale si nous savons nous en donner les moyens.*

Des pôles d'excellence à vocation mondiale émergent pour l'avenir, dont il faut appuyer le développement en mobilisant tous les leviers.

A l'Ouest, autour de la Cité financière de la Défense, des services aux entreprises à haute valeur ajoutée et l'université Dauphine qui s'y installera d'ici à cinq ans.
A l'Ouest encore la vallée industrielle de la Seine autour du port d'Achères et du pôle universitaire de Cergy-Pontoise. Son avenir est dans les éco-industries et la logistique.

Au Sud le plateau de Saclay où l'État va investir 850 millions d'euros, a vocation à devenir l'un des plus importants centres scientifiques et technologiques du monde.
Au Sud encore la vallée des biotechnologies avec les laboratoires de recherche, les entreprises pharmaceutiques, les grands centres hospitaliers. Je pense au campus dédié au cancer à Villejuif, au genopole à Evry, au pôle nutrition santé autour de Rungis et d'Orly, et à celui de Clamart autour de l'Hôpital Béclère, à la vallée scientifique de la Bièvre...

A l'Est, un grand pôle industriel et scientifique consacré à la construction, à la maintenance et aux services de la ville durable autour des compétences en matière de services urbains, de capteurs, de nouveaux matériaux pour le bâtiment, de traitement des eaux, de capteur et de stockage du gaz carbonique, de gestion et de traitement de l'eau, et de géothermie...

Au Nord, dans la Plaine Saint Denis, un pôle dédié aux industries de la création autour de métiers de l'image, des formations techniques de haut niveau, et du campus Condorcet dédié aux sciences humaines et sociales.
Au Nord encore, autour du Bourget, au pôle dédié à l'aviation et au tourisme d'affaires et à la formation professionnelle dans ces métiers.
Toujours au Nord, autour de Roissy et Villepinte, un pôle dédié aux échanges internationaux et au développement industriel de la logistique.

Ces grands pôles de développement dont la réussite dépend de notre capacité à tisser des liens entre les laboratoires, les universités, les entreprises, les services publics et à les connecter aux grands réseaux mondiaux d'échanges, vont changer le visage du Grand Paris, ses équilibres sociaux, sa physionomie urbaine.
Nulle réflexion sur l'urbanisme ne peut les ignorer.
Il nous faut tout penser ensemble : l'écologie, la culture, l'économie, le social.

Le point clé c'est le blocage du développement urbain. Le constat est unanime : « les lieux de la métropole sont figés, coincés, emprisonnés entre les barrières des réseaux à grande vitesse qui sillonnent son territoire ». L'avenir est aux îlots ouverts aux quartiers évolutifs. Une formule résume tout : la ville durable c'est la ville transformable.

Il faut désenclaver, lutter contre la juxtaposition.
Il faut rétablir la continuité des cheminements, construire des ponts, des passerelles. Créer des lisières avec la nature chaque fois que c'est possible, couvrir les coupures, transformer les nationales en boulevards, les routes en rues, ou quand ce n'est pas possible, les enterrer.

Regardez l'avenue Charles de Gaulle à Neuilly, une des voies les plus fréquentées d'Europe. Elle
coupe la ville en deux. Je tiens à son enfouissement.
Regardez le périphérique, il isole Paris bien davantage que jadis le mur des fermiers généraux. Il sépare le coeur des membres. Cela ne peut plus durer.
Regardez La Défense que son urbanisme de dalles et son périphérique isolent elle aussi. Regardez les tranchées ferroviaires béantes qui éventrent la ville comme entre Saint-Lazare et le Pont Cardinet.
Ce que l'on va entreprendre à La Défense pour en refaire un quartier de plein pied avec la ville, il nous faut l'entreprendre partout. C'est un enjeu majeur. Ce doit être une priorité inscrite dans tous les schémas directeurs, dans tous les documents d'urbanisme.

L'autre priorité en matière d'urbanisme est de se saisir de la dynamique du Grand Paris pour changer la dimension et la nature de la politique de la ville. 1,2 millions de Franciliens vivent dans 155 zones urbaines sensibles. Ils ne doivent pas être les laissés pour compte du Grand Paris.

On ne peut pas se contenter de rénover l'habitat même si c'était nécessaire et de faire seulement la politique des quartiers. Il faut sortir du zonage, travailler sur des périmètres plus larges, étendus au moins jusqu'aux gares, jusqu'à ces portes d'entrée par lesquelles l'habitant de la banlieue accède aux ressources de la ville. Il nous faut réfléchir aux nouvelles missions d'aménagement qui pourraient être confiées à l'Agence Nationale de Rénovation Urbaine, à la mobilisation des moyens matériels et juridiques dont elle pourrait être dotée, au foncier public qui pourrait être mobilisé, à la manière dont toutes les administrations et les entreprises publiques qui disposent d'un grand patrimoine foncier - je pense aux ports autonomes, aux aéroports, à la SNCF, à la RATP - pourraient être mises à contribution dans le cadre d'une stratégie globale au lieu que chacun continue d'agir en ordre dispersé et que toutes les bonnes volontés se consument dans l'impuissance.

Le Grand Paris est un plan de cohésion urbaine qui prolonge et qui élargit le plan de cohésion sociale aux dimensions non plus des quartiers mais de la métropole tout entière.

Comment y parvenir si le déficit en logement accentue les disparités sociales, éloigne toujours plus le domicile du lieu de travail, dégrade le niveau de vie en rendant l'immobilier toujours plus cher et allongeant la file d'attente pour accéder au logement social ?

Pour résorber le déséquilibre entre l'offre et la demande, il faut construire davantage : 70 000 logements par an soit plus du double du rythme actuel. C'est l'objectif que nous devons nous fixer.

L'obstacle n'est pas dans la rareté du foncier, il est dans la façon dont on le gère. L'offre foncière est beaucoup plus élastique qu'on ne le dit.

En recensant toutes les superficies disponibles, on révèle en préservant les surfaces rurales une offre foncière de l'ordre de 200 km2 soit deux fois la superficie de Paris intra-muros - c'est-à-dire deux à trois fois supérieure à ce qui est nécessaire pour construire les 1,5 millions de logements nécessaires pour répondre aux besoins à horizon de 2030.

Le problème c'est la réglementation. Pour libérer l'offre il faut déréglementer, élever les coefficients d'occupation des sols et rétablir la continuité du bâti dans les zones denses, permettre à chaque propriétaire d'une maison individuelle de s'agrandir, d'ajouter une pièce ou un étage, rendre constructible les zones inondables pour des bâtiments adaptés à l'environnement et au risque, utiliser les interstices, les délaissés d'infrastructures... Il faut changer nos procédures, notre façon d'appliquer le droit, sortir du respect passif d'une réglementation de plus en plus pesante, non pour laisser le champ libre au marché mais pour que la ville vive, respire, évolue, se développe en respectant des règles fortes, compréhensibles, efficaces, écologiques. J'ai demandé que soit conduite une réflexion approfondie sur ce changement de philosophie de notre droit de l'urbanisme.

Déréglementer c'est aussi en finir avec tous les zonages et pas seulement ceux de la politique de la ville. Il faut en finir avec les zones d'activité, les zones industrielles, les zones commerciales, les zones résidentielles, les zones de loisir. Le vieux fonctionnalisme a vécu. Il a fait assez de dégâts. Retour à la mixité. ***Faisons des Central Parks à la française en densifiant le pourtour des espaces verts. Rapprochons les lieux d'habitation, les lieux de travail, les lieux de distraction. Qu'est-ce qui nous en empêche ? Des obstacles physiques ? Non, le droit de l'urbanisme. Alors faisons-le évoluer. Le décloisonnement juridique ouvrira la voie au décloisonnement physique.***

Et puis, lançons les grandes opérations d'aménagement qui vont illustrer cet esprit nouveau et changer le paysage urbain. *Dans le prolongement de la Défense à Gennevilliers, à la Courneuve, au Bourget, dans la Plaine Saint-Denis, autour du Canal de l'Ourcq, autour de Noisy-le-Grand et de Chelles, de Vitry et des Ardoines, de Vélizy, d'Orly, de Clichy Montfermeil, nous devons faire émerger de nouvelles centralités urbaines. C'est aussi dans Paris intra-muros, dans le XIIIe arrondissement, dans le XVe sur le Front de Seine, dans le XXe, aux Batignolles, que le visage de la ville va changer. La Cité judiciaire s'installera aux Batignolles. La Cité de la Défense Nationale à Balard. Peu à peu la nouvelle géographie des pouvoirs se dessine. Celle des gares aussi. Les nouvelles gares TGV seront à la Défense ou entre Pleyel et le Bourget.*

C'est sur le transport que va se jouer la partie la plus décisive. Parce que la question de la mobilité est cruciale, parce que le système de transport francilien est à bout de souffle. Parce que se déplacer tous les jours pour aller travailler est devenu un véritable enfer pour des millions de Franciliens.

Il faut prendre le problème par le bon bout, je veux dire le besoin des gens, la nécessité d'améliorer leur vie quotidienne, de la rendre plus facile.

Il faut en même temps préparer l'avenir, le long terme et faire en sorte que les choses s'améliorent rapidement. On a trop attendu. On ne peut plus attendre. Attendre quoi d'ailleurs ?

On ne résoudra pas tous les problèmes qui rendent la vie impossible aux Franciliens par les transports. S'il faut faciliter les déplacements, il faut aussi briser le cercle vicieux de la concentration des emplois et de la concentration des logements qui les éloignent les uns des autres.

Il y a une formule qui résume tout : « le pouvoir de déménager est aussi important que le pouvoir de se déplacer ». La politique des transports et la politique d'aménagement doivent former une seule et même politique.

Il nous faut donc réinventer le système de transport à partir des dynamiques territoriales que nous voulons encourager et des principes auxquels nous voulons soumettre le développement urbain du Grand Paris.

A partir aussi d'une réflexion prospective sur les changements de comportements et les modes de transports du futur. Je pense naturellement au développement des circulations douces et plus encore à l'arrivée de la nouvelle voiture urbaine moins polluante, moins consommatrice d'énergie, moins volumineuse, qui sera mieux adaptée aux routes redevenues des rues et aux exigences de la ville durable. On ne fera pas non plus l'économie d'une réflexion sur le principe d'une tarification unique pour que le coût du transport soit le même pour tous les citoyens du Grand Paris où qu'ils habitent.

Le réseau de transports vers lequel doivent tendre tous nos efforts doit répondre à quatre critères : celui du haut débit et de la grande vitesse à l'échelle régionale, celui du maillage fin du territoire facilitant les déplacements au sein des bassins de vie, celui de l'irrigation locale par la mise en relation des différents niveaux de desserte, celui de la participation à ce que l'on pourrait appeler la scénographie urbaine qui fait préférer l'aérien au souterrain pour les transports en commun chaque fois que c'est possible et qui confère aux gares et aux infrastructures une fonction architecturale majeure.

Commençons par le commencement.

On a toutes les données. Les deux tiers de l'augmentation du trafic dans l'avenir se concentreront sur le réseau existant.

Optimiser l'exploitation, c'est une priorité absolue. Partons des besoins. Il faut raccourcir les temps de trajet et créer à l'échelle de la métropole un système de transport aussi performant et aussi commode que celui de Paris intramuros.

Pour gagner en temps et en commodité, il faut que les transports en commun fonctionnent la nuit et il faut libérer les Franciliens des horaires fixes du RER et des trains de banlieue, comme dans le métro. Il y aura plus de changements mais ils seront plus faciles et avec un raccourcissement considérable des temps de trajets.

Les Suisses l'ont réalisé sur leur système de transport à l'échelle du pays tout entier. Pourquoi cela ne serait-il pas possible à l'échelle du territoire francilien ?

Il faut lever les obstacles, avoir une seule régulation du trafic pour le réseau de la RATP et celui de la SNCF, réorganiser l'exploitation, créer de nouvelles gares faciles d'accès, commodes d'usage, mettant en valeur l'environnement urbain, créant de nouvelles polarités.

Ce qui est décisif dans cette approche, c'est l'armature des pôles d'échanges.

Mais la réorganisation ne suffira pas. Il faut compléter le réseau pour que le maillage soit efficace. Pour densifier le réseau existant beaucoup d'idées sont sur la table : prolongement de la ligne 14 s'arrêtant porte de Clichy et à Cardinet, prolongement d'Éole de Saint-Lazare jusqu'à la Défense, liaison rapide entre Roissy et la gare du Nord... Elles seront mises en oeuvre le plus vite possible.

Faut-il une nouvelle radiale souterraine dans Paris entre Montparnasse et Saint-Lazare pour désenclaver Montparnasse vers les gares du Nord et de l'Est, désaturer la ligne 13 et Saint-Lazare ? Cela mérite réflexion.

Mais il faut voir plus loin. Le développement des grandes zones qui portent l'avenir économique du Grand Paris appelle un nouveau système de transport rapide, à grande capacité qui permettra de relier les grandes polarités urbaines de demain.

C'est le sens du projet élaboré par Christian Blanc dont le schéma est un schéma de principe qui est soumis à la concertation. Il anticipe le changement d'échelle. C'est un projet ambitieux : 130 km ! Je souhaite que là où c'est possible, il soit aérien, que son design, son ergonomie, sa technologie soient exemplaires, qu'il soit une vitrine mondiale de notre savoir-faire en matière de transport et qu'il permette que se déplacer redevienne un plaisir.

Il ne s'agit pas de revenir sur ce qui a été décidé. Il s'agit de préparer l'avenir. Il ne s'agit de retrancher. Il s'agit d'ajouter.

Monsieur le Président du Conseil Régional, je veux vous le dire avec clarté : ce qui a été décidé sera mis en oeuvre. Les engagements de l'État seront tous tenus.

Cher Jean-Paul Huchon, les cofinancements de l'État prévus dans le contrat de projet et pour la modernisation du réseau RER ne seront pas remis en cause.

Combien coûtera le Grand Paris ?

C'est une question mal posée. Rien que pour les transports, si l'on additionne le plan de mobilisation des transports programmé par la région et qu'il faut mettre en oeuvre et le projet du grand métro automatique régional, c'est de l'ordre de 35 milliards qui doivent être dépensés. Mais on peut réduire la dépense en plaçant chaque fois que c'est possible les nouvelles infrastructures de transports sur l'emprise foncière de celles qui existent déjà.

La valorisation du foncier procurera d'importantes recettes.

L'augmentation de la fréquentation des transports en commun mieux adaptés générera des rentrées supplémentaires et diminuera considérablement le coût de la pollution générée par le trafic automobile.

Dans le Grand Paris beaucoup de projets sont rentables. Ils feront l'objet de partenariats public-privé.

Sur le financement des transports, j'ai confié à un élu francilien, Gilles Carrez, Rapporteur général de la Commission des Finances de l'Assemblée nationale, la mission de me faire des propositions.

La plupart des dépenses du Grand Paris sont des investissements.

Il faut mettre le Grand Paris au coeur de notre stratégie de croissance verte, en faire une image de marque dans le monde entier.

Il faut mettre le Grand Paris au coeur de notre stratégie d'attractivité. L'amélioration de la qualité de la vie attirera les investisseurs, les entrepreneurs, les cerveaux.

Il faut mettre le Grand Paris au coeur de notre stratégie de relance économique. Il nous faut soutenir l'activité en préparant l'avenir ? Alors faisons-le avec le Grand Paris. La crise, c'est l'occasion ou jamais de faire en dix ans ce qu'autrement on ne pourrait pas faire en quarante ans.

Le Grand Paris c'est la France d'après la crise. C'est la France qui sortira de la crise plus forte, plus belle, plus compétitive et, je l'espère, plus heureuse. Le Grand Paris c'est un projet qui n'appartient pas à un parti, qui n'appartient pas à un camp mais qui concerne tout le monde et qui appartient à tout le monde.

Tout le monde, c'est tous les élus, c'est tous les maires que je souhaite voir réunis dans une Agora du Grand Paris en partant de ce que vous avez imaginé, Monsieur le Maire de Paris, cher Bertrand Delanoë, avec Paris-Métropole.

Tout le monde, c'est tous les Franciliens qui doivent pouvoir s'exprimer dans des États Généraux du Grand Paris qu'il faudrait pouvoir organiser au début de l'année prochaine.

Le Grand Paris, c'est l'État qui prend ses responsabilités, c'est l'État qui se donne les moyens juridiques d'agir, mais c'est aussi l'État qui associe, qui ne décide pas seul, c'est l'État qui donne l'impulsion nécessaire mais qui n'impose pas d'en haut un projet qui ne peut réussir que s'il est partagé par tous.

Mais il ne faut pas perdre de temps.

Il faut 10 ans en allant vite pour construire les infrastructures du nouveau système de transport.

Si l'on veut que les travaux démarrent avant 2012, il faut qu'avant la fin de l'année une loi fixe les modalités de la maîtrise d'ouvrage, les outils juridiques et les moyens de financement. Un projet de loi sera déposé en octobre.

Les discussions sur le schéma de transport doivent donc s'engager dès maintenant entre l'État, la ville de Paris, la Région, les conseils généraux, les communes pour qu'un accord soit trouvé avant l'été. [...]

Je souhaite que le Grand Paris devienne un cas d'école pour tous les architectes, pour tous les aménageurs, pour tous les élus des grandes agglomérations urbaines dans le monde. [...]

« Il n'y a pas de fatalité de la métropole invivable ». Nous allons le prouver. Nous allons bâtir ensemble la ville du XXIe siècle.

Non la ville idéale parce qu'elle n'existe pas, mais une ville où chacun sera tout simplement plus heureux de vivre.

C'est une question d'imagination.

C'est une question de volonté.
C'est une question d'intelligence collective.
C'est une question de méthode.
Mais quand je vois ce qui a déjà été réalisé, j'ai confiance dans ce que nous allons pouvoir accomplir tous ensemble. »

Nicolas Sarkozy, discours sur le Grand Paris, à Paris le 29 avril 2009

Yankee

Comme le surnom que l'on donne aux américains.

Nicolas Sarkozy a souvent été surnommé l' « américain ». Il y admire sans doute ces nombreux *self-made men* partis de rien qui ont, à force de courage et de détermination, bâti de véritables empires. Là-bas, la liberté d'entreprendre qui conduit à la réussite est érigée en modèle et non en objet de méfiance ! *« Entre la France et les Etats-Unis, il y a les liens du sang et il y a l'amour de la liberté. »*

Depuis toujours, de par leur Histoire, la France et les Etats-Unis ne cessent d'entretenir leur amitié. Pour les américains, l'amitié avec la France, c'est d'abord La Fayette ou encore Louis XVI qui oeuvra pour l'indépendance. C'est aussi la vente de la Louisiane par Napoléon pour laquelle ils ne nous remercieront jamais assez ! Alliées pendant la seconde guerre, nos deux nations ont retissé des liens encore plus forts. Mais, la vivante amitié avec américains, c'est avant tout les millions de Français qui vivent aujourd'hui aux Etats-Unis !

Invité par Michael Bloomberg, le maire de New-York de l'époque pour célébrer le 125e anniversaire de la Statue de la Liberté, offerte par la France – et son peuple – en 1886, Nicolas Sarkozy y prononça un discours célébrant l'amitié entre la France et les Etats-Unis. Bien plus, en personnifiant la Statue de la Liberté, Nicolas Sarkozy allait se livrer à un discours d'une grande lucidité sur l'état du monde qui connaissant alors les Révolutions arabes. *« on a commencé le siècle avec la tragédie de New York, mais aujourd'hui, nous connaissons l'appel à la liberté des peuples arabes. Et encore cette statue, elle parle. Elle parle aux jeunes de Libye, elle parle aux jeunes de Tunisie, elle parle aux jeunes d'Egypte. [...] Ce n'est pas simplement une statue, c'est une idée, et ce qu'ils ont voulu dire les Français et les Américains, c'est que cette idée de liberté, elle n'est pas simplement pour les Américains, elle n'est pas simplement pour les*

Français, elle l'est pour tous les peuples du monde. »

«[...] J'ai été honoré de votre invitation à venir célébrer ce 125e anniversaire. J'ai voulu venir avec le ministre d'État, Alain JUPPÉ, parce que les anniversaires doivent être célébrés. **Les anniversaires, ce n'est pas simplement de la nostalgie, les anniversaires nous rappellent d'où nous venons, pourquoi nous sommes ce que nous sommes devenus.**

Entre la France et les Etats-Unis, il y a les liens du sang et il y a l'amour de la liberté. *Lorsque vous avez connu votre révolution, il y a des Français qui sont venus, qui ont traversé l'Atlantique et qui ont cru dans la révolution américaine. A l'époque, nous étions 18 millions et vous étiez 2 millions. Mais ils ont traversé l'Atlantique et ils ont dit « là-bas, sur ce territoire immense qu'allaient devenir les États-Unis d'Amérique, les femmes et les hommes qui s'y trouvent vont construire un pays libre ». Et petit à petit, vous, les Américains peut-être que vous ne vous en rendez pas compte, mais vous êtes devenus pour le monde entier le symbole de la liberté, première nation du monde. Et cette statue, dans le monde entier, tout le monde sait ce que cela signifie : un pays libre où les gens sont libres et où ceux qui y viennent sont accueillis.*

Et quand il est arrivé, il y a dix ans, cet épouvantable attentat qui a fait tant de morts dans cette ville, si des barbares, si des criminels s'en sont pris, M. le Maire, à New York, c'est parce que New York est le symbole de la liberté. Et il y a un lien entre cette statue et ce qui s'est passé le 11 septembre ici.

Ce n'est pas simplement New York qui a été martyrisé, c'est l'idée que vous incarnez de la liberté à travers le monde et les 3 000 morts que vous pleurez encore.

Je voudrais vous dire que pour le peuple français, ils sont aussi nos morts. Parce que ce qui vous est arrivé, aurait pu nous arriver. Parce que nous partageons la même idée de la liberté. *Et c'est pour cela qu'il faut célébrer les anniversaires, pour que les plus jeunes sachent ce qui s'est passé, pour que personne n'oublie ce qui s'est passé et que pour vous, grand peuple d'Amérique, vous continuez à incarner cette idée de la liberté.*

Et vous savez, **on a commencé le siècle avec la tragédie de New York, mais aujourd'hui, nous connaissons l'appel à la liberté des peuples arabes. Et encore cette statue, elle parle. Elle parle aux jeunes de Libye, elle parle aux jeunes de Tunisie, elle parle aux jeunes d'Egypte.** *Cette statue donnée par la France au grand peuple américain, elle peut être la statue de tous ceux qui à travers le monde préfèrent la liberté à la dictature.* **Ce n'est pas simplement une statue, c'est une idée et ce qu'ils ont voulu dire les Français et les Américains, c'est que cette idée de liberté, elle n'est pas simplement pour les Américains, elle n'est pas simplement pour les Français, elle l'est pour tous les peuples du monde.**

D'ailleurs, M. le Maire, 50 millions de visiteurs par an pour la Statue. Ils viennent du monde entier. Quand ils reviennent chez eux, ils disent « j'ai vu la Statue de la Liberté et je la veux aussi pour chez moi ».

Je crois vraiment, je voudrais terminer par cela, que, les **Français et les Américains, nous avons une responsabilité particulière, montrer que la liberté est pour tout le monde. Ne jamais combattre les adversaires de la liberté avec les méthodes des adversaires de la** *liberté. Défendre nos valeurs, rester ouverts, tolérants, la main tendue, rester deux peuples qui veulent vivre en paix avec les autres, prêts à défendre leurs valeurs, mais avec les convictions qui sont les nôtres.*

*Vous savez, les Français et les Américains, nous sommes engagés dans bien des conflits ensemble : en Afghanistan, en Libye. Mais, grand peuple d'Amérique, quand un jeune Américain meurt, je veux que vous sachiez que pour chaque Français, cela lui rappelle tous ces jeunes Américains qui reposent dans nos cimetières. **Quand l'un des vôtres est tué, cela fait écho à notre histoire commune** : à ces jeunes qui étaient vos grands-parents que vous nous avez envoyés, qui sont morts, qui sont dans nos cimetières et qui ont fait ce pacte du sang entre les Etats-Unis d'Amérique et la France. C'est pour cela, M. le Maire, que c'était le devoir du chef de l'Etat français d'être ici avec vous pour ce 125e anniversaire.*

Mes chers amis,

Croyez à une chose : le peuple de France n'oubliera jamais ce qu'a fait le grand peuple d'Amérique pour lui. Entre la France et les Etats-Unis, c'est plus que de l'amitié, nous avons nos morts en commun. Et nos morts, ils nous obligent, ils nous obligent à rester des amis pour les siècles qui viennent.

Je vous remercie. »

125e anniversaire de la Statue de la Liberté, le 22 septembre 2011

Zéphyr

Comme le vent doux et agréable qui nous mènera à la victoire...

En attendant, je vous laisse relire et partager sans modération l' « appel à tous les républicains de France », lancé par Nicolas Sarkozy le 29 mai 2015.

Trois phrases de ce texte le résument assez bien. « *Nous appelons à s'unir à nous tous les Républicains qui ont dans leur cœur l'amour d'un pays dont l'idéal a transformé le monde.* » UNIIR. « *Nous appelons à nous rejoindre tous les*

Français qui aiment la République, ce miracle par lequel tant d'hommes dans le monde qui se sont endormis sujets, se sont réveillés citoyens, parce que ce mot signifie pour eux une certaine idée de l'Homme, une exigence qui fait passer les devoirs avant les droits, un « non » catégorique à toutes les formes d'asservissement, et à tout ce qui porte atteinte à l'égale dignité de la femme, de l'homme et de l'enfant. » **RESPONSABILISER.** *« Pour que demain, nos enfants retrouvent confiance dans l'avenir en continuant d'écrire une histoire de liberté, d'égalité, de fraternité et de laïcité, unissons-nous ! »* **CONSTRUIRE.**

« Nous appelons à s'unir à nous tous les Républicains qui ont dans leur cœur l'amour d'un pays dont l'idéal a transformé le monde.

Nous appelons à nous rejoindre tous les Français qui aiment la République, ce miracle par lequel tant d'hommes dans le monde qui se sont endormis sujets, se sont réveillés citoyens, parce que ce mot signifie pour eux une certaine idée de l'Homme, une exigence qui fait passer les devoirs avant les droits, un « non » catégorique à toutes les formes d'asservissement, et à tout ce qui porte atteinte à l'égale dignité de la femme, de l'homme et de l'enfant.

« Républicains », ce n'est pas seulement le nouveau nom d'un parti. C'est le cri de ralliement de toutes celles et de tous ceux qui souffrent de voir la République reculer tous les jours et qui veulent opposer à ce recul un refus déterminé.

« Républicains », c'est le nom de celles et de ceux qui refusent d'abandonner à d'autres la maîtrise de leur propre destin, et qui veulent vivre debout, de leur intelligence, de leur travail, de leur mérite sans être redevable à personne.

« Républicains », c'est le nom de ceux qui préféreront toujours la liberté à toutes les formes de dépendance, et choisiront toujours l'ouverture à l'universel contre l'enfermement communautariste, le sentiment d'une destinée commune à la guerre des origines et des mémoires.

« Républicains », c'est ainsi que se nomment celles et ceux qui se battent pour l'émancipation de la personne humaine et pour le droit des peuples à disposer d'eux-mêmes.

« Républicains », c'est ainsi que se nomment celles et ceux pour qui le combat contre le fanatisme et l'intégrisme, contre l'obscurantisme et la déraison, contre la barbarie et la sauvagerie qui menacent toute forme de civilisation dans le monde, est au-delà de la droite

et de la gauche.

Républicains de tous les bords, vous qui pensez que la personne humaine ne peut être laissée à la merci de n'importe quelle tyrannie, ni religieuse, ni politique, qu'elle n'est pas une marchandise que l'on peut acheter ou vendre, vous qui refusez de désespérer de la raison et de la conscience humaines, ce que nous avons en partage est plus grand que ce qui peut nous séparer.

Républicains de France, vous qui pensez que la Démocratie est plus grande avec la République que sans elle, vous qui regardez la République comme une espérance, le premier de nos devoirs communs n'est-il pas de conserver à nos enfants cette espérance ?

Républicains, la République a besoin de chacune et de chacun d'entre vous.

Pour que demain, nos enfants retrouvent confiance dans l'avenir en continuant d'écrire une histoire de liberté, d'égalité, de fraternité et de laïcité, unissons-nous ! »

Nicolas Sarkozy, appel aux Républicains de France, 29 mai 2015.

Du même auteur

- « **Aidez-nous, la France a besoin de vous ! - Lettre à Nicolas Sarkozy** », Maxence Trinquet, juin 2014, *ed. Bod*

- « **Adhérons, militons, réformons ! - Pourquoi rejoindre les républicains ?** », Maxence Trinquet, juillet 2015, *ed. Bod*

Liste des sources

Tous les discours ont été trouvés sur le site *www.vie-publique.fr*, à l'exception de l'appel aux républicains, du discours fondateur du 30 mai 2015 et de la lettre aux adhérents qui ont été trouvées sur le site *www.républicains.fr*.